Bundesverband der Pflege- und Adoptivfamilien e.V. (Hrsg.)

Handbuch für Pflege- und Adoptiveltern

Pädagogische, psychologische
und rechtliche Fragen
des Adoptions- und Pflegekinderwesens

Informationen von A - Z

Bundesverband der Pflege- und Adoptivfamilien e.V. (Hrsg.)

Handbuch für Pflege- und Adoptiveltern

Pädagogische, psychologische und rechtliche Fragen des Adoptions- und Pflegekinderwesens

Informationen von A - Z

Redaktion: Susanne Huber-Nienhaus M.A.
– überarbeitet von Heide Küpper und Ines Kurek-Bender –

Schulz-Kirchner Verlag

Idstein 2003

Bibliografische Information Der Deutschen Bibliothek
Die Deutsche Bibliothek verzeichnet diese Publikation in der Deutschen Nationalbibliografie; detaillierte bibliografische Daten sind im Internet über http://dnb.ddb.de abrufbar.

6. überarbeitete Auflage 2003
ISBN 3-8248-0020-9

Layout: Susanne Koch
Druck und Bindung: Elektra GmbH, Niedernhausen
Printed in Germany

Inhalt

Vorwort zur 6., überarbeiteten Auflage

Grundlage dieser Ausgabe blieb die vierte, völlig neu bearbeitete Auflage, die nach Inkrafttreten des SGB VIII (Achtes Buch Kinder- und Jugendhilfe) viele Neuregelungen im Adoptions- und Pflegekinderwesen aufzeigte.

Dieses Handbuch beinhaltet Wissenswertes zum Thema „Zweitelternschaft“: Zahlreiche psychologische, pädagogische und juristische Fragen werden angesprochen und beantwortet.
Aus der Alltagspraxis von Fachkräften und Betroffenen resultierende Erkenntnisse sind hierbei ebenso einbezogen wie Forschungsergebnisse aus dem Bereich der Wissenschaft.

Dieses Buch soll vorrangig eine erste Hilfe bei der Bewältigung von adoptions- und pflegekindspezifischen Aufgaben sein und Mut machen zur Durchsetzung von Ansprüchen, die dem Wohl des Kindes dienen.

Adoptieren kommt aus dem Lateinischen und bedeutet „hinzuerwählen“. Früher wurden Kinder, um einen Nachfolger oder Erben zu bekommen, von den Adoptiveltern hinzuerwählt. Heute bedeutet das, dass Adoptiveltern für ein Kind hinzuerwählt werden, ausgewählt von Fachkräften im Rahmen klarer gesetzlicher Bestimmungen.

Nehmen Eltern ein Kind in Vollzeitpflege auf, bedeutet das für die leiblichen Eltern entweder „eine befristete Erziehungshilfe“ oder für das Kind eine „auf Dauer angelegte Lebensform“.

Adoptiv- und Pflegefamilien sind besondere Familienformen. Sie müssen bereit sein, sich besonderen Problemen zu stellen, denn für sie gelten andere Bedingungen als für Familien mit leiblichen Kindern. Daher ist es notwendig, dass sich „annehmende“ Eltern auf diese Aufgabe sorgfältig vorbereiten und fortlaufend qualifizieren, um auf die Identitätsbildung „ihrer“ Kinder positiv einwirken zu können.

14.4.2003, Ines Kurek-Bender

Vorbemerkung
Adoptionsvermittlungsgesetze
Auswirkungen im Bereich Adoption

Die stark angestiegene Zahl adoptionswilliger Ehepaare und Einzelpersonen und die demgegenüber geringe Anzahl der im Inland zur Adoption vorgemerkten Paare haben in der Vergangenheit dazu geführt, dass adoptionswillige Paare sich Kinder im Ausland vermitteln lassen, wobei auch die Dienste illegaler Vermittler in Anspruch genommen wurden.
Um die Rechte der Kinder und Jugendlichen zu wahren, wurde das Haager Übereinkommen über den Schutz von Kindern und die Zusammenarbeit auf dem Gebiet der internationalen Adoption (HAÜ) vom 29. Mai 1993 beschlossen.
Die Bundesrepublik Deutschland hat das Übereinkommen am 7. November 1997 gezeichnet und es ist am 1. März 2002 in Kraft getreten.
Zusammen mit den parallel erlassenen Begleitgesetzen (AdÜbAG, AdVermiG und AdWirkG) und den Regelungen im Bürgerlichen Gesetzbuch (BGB) sind somit die wichtigsten sozialpädagogischen und verwaltungstechnischen Voraussetzungen geschaffen. Eine Vielzahl von weiteren gesetzlichen Regelungen beziehen sich auf leibliche Eltern und treffen somit ebenso auf Adoptiveltern zu.

Annahme als Kind

§ 1741 BGB	-	Zulässigkeit der Annahme
§ 1742 BGB	-	Annahme als gemeinschaftliches Kind
§ 1743 BGB	-	Alterserfordernis (Mindestalter)
§ 1744 BGB	-	Probezeit vor der Annahme (Adoptionspflege)
§ 1745 BGB	-	Berücksichtigung von Kindesinteressen (der Kinder der Annehmenden)
§ 1746 BGB	-	Einwilligung des Kindes
§ 1747 BGB	-	Einwilligung der Eltern des Kindes (Beide Eltern müssen zustimmen.)
§ 1748 BGB	-	Ersetzung der Einwilligung eines Elternteils (bei grober

Pflichtverletzung, wegen Gleichgültigkeit, wegen besonders schwerer psychischer Krankheit)

§ 1757 BGB	-	Name des Kindes (Änderung des Vornamens oder Hinzufügung(en), wenn dies dem Wohle des Kindes entspricht; Familien-Doppelname, wenn dies aus schwer wiegenden Gründen zum Wohl des Kindes erforderlich ist)
§ 1758 BGB	-	Offenbarungs- und Ausforschungsverbot (Adoptiveltern und Adoptivkinder können zustimmen, dass ihre Daten an die Herkunftsfamilie gegeben werden.)
§ 1759 BGB	-	Aufhebung der Adoption (wegen fehlender Erklärungen, wegen arglistiger Täuschungen und wenn dies aus schwer wiegenden Gründen zum Wohl des Kindes erforderlich ist)
§ 7 AdVermiG (3)	-	Auf Antrag prüft die örtliche Adoptionsvermittlungsstelle die allgemeine Eignung der Adoptionsbewerber ... (Der Rechtsanspruch auf Überprüfung besteht derzeit zumindest bei Auslandsadoptionen. Das Ergebnis ist den Bewerbern mitzuteilen (Abs. 1 Satz 4).
§ 8 AdVermiG	-	Beginn der Adoptionspflege (Sie beginnt, wenn feststeht, dass die Adoptivbewerber geeignet sind.)
§ 9b AdVermiG	-	Vermittlungsakten (Sie sind 60 Jahre ab Geburtsdatum des Kindes aufzuheben. Adoptiveltern und das Kind, nach vollendetem 16. Lebensjahr, haben das Recht, Einsicht in die Vermittlungsakten zu nehmen, unter Anleitung durch eine Fachkraft.)

Vorbemerkung
Sozialgesetzbuch (SGB) Achtes Buch (VIII)
Kinder- und Jugendhilfe

Auswirkungen im Bereich der Familienpflege

Die Jugendhilfe ist eine Sozialisationsinstanz neben Familie und Schule. Sie dient der Vorbeugung und Förderung, der Hilfestellung und dem Schutz von Kindern, Jugendlichen und ihren Eltern (Kindertageseinrichtungen, Tagespflege, Freizeiteinrichtungen, Erziehungshilfen, Heime u.a.).

Das SGB VIII ist das Instrument, die Umsetzung der vielfältigen Jugendhilfemaßnahmen zu gewährleisten. Wie ein roter Faden zieht sich der Wille des Gesetzgebers durch das gesamte Gesetz, die Eigenverantwortung und Mitwirkung der Beteiligten zu stärken sowie ihre partnerschaftliche Zusammenarbeit zu bewirken.
Dies wirkt sich auch in der „Hilfe zur Erziehung in Vollzeitpflege" aus. Pflegeeltern sollten die entsprechenden Paragraphen im SGB VIII kennen, um ihre Rolle entsprechend wahrnehmen zu können und Obrigkeitshandeln der Behörde auszuschließen.

§ 33 SGB VIII	- Hilfe zur Erziehung in Pflegefamilien
§ 36 (1) SGB VIII	- Mitwirkung des Kindes und der Personensorgeberechtigten - Beratung des Kindes und der Personensorgeberechtigten - Prüfung der Adoption
§ 36 (2) SGB VIII	- Entscheidung über die Art der Erziehungshilfe - Erstellung eines Hilfeplanes (Siehe Hilfeplan) - Beteiligung der Pflegepersonen an der Aufstellung und Überprüfung des Hilfeplanes
§ 37 (1) SGB VIII	- Zusammenarbeit mit der Herkunftsfamilie - Verbesserung der Bedingungen innerhalb der Herkunftsfamilie - Hinwirken auf Rückführung in die Herkunftsfamilie - Erarbeitung einer auf Dauer angelegten Lebensperspektive für das Kind

§ 37 (2) SGB VIII	-	Anspruch der Pflegepersonen auf Beratung und Unterstützung
§ 38 SGB VIII	-	Vermittlung bei der Ausübung der Personensorge
§ 39 SGB VIII	-	Leistungen zum Unterhalt des Pflegekindes (Pflegegeld)
§ 40	-	Krankenhilfe
§ 41	-	Hilfe für junge Volljährige, Nachbetreuung

Das SGB VIII ist kostenlos zu beziehen:

Broschürenstelle
Postfach 201551
53145 Bonn
Tel. 01 80 - 5 32 93 29
E-Mail: broschürenstelle@bmfsf.bund.de

Ablauf der Adoption

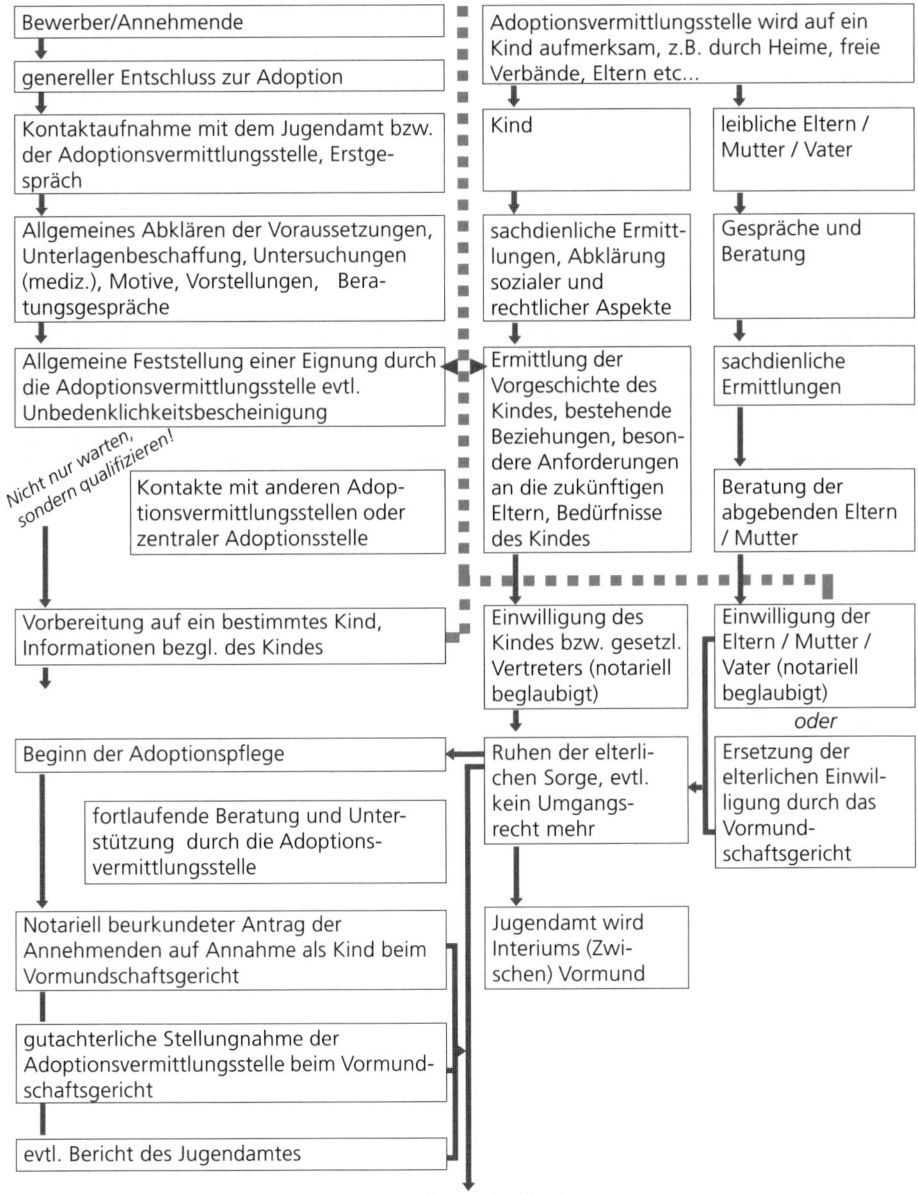

Annahme als Kind

Beschluss des Vormundschaftsgerichtes, in dessen Bezirk der Annehmende seinen Wohnsitz hat.

Zuständig: Familienrichter / Vormundschaftsrichter

Adoption mit Auslandsberührung

Das Verhältnis von zur Adoption freigegebenen Kindern und Adoptionsbewerbern ist gekennzeichnet durch einen großen Bewerberüberhang (oftmals mehrjährige Wartezeiten). Gleichzeitig schwinden die Chancen zur Adoption eines gesunden Kleinkindes. Seit Ende der sechziger Jahre entschließen sich immer mehr Adoptionswillige zur Annahme eines ausländischen Kindes, wobei Kinder aus Entwicklungsländern überwiegen.

Am 1. März 2002 trat für die Bundesrepublik Deutschland das Haager Übereinkommen über den Schutz von Kindern und die Zusammenarbeit auf dem Gebiet der internationalen Adoption (HAÜ) in Kraft. Auf Bundesebene wurde in diesem Zusammenhang die „Bundeszentrale für Auslandsadoption" eingerichtet. Zur internationalen Adoptionsvermittlung zugelassen sind aber nur die Zentralen Adoptionsvermittlungsstellen der Landesjugendämter und die staatlich anerkannten Auslandsadoptionsvermittlungsstellen bei freien Trägern und örtlichen Jugendämtern.

Eine Liste der staatlich anerkannten Adoptionsvermittlungsstellen freier Träger kann bei PFAD angefordert werden. (Frankierter und adressierter Rückumschlag)

Die Adoptionsvermittlung durch Privatpersonen und Organisationen, die dafür staatlich nicht zugelassen sind, ist nach deutschem Recht illegal und kann strafrechtlich verfolgt werden. Es muss auch davor gewarnt werden, direkte Kontakte zu Vermittlern und Kinderheimen im Ausland herzustellen, da ein Laie deren Seriosität kaum real einschätzen kann. In zahlreichen Fällen haben Vermittler die Not und Hoffnung von Adoptionswilligen ausgenutzt und Kinderhandel betrieben. Adoptionswillige sollten in jedem Fall zur Adoption eines ausländischen Kindes die örtliche Adoptionsvermittlungsstelle und eine der genannten anerkannten Organisationen einschalten.

Rechtliche Grundlagen

- Haager Übereinkommen (HAÜ) vom 25. Mai 1993
- Adoptionsübereinkommens-Ausführungsgesetz (AdÜbAG)
- Adoptionsvermittlungsgesetz (AdVermiG)

Hinweise und den gesamten Gesetzestext erhalten Sie beim Generalbundesanwalt, Bundeszentralstelle für Auslandsadoption (E-Mail: haagadopt@bzr.bund.de)

In zahlreichen Ländern der Dritten Welt ist die Adoption eines Kindes außerhalb des Verwandtenkreises aus religiöser und weltanschaulicher Tradition unüblich. Internationale Adoptionen werden in den Herkunftsländern nicht immer begrüßt.

Vorurteile, dass Kinder in Europa als Dienstboten oder Prostituierte ausgebeutet werden, halten sich auch heute noch. Der Vorwurf des „Neokolonialismus" wird erhoben.

Die zur Adoption vermittelbaren Kinder sind oft als nicht eheliche Kinder von ihrer Mutter abgegeben worden, weil sie als Schande für die Familie angesehen werden. In geringerer Zahl werden Findelkinder, deren Familienhintergrund ungeklärt ist, zur Adoption vermittelt.

Bevor Sie ein Kind aus dem Ausland adoptieren, sollten Sie bedenken:

a) Die Adoption bedeutet für das Kind, das meistens schon älter ist, die Verpflanzung in eine ihm völlig fremde Welt. Es muss sich nicht nur an die neue Familie anpassen, sondern sich auch gleichzeitig in einer neuen Kultur zurechtfinden.
b) Für das Kind ist es wichtig, Kontakt zu seiner Herkunftskultur zu behalten oder zu bekommen. Zugang zur Sprache, Musik, Geschichte u.a. sollten ermöglicht werden.
c) Wenn die Kinder aus dem niedlichen Kleinkindalter herausgewachsen sind, werden sie oft mit Vorurteilen und Ablehnung seitens der deutschen Umwelt konfrontiert - eine schmerzliche Erfahrung!
d) Im Interesse des Kindes sollte man sich die Frage stellen, ob man durch eine Auslandsadoption oder durch die Aufnahme eines Kindes mit ausländischer Herkunft zu einer Bi-kulturellen Familie wird bzw. werden möchte.

Es gibt, pauschal gesagt, zwei Wege zur Adoption eines Kindes aus dem Ausland, wobei zur Rechtssicherheit der Beteiligten darauf geachtet werden soll, dass die Adoption sowohl im Herkunftsland des Kindes als auch im Heimatland der Adoptiveltern wirksam wird. Die Rechtsordnungen beider Länder müssen daher berücksichtigt werden.

1. Deutsche Annehmende mit Wohnsitz im Inland adoptieren im Ausland ein ausländisches Kind.
2. Adoption eines ausländischen Kindes in der Bundesrepublik.

Adoption von behinderten Kindern

Das Recht eines Kindes, in einer Familie aufzuwachsen, wird heute niemand mehr allein gesunden und problemlosen Kindern zubilligen. Selbstverständlich steht dieses Recht auch allen behinderten Kindern zu. Gleichwohl ist die Vermittlung von behinderten Kindern von besonderen Problemen geprägt. Sie liegen vor allem in der Suche nach den passenden Eltern für diese benachteiligten Kinder.

Adoptiveltern dürfen mit der Aufnahme eines behinderten Kindes weder überrumpelt werden noch dürfen sie durch falsche oder unzureichende Informationen dazu überredet werden, ein Kind zu adoptieren.

Aussagen wie: „Erst viel später haben wir die Erfahrung gemacht, dass sich das Kind nicht normal entwickelt, dass es behindert ist ..." sind häufig ein Zeichen für unzureichende Aufklärung bei der Vermittlung eines Kindes.

Grundlage sollte immer die umfassende und wahrheitsgetreue Information der Annehmenden sein; nur so ist es Adoptiveltern möglich, das Kind später mit all seinen Eigenheiten zu akzeptieren.

Die Entscheidung für ein behindertes Kind muss gemeinsam mit der Adoptionsvermittlungsstelle sorgsam vorbereitet sein. Nur mit dem Wissen um die Art der Behinderung, um die Vorgeschichte, die Bedürfnisse (Therapien etc.), die Entwicklungsmöglichkeiten des Kindes und durch die selbstkritische Reflexion der eigenen Möglichkeiten und Grenzen lassen sich überhöhte Erwartungen vermeiden.

Die Anforderungen an die Annehmenden sind hoch, sie benötigen ein Höchstmaß an Offenheit, Sensibilität, Realitätsbewusstsein und Risikobereitschaft. Wesentlich ist, wie mit der Behinderung umgegangen werden kann, ob sie eher als belastend oder nichtbelastend für die gesamte Familie empfunden wird.

Jedes, auch das schwerstbehinderte Kind, kann in eine Familie integriert werden, wenn die Familie in der Lage ist, diese Aufgaben zu übernehmen.

Da Behinderungen oft hohe Kosten bedingen, sollten sich die Annehmenden rechtzeitig über Fördermöglichkeiten und Therapien informieren. Wenn die finanziellen Aufwendungen für ein behindertes Kind nur schwer einzuschätzen sind bzw. die Mittel nicht aufgebracht werden können, sollte man im Interesse des Kindes und der gesamten Familie zunächst nur ein Pflegeverhältnis eingehen. Eine verantwortungsvolle Vermittlung schließt diese Entscheidung immer ein. Allerdings ermöglicht der Gesetzgeber im Adoptionsvermittlungsgesetz (AdVermiG) § 9 auch die Möglichkeit der finanziellen Unterstützung bei besonders risikoreichen Adoptionen. Eine „Adoptionshilfe" kann aufgrund der Behinderung eines Kindes zu kostspieligen Therapien, Umbaumaßnahmen usw. gewährt werden.

Trotz aller positiven Ansätze werden noch immer sehr wenige behinderte Kinder in Adoptivfamilien vermittelt. Dies liegt zum einen daran, dass nur sehr wenige Bewerber bereit sind, ein behindertes Kind anzunehmen; zum anderen wird immer noch das Argument gebraucht, behinderte Kinder könnten in Spezialeinrichtungen besser gefördert werden. Dieses Argument lässt sich entkräften: Viele „Problemkinder" machen gerade durch die engen Beziehungen in der neuen Familie und mit gezielter Förderung vorher nicht für möglich gehaltene Entwicklungsfortschritte. Mutige Versuche - wie beispielsweise die Projekte des Kinderzentrums München, des Jugendamtes Frankfurt und auch einiger zentraler Adoptionsstellen - zeigen deutlich, dass ein großes aktivierbares Potenzial an geeigneten Annahmeeltern vorhanden ist: Mit gezielter Öffentlichkeitsarbeit und unterstützenden Beratungsangeboten ließe sich die Vermittlungsquote und damit die Chance der Kinder in einer Familie optimale Betreuung und Förderung zu erfahren, um ein Vielfaches steigern.

Rechtliche Grundlagen
§9 AdVermiG (Adoptionshilfe)

Adoption von Pflegekindern

Viele Kinder wachsen in Pflegefamilien „auf Dauer angelegt" auf. Häufig war ihre Adoption anfangs nicht geplant oder scheiterte an nicht gegebenen elterlichen Einwilligungserklärungen. Die Kinder entwickeln im täglichen Erleben ihrer Pflegefamilie eine enge Eltern-Kind-Beziehung zu ihren faktischen (Pflege-)Eltern und finden dort den notwendigen Schutzraum für ihre Entwicklung. Kommt es dann doch noch zu einer Adoptionsfreigabe, ist dies für viele Pflegeeltern eine willkommene Gelegenheit, die bereits bestehende Familienbindung durch eine Adoption auch offiziell bestätigen zu lassen.

Die Annahme als Kind unterliegt den gleichen Bestimmungen wie die Annahme durch Dritte (wobei die Adoptionspflege eventuell wegfallen kann).

Probleme ergeben sich jedoch immer dann, wenn die Einwilligung zur Adoption vorliegt und eine Adoption für die Pflegeeltern aus wirtschaftlichen oder sonstigen Gründen nicht in Frage kommt. Leider mehren sich in Zeiten kommunaler Sparhaushalte die Fälle, in denen Jugendämter und Vormünder die Pflegeeltern unter Druck setzen. Die einfache Rechnung lautet dann manchmal: Adoption oder Herausnahme des Pflegekindes.

Der Schutz des § 1632 (4) BGB (Verbleibensanordnung) sollte auch bei Herausnahmeforderungen zum Zwecke der Adoption greifen: Allein die Tatsache, dass die Pflegeeltern das Kind nicht adoptieren wollen oder können, kann keinen Herausgabeanspruch begründen.

Eine Adoption darf niemals unter Drohungen zustande kommen. Dies wäre ein Aufhebungsgrund (§ 1760, 2d BGB). Wirtschaftliche Interessen der Jugendhilfeträger, z.B. die Einsparung von Pflegegeld, sind dem Kindeswohl untergeordnet. Die Adoption muss sich ausschließlich am Kindeswohl orientieren, dem Kind dürfen keine Nachteile entstehen. Dies würde aber unweigerlich geschehen, wenn vor dem Hintergrund einer Adoption die bisherigen Bindungen des Kindes an die (Pflege-)Familie ignoriert und zerstört würden. Aufgrund des obersten Bewertungsmaßstabes „Kindeswohl" ist in diesen Fällen von einer Adoption abzusehen und dem Kind ein Aufwachsen in seiner gewohnten (Pflege-)Familie auch zukünftig zu ermöglichen.

Die Gerichtspraxis aber zeigt, wie schwierig die Handhabung des Bewertungsmaßstabes „Kindeswohl" mitunter ist.

So heißt es im Urteil des Bundesverfassungsgerichts (BVerfG) vom 12.10.1988 (Aktenzeichen 1 BvR 818/88):
„Pflegekinder dürfen ihren Pflegeeltern selbst dann weggenommen werden, wenn psychische Beeinträchtigungen als Folge der Trennung nicht vollkommen ausgeschlossen werden können. Allerdings müssen die Gerichte vorher prüfen, ob die vorgesehenen Adoptiveltern in der Lage sind, das Kind ohne dauerhafte Schädigungen in ihre Familie zu integrieren. Unterlassen sie dies, verletzen sie das grundsätzlich geschützte Kindeswohl."

Wenn ein Jugendamt der Adoption durch die Pflegeeltern nicht zustimmt und andere Adoptiveltern für das Kind vorsieht, kann man davon ausgehen, dass das Jugendamt die Pflegeeltern für wenig geeignet hält und die Adoption durch sie verhindern will. In dem Fall gelten die oben stehenden Ausführungen (§ 1632 (4) BGB).

Rechtliche Grundlagen

§ 1741 (1) BGB (Wohl des Kindes/Adoption)
§ 1760 (2 d) BGB (Auflösungsgrund: Annahme unter Drohung)
§ 1632 (4) BGB (Verbleibensanordnung)

Adoptionsanpassungsgesetz (AdAnpG)

Die durch die Adoptionsrechtsreform veränderte Wertigkeit der Adoption betrifft nicht nur das bürgerliche Recht (BGB), sondern wirkt auch in andere Rechtsgebiete hinein. Daraus ergaben sich Rechtsunsicherheiten insbesondere in den Bereichen des Bundeskindergeldgesetzes (BKGG), des Bundesversorgungsgesetzes, der Reichsversicherungsordnung (RVO) etc. Durch das Adoptionsanpassungsgesetz (AdAnpG vom 1.7.85) wurden diese Rechtslücken geschlossen. Die umfassende Integration und Gleichstellung der Adoptivkinder in Recht und Gesellschaft findet nun auch in Fragen des Kindergeldes, der Kinderzulage, der Krankenversicherung, der Waisenrente etc. ihren Niederschlag.

Die Gleichstellung mit leiblichen Kindern des Annehmenden setzt mit dem Zeitpunkt der Inobhutnahme und elterlichen Einwilligung (Adoptionspflege) ein.

Adoptionsantrag des Annehmenden (Adoptionsbewerbers)

Die Adoptionsbewerber müssen beim zuständigen Vormundschaftsgericht für ein bestimmtes Kind einen Antrag auf Annahme als Kind stellen. Dieser Antrag muss die Einwilligung der Annehmenden enthalten, dass das Kind durch die Annahme ihr Kind werden soll. Der Antrag muss notariell beurkundet sein (Notarbesuch). Mit dem Antrag der Annehmenden wird offiziell das gerichtliche Annahmeverfahren eröffnet.

Rechtliche Grundlagen

§ 1752 BGB (Antrag, Beschluss des Vormundschaftsgerichts)
§ 56 e FGG (Beschluss über Annahme als Kind)

Adoptionsbeschluss

Die Annahme als Kind wird durch das Dekretsystem begründet. Dies bedeutet, dass die Annahme als Kind durch einen Beschluss des Vormundschaftsrichters (gerichtlicher Ausspruch) erfolgen muss (§ 1752 BGB).

Die Annahme als Kind darf nur erfolgen, wenn sie dem Wohl des Kindes dient und ein Eltern-Kind-Verhältnis entstanden ist.

Dem Beschluss muss eine angemessene Zeit der Adoptionspflege vorausgegangen sein. Das Gericht hat vor dem Beschluss zu überprüfen, ob alle Voraussetzungen erfüllt sind:

- Anträge der Annehmenden (Adoptionsbewerber)
- Einwilligung des Kindes und der leiblichen Eltern
- Anhörung des Jugendamtes
- Gutachterliche Stellungnahme des Jugendamtes

In dem Annahmebeschluss müssen die Wirkungen der Annahme bzw. die diesbezüglichen Gesetzesvorschriften enthalten sein. Der Beschluss wird mit der Zustellung an die Annehmenden rechtswirksam. Er ist nicht anfechtbar.

Rechtliche Grundlagen

§ 1741 BGB (Wohl des Kindes)
§ 1752 BGB (Beschluss des Vormundschaftsgerichts; Antrag)
§ 49 FGG (Anhörung des Jugendamtes durch das Vormundschaftsgericht)
§ 50 SGB VIII (Mitwirkung in Verfahren vor Vormundschafts- und Familiengerichten)

Adoptionspflege

Die Adoptionspflege umfasst die Zeit zwischen der Inobhutnahme des Kindes und dem Adoptionsbeschluss durch das Vormundschaftsgericht. Ihr Beginn ist an zwei Voraussetzungen geknüpft:

- Die Aufnahme des Kindes in den Haushalt der Annehmenden mit dem Ziel der Adoption (Ausnahme: Das Kind befindet sich bereits als Pflegekind im Haushalt der Annehmenden);
- die Adoptionspflegeerlaubnis (Ausnahme: Annahme durch Verwandte des Kindes bis zum 3. Grad). Diese wird erst erteilt, wenn feststeht, dass die Bewerber für die Annahme des Kindes geeignet sind.

Ohne Adoptionspflege darf im Regelfall die Annahme als Kind nicht erfolgen. Den Annehmenden und dem Kind sollen die Möglichkeit geboten werden, sich aneinander zu gewöhnen, erste gegenseitige Bindungen herzustellen und zu überprüfen, ob sich die angestrebte Eltern-Kind-Beziehung entwickeln wird. Die Adoptionspflege ist keine Probezeit, sondern ihrer Intention nach eine Eingewöhnungszeit mit dem Abschluss der endgültigen auch gefühlsmäßigen Entscheidung: Ich möchte Kind dieser Familie sein! Ich/Wir möchte(n) dieses Kind adoptieren!

Die Dauer der Pflege ist nicht festgelegt. Der Zeitraum orientiert sich an der individuellen Situation des Kindes. Im Allgemeinen erstreckt sich die Adoptionspflege auf ein Jahr, bei behinderten und/oder älteren Kindern jedoch auch länger. Während dieser Zeit haben die Annehmenden einen Rechtsanspruch auf umfassende Beratung und Unterstützung durch die Adoptionsvermittlungsstelle und/oder das Jugendamt.

Die Adoptionspflege erfolgt unentgeltlich. Mit dem Beginn der Adoptionspflege entfallen auch Verpflichtungen des Jugendhilfeträgers zur Zahlung wirtschaftlicher Jugendhilfe (Pflegegeld). Gleichzeitig tritt die Unterhaltspflicht der leiblichen Verwandten hinter die Unterhaltspflicht der Annehmenden zurück. All dies soll dem möglichst realistischen Vertrautmachen mit den Bedingungen und Belastungen einer Annahme als Kind dienen.

Hat das örtliche Jugendamt keine Kinder zu vermitteln, ist zu empfehlen, sich nach erfolgter Eignungsüberprüfung eine Unbedenklichkeitsbescheinigung ausstellen zu lassen. Damit können sich Bewerber an das zuständige Landesjugendamt - Zentrale Adoptionsstelle -, andere Jugendämter oder anerkannte

Auslandsadoptionsvermittlungsstellen wenden. Wenn allerdings der Wunsch nach einem gesunden Säugling besteht, werden voraussichtlich alle Bemühungen umsonst sein, weil es dafür in allen Vermittlungsstellen viel zu viele Bewerber gibt.

Rechtliche Grundlagen

§ 1744 BGB (Probezeit vor der Annahme)
§ 8 AdVermiG (Beginn der Adoptionspflege)
§ 9 AdVermiG (Adoptionshilfe)
§ 1751(4) BGB (Unterhaltspflicht)
§ 33 SGB VIII (Vollzeitpflege)
§ 44 SGB VIII (Pflegeerlaubnis)

Adoptionsregelungen (allgemeine)

Prämisse für die Zulässigkeit der Annahme als Kind ist immer, dass diese dem Wohl des Kindes dient und zwischen dem Annehmenden und dem Kind ein Eltern-Kind-Verhältnis entsteht.

1. Personenstand

Der für eine Adoption in Frage kommende Personenkreis ist im Gesetz folgendermaßen definiert:

- Ein Ehepaar kann ein Kind gemeinschaftlich annehmen;
- Unverheiratete können ein Kind allein annehmen;

2. Alterserfordernis

- Ein Ehegatte muss das 25. Lebensjahr, der andere Ehegatte das 21. Lebensjahr vollendet haben;
- Wer alleine ein Kind annehmen will, muss das 25. Lebensjahr vollendet haben (vgl. 1743 BGB).

Ein Höchstalter ist im Gesetz nicht festgeschrieben. Das Alter des Annehmenden sollte jedoch nicht von dem Alter abweichen, in dem man üblicherweise Kinder bekommt. In der Praxis wird daher in der Regel von einem Altersabstand zwischen Kind und Adoptiveltern von maximal 40 Jahren ausgegangen.

3. Berücksichtigung der Kindesinteressen

Die Adoption eines Kindes ist nicht mehr an die Voraussetzung der Kinderlosigkeit der/des Annehmenden gebunden. Sie darf jedoch erst dann erfolgen, wenn ihr nicht überwiegende Interessen der Kinder der/des Annehmenden oder des Anzunehmenden entgegenstehen. Auch wenn die Befürchtung besteht, dass Interessen des Anzunehmenden durch Kinder des Annehmenden gefährdet werden, darf die Annahme nicht ausgesprochen werden. (Hierunter fallen nicht vermögensrechtliche Interessen (vgl. § 1745 BGB).

Rechtliche Grundlagen

§ 1743 (1-3) BGB (Alterserfordernisse)
§ 1743 (4) BGB (Geschäftsfähigkeit des Annehmenden)
§ 1745 BGB (Berücksichtigung der Kindesinteressen)

Adoptionsvermittlungsgesetz (AdvermiG)

Mit der Reform des Adoptionsgesetzes im Jahre 1976 wurde der Adoptionspraxis Rechnung getragen, die sich schon länger an entwicklungspsychologischen Erkenntnissen orientierte. Damit wurde das Adoptionsverfahren fachlich qualifizierter und anspruchsvoller. Das Wohl des Kindes und seine Integration in die neue Familie wurde Maßstab für jede Annahme als Kind.
Ein Instrument zur Einlösung dieses Anspruchs sah der Gesetzgeber in dem Adoptionsvermittlungsgesetz (AdVermiG, erweiterte Neufassung vom 27.11.89)

Die wesentlichen Punkte des neuen Adoptionsvermittlungsgesetzes sind:

- **Vermittlungsverbot**

Um Kinder vor unqualifizierter oder gar erwerbsmäßiger Vermittlung zu schützen, ist die Vermittlung durch Nichtfachkräfte verboten; der Verstoß wird als Ordnungswidrigkeit geahndet.

Unter das Verbot fallen auch Adoptionsanzeigen, sofern sie nicht der Unterstützung der Vermittlung schwer vermittelbarer Kinder durch die Adoptionsvermittlungsstelle dienen. In diesen Fällen muss die Anschrift der Adoptionsvermittlungsstelle angegeben sein; die Angabe einer Privatadresse ist nicht erlaubt.

Von dem Vermittlungsverbot ist die Vermittlung innerhalb der Familie - durch Verwandte bis zum 3. Grad - ausgenommen. In Ausnahmefällen kann die Vermittlung auch durch Nichtverwandte erfolgen. Das Jugendamt muss hiervon unverzüglich informiert werden.

Ebenfalls verboten ist die Vermittlung einer Schwangeren zur Entbindung im Ausland mit anschließender Adoption.

Auch die Vermittlung von Ersatz(Leih-)mutterschaft wird unter Strafe gestellt. Als solche gilt das Zusammenführen von Personen, die das aus einer Ersatz-(Leih-)mutterschaft entstandene Kind annehmen oder auf Dauer bei sich aufnehmen wollen (Bestelleltern) mit einer Frau, die zur Übernahme einer Ersatz-(Leih-)mutterschaft bereit ist.

- **Strafverschärfung bei Kinderhandel**

Der Gesetzgeber hat in der Neufassung des Adoptionsvermittlungsgesetzes die Strafvorschriften gegen den Kinderhandel im Zusammenhang mit Auslandsadoptionen verschärft.

Sowohl die Praktiken bei illegalen Adoptionen als auch die Vermittlung von Ersatzmutterschaft betrachtet der Gesetzgeber als Ausdruck eines Denkens, das Kinder zur Handelsware degradiert und sie ausschließlich zum Objekt der Befriedigung emotionaler Bedürfnisse der Bestelleltern oder der Geschäftsinteressen skrupelloser Vermittler macht.

Rechtliche Grundlagen

§ 13a-d AdVermiG (Ersatzmutterschaft)
§ 14b AdVermiG (Strafvorschriften gg. Ersatzmuttervermittlung)
§ 14a AdVermiG (Strafvorschriften gg. Kinderhandel)

Adoptionsvermittlungsstellen

Die Adoptionsvermittlung ist Aufgabe des Jugendamtes und des Landesjugendamtes. Das Jugendamt darf die Adoptionsvermittlung nur durchführen, wenn es eine Adoptionsvermittlungsstelle eingerichtet hat. Das Landesjugendamt hat eine zentrale Adoptionsvermittlungsstelle einzurichten. Jugendämter benachbarter Gemeinden oder Kreise können mit Zustimmung der zentralen Adoptionsstelle des Landesjugendamtes eine gemeinsame Adoptionsvermittlungsstelle errichten.

Ebenfalls zur Adoptionsvermittlung berechtigt sind die örtlichen und zentralen Stellen des Diakonischen Werks, des deutschen Caritasverbandes, der Arbeiterwohlfahrt sowie anderer Organisationen der freien Jugendhilfe, wenn diese Stellen von der zuständigen Behörde als Adoptionsvermittlungsstellen anerkannt sind. Die Adoptionsvermittlungsstellen der Jugendämter und der zentralen Adoptionsstellen der Landesjugendämter arbeiten mit den Adoptionsvermittlungsstellen freier Träger partnerschaftlich zusammen.

Die Aufgaben der Adoptionsvermittlungsstellen umfassen den gesamten Adoptionsprozess:

- **die Suche nach geeigneten Adoptiveltern für ein Kind,**
- **die Bewerber-Vorbereitung,**
- **die Beratung und Unterstützung der Herkunftseltern, der Adoptionsbewerber und des Kindes, auch nach Abschluss der Adoption,**
- **die Durchführung sachdienlicher Ermittlungen im Rahmen der Adoptionsvorbereitung.**

Zur Koordination der internationalen Adoptionsvermittlung arbeiten die anerkannten Auslandsvermittlungsstellen mit dem Generalbundesanwalt beim Bundesgerichtshof als Bundeszentralstelle für Auslandsadoption zusammen. Das Landesjugendamt unterstützt die Arbeit der örtlichen Adoptionsvermittlungsstellen in schwierigen Einzelfällen und wenn Kind oder Bewerber eine ausländische Staatsangehörigkeit besitzen oder im Ausland leben.

Rechtliche Grundlagen

§ 2 AdvermiG (Adoptionsvermittlungsstellen)
§§ 8, 9 AdvermiG (Aufgaben Adoptionsvermittlungsstelle)
§§ 5, 6 AdvermiG (Vermittlungsverbote)
§ 10 AdvermiG (Unterrichtung der zentralen Adoptionsstelle des Landesjugendamtes)
§ 12 (Ermittlungen bei Kindern in Heimen)
§ 11, 13 (zentrale Adoptionsstelle)
§ 47 (2) SGB VIII (Meldepflichten)

Akteneinsicht

Die frühere Praxis, die die Akteneinsicht in den Ermessensspielraum der Behörde legte, wurde 1981 durch das Sozialgesetzbuch reformiert. Analog zum Grundgedanken vom „mündigen Bürger" sollte dieser nicht nur bloßes Objekt von Verwaltungsentscheidungen sein, sondern grundsätzlich seine Interessen mittels Akteneinsicht wahrnehmen können. Trotz der gesetzlichen Regelungen stoßen Pflegeeltern jedoch häufig auf eine ablehnende Haltung, wenn sie den Wunsch nach Akteneinsicht gegenüber dem Jugendamt äußern.

Nach § 25 SGB X hat jeder Verfahrensbeteiligte einen grundsätzlichen Anspruch auf Akteneinsicht in alle das Sozialverwaltungsverfahren betreffenden Akten, soweit die schutzwürdigen Belange Dritter berücksichtigt werden (Datenschutz/Sozialgeheimnis).

Die Einsicht in die das Verfahren betreffenden Akten ist an bestimmte Voraussetzungen geknüpft:

I. Beteiligtenstatus

Der Beteiligte muss ein rechtliches Interesse an der Einsichtnahme haben. Dieses liegt beispielsweise dann vor, wenn es erst durch die Akteneinsicht dem Beteiligten möglich wird, nachzuvollziehen, von welchen Tatsachen bei der Entscheidung ausgegangen worden ist.

Wer Beteiligter ist, ist in § 12 des Sozialgesetzbuches (SGB X) definiert. Der Beteiligtenstatus von Pflegeeltern kann sich aufgrund unterschiedlicher Aspekte ergeben:

- weil sie Antragsteller oder Antraggegner in dem Verfahren sind,
- weil die Behörde an sie den Verwaltungsakt richten will oder gerichtet hat,
- weil die Behörde/Jugendamt mit ihnen einen Vertrag schließen will oder geschlossen hat,
- weil die Verwaltungsentscheidung rechtsgestalterische Wirkung für die Pflegeeltern (Dritte) hat und diese einen Antrag auf Hinzuziehung als Beteiligte gestellt haben (z.B. Pflegegeld, Sorgerechtsentscheidungen, Umgangsregelungen). Da dies bei Pflegeeltern regelmäßig in allen das Pflegekind betreffenden Dingen zutrifft, sollte ein solcher Antrag, auch wenn sich die Beteiligung aus anderen Voraussetzungen ergibt, vorsorglich immer gestellt werden.

II. Beschränkte Akteneinsicht / Datenschutz

Eine maßgebliche Einschränkung erhält der generelle Anspruch auf Akteneinsicht durch das Prinzip der „beschränkten Akteneinsicht", insbesondere im Hinblick auf den Datenschutz.

Auf diese Ausnahmebestimmung des § 25 III SGB X berufen sich viele Jugendämter, wenn sie Pflegeeltern die Einsichtnahme in die Vermittlungsakte des Kindes verweigern.

Die Behörde ist nicht zur Akteneinsicht verpflichtet, wenn die berechtigten Interessen der Beteiligten oder Dritter geheim gehalten werden müssen. Es ist unstrittig, dass im Rahmen der Akteneinsicht die Vorschriften über den Schutz von Sozialdaten uneingeschränkt zu beachten sind. Vor allem sensible personenbezogene Daten genießen den besonderen Schutz des Datenschutzgesetzes und des Sozialgeheimnisses des Sozialgesetzbuches.

Nach dem Sozialgeheimnis hat jeder Anspruch auf die Geheimhaltung seiner persönlichen Daten. Diese grundsätzliche Wahrung des Sozialgeheimnisses erfährt jedoch eine Ausnahme in den §§ 67 - 77 SGB X. Danach ist die Offenbarung von Sozialdaten dann zulässig, wenn sie zur Erfüllung einer gesetzlichen Aufgabe durch eine in § 35 SGB I genannten Stelle (z.B. Jugendamt) erforderlich ist.

Was bedeutet das für Pflegeeltern, denen die Akteneinsicht mit dem Hinweis auf das Sozialgeheimnis der Herkunftseltern verweigert wird?
Das Jugendamt kann Informationen über die Vorgeschichte des Kindes nicht mit dem Hinweis auf Schweigepflicht oder Sozialgeheimnis zurückhalten. Dies ergibt sich aus dem Zusammenspiel von SGB und SGB VIII. Die gesetzlich festgelegte umfassende Beratungs- und Unterstützungspflicht des Jugendamtes gilt auch für die Weitergabe personenbezogener Daten über die Herkunftsfamilie, wenn damit den Erfordernissen des Kindeswohls Rechnung getragen wird.

Datenschutzrechtlich sind hier keine Bedenken gegeben, weil

- die Offenbarung der Sozialdaten erforderlich zur Erfüllung der gesetzlichen Beratungs- und Unterstützungsaufgabe des Jugendamtes gegenüber den Pflegeeltern ist;
- das Wissen um die Vorgeschichte des Kindes (und der Herkunftsfamilie) für die Erfüllung des Erziehungsauftrages notwendig ist;

- die Daten nur zu dem Zweck verwendet werden, zu dem sie befugt offenbart worden sind (Erziehung des Kindes);
- die Pflegeeltern als ehrenamtliche Mitarbeiter des Jugendamtes anzusehen sind und einer umfassenden Geheimhaltungspflicht gegenüber Dritten unterliegen. Die umfassende Schweigepflicht lässt sich zusätzlich durch eine entsprechende Verpflichtungserklärung absichern.

III. Art und Umfang der Akteneinsicht

Die Akteneinsicht erstreckt sich auf die Gesamtheit der Akten, die zur Prüfung der Voraussetzung, Vorbereitung, Genehmigung oder Aufhebung eines Verwaltungsaktes oder eines öffentlich-rechtlichen Vertrages relevant und vorhanden sind: alle Kopien, Schriftstücke, Gutachten und auch Vorakten, die auf das konkrete Verfahren bezogen oder für dieses von Bedeutung sind, sind also einsehbar. Von der Einsichtnahme sind nur die Aktenteile ausgenommen, die unter keinem denkbaren Gesichtspunkt für die Entscheidung von Bedeutung sein können. Im Zweifelsfall hat sich die Behörde für eine Offenlegung zu entscheiden.

Die Durchführung der Akteneinsicht richtet sich nach den für die Beteiligten zumutbaren Bedingungen, die Behörde darf die Akteneinsicht nicht unnötig erschweren. Die Einsichtnahme erfolgt in der Regel bei der aktenführenden Behörde (hier Jugendamt).
Seit 1.1.2002 haben gesetzliche Vertreter eines Adoptivkindes und das Kind, wenn es das 16. Lebensjahr vollendet hat, unter Anleitung einer Fachkraft das Recht auf Einsicht in die Vermittlungsakten. Diese Einsicht ist zu versagen, soweit überwiegende Belange eines Betroffenen entgegenstehen.

Rechtliche Grundlagen
§ 12 SGB (Beteiligte)
§ 25 SGB X (Akteneinsicht durch Beteiligte)
§ 29 VwVfG
§ 2 I BDSG (Schutz personenbezogener Daten)
§ 35 SGB I(Sozialgeheimnis)
§§ 67-85 SGB X (Schutz der Sozialdaten)
§§ 61-68 SGB VIII (Schutz personenbezogener Daten)
§ 50 SGB X (Anhörung der Pflegeperson in Personensorgerechtsverfahren)
§ 9b AdVermiG

Anbahnungsphase

Die Anbahnungsphase ist der Zeitraum von der Vorentscheidung für ein bestimmtes Kind bis zur endgültigen Vermittlung und Aufnahme in die Pflegefamilie. Kind und Pflegeeltern lernen sich kennen.

Die ersten Kontakte sollen an einem dem Kind vertrauten Ort und in einer entspannten, zwanglosen Atmosphäre stattfinden. Dies ist in der Regel der Ort, an dem das Kind lebt (Übergangspflegestelle, Heim u.a.). Die Anbahnung erfolgt schrittweise, vom Beobachten des Kindes aus angemessener Entfernung, über Spaziergänge, kleine Ausflüge bis hin zu Besuchen in der Pflege-/Adoptivfamilie.

Wichtig ist in dieser Zeit eine qualifizierte Beratung und Begleitung durch den vermittelnden Pflegekinder-/Adoptivkinderdienst und die Einrichtung, in der das Kind lebt.

Das Tempo der Annäherung und die Bereitschaft zum nächsten Schritt gibt die „Seite" an, die sich noch unsicher fühlt. Dies gilt auch für die Anrede. Ein übereiltes aufeinander Zugehen kann zu schmerzhaften Enttäuschungen führen. Kleine Kinder streben meistens sehr schnell in das neue Zuhause. Bei älteren Kindern hingegen ist manchmal sehr viel Geduld und Einfühlungsvermögen erforderlich.

Während der Anbahnungsphase sollten die potenziellen Pflege-/Adoptiveltern alle wichtigen Fragen klären, so dass sie ausreichend über das Kind, seine Vorgeschichte, seine Gewohnheiten, Bezugspersonen, Besuchskontakte, notwendige Therapien u.a. informiert sind.

Wenn ein Kind eine spezielle Förderung oder Therapie benötigt, sollte die wirtschaftliche Unterstützung dafür bereits vor der endgültigen Aufnahme des Kindes geklärt werden. Zu einem späteren Zeitpunkt kann dies erfahrungsgemäß größere Probleme bereiten.

Solange potenzielle Pflege-/Adoptiveltern unsicher sind, ob sie sich wirklich für das Kind entscheiden können, muss die Anbahnungsphase äußerst behutsam verlaufen, damit sich das Kind nicht bereits an diese Menschen bindet und enttäuscht wird. Auf jeden Fall müssen Gefühle in dieser Zeit sehr gut reflektiert und Zweifel sehr ernst genommen werden. Manch späterer Abbruch eines Pflege-/Adoptivverhältnisses könnte vermieden werden, wenn Unsicherheiten auf Seiten der Pflege-/Adoptiveltern und die fachliche Begleitung durch den Pflegekinder-/Adoptivkinderdienst ernster genommen werden würden. Die Angst vor einem Nein darf niemals den Ausschlag für eine so weitreichende und schmerzhafte Fehlentscheidung geben.

Angst

Angst ist ein natürlicher menschlicher Schutzmechanismus. Er dient zum Schutz vor Bedrohungen und Gefährdungen. Unabhängig davon, ob es einen realen oder irrealen (neurotisch bedingten) Anlass zur Angst gibt, hat diese im Empfinden des betroffenen Menschen die gleiche Intensität und Realität.

Als eine Quelle der Angst nennt die Psychoanalyse den Verlust von Schutz und Sicherheit, z.B. verursacht durch die frühe Erfahrung des Verlassenwerdens, durch Beziehungsabbrüche, Trennungen.
Obwohl Angst für den Menschen lebensnotwendig ist, weil durch sie Potentiale zur Gefahrenabwehr (im Sinne von Angriffs- und Fluchtreaktionen) aktiviert werden, kann sich dieser Schutz auch umkehren und lähmend wirken. Diese Lähmung tritt dann ein, wenn die Angst so übermächtig wird, dass Ohnmachtsgefühle einen Menschen handlungsunfähig machen und somit die Person überwältigen.
Wenn aufgrund vorangegangener traumatischer Erfahrungen die gesamte Umwelt nur noch als endlose Kette von Bedrohungen erlebt wird, greift der von Angst überwältigte Mensch auf Abwehrmechanismen zurück (beispielsweise durch Vermeidung bestimmter Situationen oder durch Verdrängung schmerzhafter Erlebnisse) oder er drückt seine Hilflosigkeit durch schwere psychosomatische Störungen - wie Bettnässen, Erbrechen, Fieber - aus.

Bei Pflege- und Adoptivkindern sind diese Angstphänomene oft dann zu beobachten, wenn lebensgeschichtliche Traumata, d.h. Erfahrungen, die zu nachhaltigen Verletzungen führen, nicht verarbeitet werden konnten oder wenn das Kind real oder in seinem Empfinden wieder mit diesen Traumata konfrontiert wird. Dies kann bei Pflegekindern z.B. ein Besuchskontakt sein, hinter dem das Kind eine drohende Herausnahme vermutet.
Trennungen, gewaltsame Herausnahmen, Gewalterfahrungen, sexueller Missbrauch - alles, was das Kind in seiner persönlichen Integrität verletzt hat, wirkt in dem kindlichen Erleben als Angst fort und behindert es in all seinen Beziehungen.

Verfügen Pflege- und Adoptiveltern nur über unzureichende Informationen bezüglich der Vorgeschichte des Kindes, ist es kaum möglich, den Ursprung kindlicher Ängste nachzuvollziehen und dem Kind dadurch bei der Konfliktlösung zu helfen. Gelingt es nicht, in einem sehr behutsamen und einfühlsamen Prozess gemeinsam mit dem Kind die unbewussten Angstquellen aufzudecken und zu entschlüsseln, so sollte auf fachliche Hilfe zurückgegriffen werden.

Anhörungen durch das Gericht

Die Entscheidungen von Vormundschafts- und Familiengerichten müssen in Sorgerechtsverfahren auf der Grundlage des Kindeswohls erfolgen. Um dem zu entsprechen, hat der Gesetzgeber in SGB VIII und FGG (Vorschriften über die freiwillige Gerichtsbarkeit) ein Anhörungsrecht von Kindern und sonstigen beteiligten Personen verankert, welches dem Gericht bei den sachdienlichen Ermittlungen und der Entscheidungsfindung helfen soll.

I. Anhörung der leiblichen Eltern

Bei Sorgerechtsentscheidungen müssen die Herkunftseltern im Regelfall persönlich angehört werden. Kann eine Anhörung nicht erfolgen, weil z.B. die Gefährdung des Kindes eine schnelle Entscheidung erfordert, muss die Anhörung unverzüglich nachgeholt werden.

Rechtliche Grundlagen

§ 50 a FGG (Persönliche Anhörung der Eltern in Sorgerechtsverfahren)

II. Anhörung der Pflegepersonen

Im Zuge der Verstärkung des Anhörungsrechtes von beteiligten Personen in Sorgerechtsangelegenheiten wurde 1979 auch das Anhörungsrecht von Pflegeeltern in § 50 c FGG verankert. Die Pflegeeltern sind immer dann anzuhören, wenn das Kind schon seit längerer Zeit in Familienpflege lebt und die Angelegenheit die Person des Kindes betrifft.

Die Einschränkung, dass von der Anhörung abgesehen werden kann, wenn davon keine Aufklärung der Angelegenheit zu erwarten ist, wird nur sehr selten zum Zuge kommen. Durch das ständige Zusammenleben mit dem Kind sind den Pflegeeltern sowohl die Verhaltensweisen als auch der Entwicklungsstand des Kindes so sehr vertraut, dass ihre Anhörung im Rahmen der Sachaufklärung für das Gericht unerlässlich ist. Dies bezieht sich nicht nur auf direkte Angelegenheiten der elterlichen oder vormundschaftlichen Sorge, sondern auch auf alle anderen das Kind betreffenden Angelegenheiten, wie z.B. das Umgangsrecht.

Bei einem erst kurzzeitigen Pflegeverhältnis ist die Anhörung der Pflegeeltern im Rahmen des allgemeinen Amtsermittlungsgrundsatzes möglich.

Rechtliche Grundlagen

§ 50 c FGG Anhörung Pflegeperson/en)
§ 12 FGG (Amtsermittlungsgrundsatz)

III. Anhörung des Jugendamtes

Der § 1630,3 BGB (Übertragung von Angelegenheiten der elterlichen Sorge auf die Pflegeperson) und der § 1631,3 BGB (Unterstützung der Eltern bei der Ausübung der Personensorge auf Antrag durch das Familiengericht) wurden in das FGG-Verfahren aufgenommen.

Bei Verfahren nach § 1632 BGB (Herausgabe eines Kindes, Bestimmung des Umgangs, Wegnahme von der Pflegeperson) und nach § 1632 (4) BGB (Antrag der Pflegeperson auf Verbleib des Kindes) sowie bei Fragen der Personensorge nach § 1666 BGB muss das Jugendamt vom Gericht zwingend angehört werden. Die Anhörung in Form eines schriftlichen Berichtes ist hierbei nicht immer ausreichend, das Gericht kann auch die persönliche Anhörung des Jugendamtsmitarbeiters für notwendig erachten.

Rechtliche Grundlagen

§ 50 (3) SGB VIII (Mitwirkung in Verfahren vor den Vormundschafts- und Familiengerichten)
§§ 49, 49a FGG (Anhörung durch das Vormundschaftsgericht bzw. Familiengericht)
§ 1632 BGB (Anspruch auf Herausgabe des Kindes; Bestimmung des Umgangs, Wegnahme von der Pflegeperson)
§ 1666 BGB (Gefährdung des Kindeswohls)

IV. Anhörung des Kindes

Im Zuge der Reform des elterlichen Sorgerechts wurde die persönliche Anhörung des Kindes in § 50 b FGG verankert. Danach muss das Kind nun in allen Verfahren, die die Personen- oder Vermögenssorge betreffen, angehört werden, wenn die „Neigungen, Bindungen oder der Wille des Kindes für die Entscheidung von Bedeutung sind oder wenn es zur Feststellung des Sachverhalts angezeigt erscheint".

Bei Entscheidungen zum elterlichen Sorgerecht, bei Umgangsregelungen und Herausnahmeforderungen ist dies in der Regel der Fall.

Von der persönlichen Anhörung darf nur aus schwer wiegenden Gründen abgesehen werden. Unterbleibt sie allein wegen „Gefahr im Verzuge", ist sie unverzüglich nachzuholen. § 50 b FGG spricht nicht nur von der Anhörung im Gespräch, sondern auch von dem unmittelbaren Eindruck, den sich das Gericht - auch bei sehr jungen Kindern - verschaffen kann.

Mit Vollendung des 14. Lebensjahres muss das Kind, wenn es nicht geschäftsunfähig ist, bei Verfahren, die die Angelegenheiten der Personensorge betreffen, stets persönlich angehört werden. Bei vermögensrechtlichen Angelegenheiten soll eine Anhörung des Kindes stattfinden, wenn es angezeigt erscheint.

Das Kind ist über den Gegenstand sowie über den möglichen Ausgang des Verfahrens in angemessener Weise zu unterrichten, sofern daraus keine Nachteile oder Gefahren bezüglich seiner Entwicklung oder Erziehung erwachsen können.

Oberste Regel muss bei der Anhörung des Kindes die Respektierung des Kindes als Person mit eigenen Rechten und mit einem eigenen Willen sein. Selbst wenn der geäußerte Wille des Kindes Erwachsenen „unvernünftig" oder unverständlich erscheinen mag, ist er zur Kenntnis zu nehmen und zu akzeptieren.

Die Anhörung erfordert vom Richter viel Einfühlungsvermögen, denn er hat nicht nur auf die verbalen Äußerungen des Kindes, sondern auch auf dessen Gestik und Mimik zu achten. Zudem muss er auch dazu in der Lage sein, die symbolhafte Sprache, in der Kinder häufig über ihre Gefühle sprechen, zu entschlüsseln.

Die oft geäußerte Befürchtung, Kinder seien leicht beeinflussbar und dies könne sich bei der Anhörung negativ auswirken, muss relativiert werden. Es hat sich gezeigt, dass Kinder erstaunlich wenig manipulierbar sind, was ihre Einstellung zu ihren Bezugspersonen anbelangt: Das Kind müsste ja sonst auch seine ureigensten Interessen verleugnen!

Für die Feststellung des Kindeswillens muss es unerheblich bleiben, auf welche Art und Weise die Willensbildung stattgefunden hat. Entscheidend ist allein das Kindeswohl, entscheidend sind die Bindungen und Neigungen des Kindes.

Verankert wurde das Anhörungsrecht von Kindern und Jugendlichen auch im SGB VIII. Die Beteiligung von Kindern und Jugendlichen soll diesen die Möglichkeit eröffnen, aktiv an Verfahren teilzunehmen, in denen Entscheidungen gefällt werden, von denen sie betroffen sind (Verwaltungs-/Vormundschaftsverfahren, ebenso verankert wurde das Recht auf Gehör beim Jugendamt).

Die Einflussmöglichkeit des Kindes/Jugendlichen wird im SGB VIII jedoch eingeschränkt. So heißt es in § 8 (1), S. 1: „Kinder und Jugendliche sind entsprechend ihrem Entwicklungsstand an allen sie betreffenden Entscheidungen der öffentlichen Jugendhilfe zu beteiligen". Ein selbständiges Beschwerderecht gibt es im Verfahren vor dem Vormundschaftsgericht (§ 59 FGG) für Jugendliche ab 14 Jahren.

Rechtliche Grundlagen

§ 50 b (1,2) FGG (Persönliche Anhörung des Kindes)
§ 50 (3) FGG (Anhörungsverzicht)
§ 59 FGG (Beschwerderecht des Kindes oder Mündels)
§ 8 SGB VIII (Beteiligung von Kindern und Jugendlichen)

Ansprüche des Kindes (rechtlicher Art)

Mit der Adoption erlischt der Anspruch des Kindes auf Unterhalt durch die leiblichen Verwandten. Nimmt ein Ehegatte das eheliche Kind seines Ehegatten an, dessen frühere Ehe durch den Tod aufgelöst ist, tritt das Erlöschen jedoch nicht im Verhältnis zu den Verwandten des verstorbenen Elternteils ein.

Die bis zur Annahme entstandenen Ansprüche aus dem Sozial-, Beamten-, Tarifrecht etc. werden jedoch von der Adoption nicht berührt: Renten, Waisengeld und andere entsprechende wiederkehrende Leistungen stehen dem Kind weiterhin zu.

Rechtliche Grundlagen

§ 1755 (1, 2) BGB (Erlöschen bisheriger Verwandtschaftsverhältnisse)
§ 595 (4) RVO
§ 23 (1, 2) BeamtVG
§ 39 (3) AngstvG
§ 67 (3) Reichsknappschaftsgesetz
§ 45 (4) Bundesversorgungsgesetz

Antrag auf Informationen durch das Jugendamt

Um regelmäßig, auch nach abgeschlossener Bewerbung und Adoption, durch das Jugendamt oder den freien Träger informiert zu werden, geben Sie bitte folgenden ausgefüllten Antrag ab:

> An das
> Jugendamt
> Adoptionsvermittlungsstelle
> Sachbearbeiter/in
> AZ
>
> Antrag der (angehenden) Adoptiveltern über Zusendung von Informationen durch die zuständige Adoptionsvermittlungsstelle:
>
> Hiermit bitten wir Sie, die für uns zuständige Adoptionsvermittlungsstelle, uns auch nach abgeschlossener Bewerbung / Adoption regelmäßig zu informieren.
>
> Bitte laden Sie uns zu geplanten Fort- und Weiterbildungsveranstaltungen, das Kind und uns betreffend, ein.
>
> Namen, Vornamen
> Anschrift
> Tel./Fax
> Unterschriften
> *Ort, Datum*

Antragsrecht des Minderjährigen

Hat ein Minderjähriger das 15. Lebensjahr vollendet, kann er Anträge auf Sozialleistungen stellen und verfolgen sowie Sozialleistungen entgegennehmen. Dadurch erlangt der Jugendliche eine gewisse Unabhängigkeit gegenüber seinem gesetzlichen Vertreter. Dieser ist allerdings vom Leistungsträger über die Antragstellung des Minderjährigen und über die erbrachten Sozialleistungen zu informieren. Eine Einschränkung der Handlungsfähigkeit kann durch eine schriftliche Erklärung des gesetzlichen Vertreters gegenüber dem Leistungsträger erfolgen. Auch die „Rücknahme von Anträgen, der Verzicht auf Sozialleistungen und die Entgegennahme von Darlehen bedürfen der Zustimmung des gesetzlichen Vertreters" (Siehe § 36 (2) SGB I).

Unter den Begriff „Sozialleistungen" fallen die im Sozialgesetzbuch vorgesehenen Dienst-, Sach- und Geldleistungen, wie z.B. Ausbildungsförderung, Sozialhilfe und Kinder- und Jugendhilfe.

Rechtliche Grundlagen

§ 36 (1) SGB 1 (Handlungsfähigkeit)
§ 36 (2) SGB 1 (Einschränkung der Handlungsfähigkeit)
§ 11 SGB (Leistungsarten)
§ 8 SGB 1 (Kinder- und Jugendhilfe)
§ 27 SGB 1 (Leistungen der Kinder- und Jugendhilfe)

Anzeigepflicht / Mitteilungspflicht

Um die Aufsicht und den Schutz des Pflegekindes jederzeit sicherzustellen, besteht im Rahmen der Pflegekinderschutzvorschriften des SGB VIII die Verpflichtung der Pflegepersonen,

- **Aufnahme,**
- **Abgabe,**
- **Schulwechsel,**
- **schwere Krankheiten,**
- **wichtige Ereignisse,**
- **Wohnortwechsel/Wohnungswechsel,**
- **Tod des Pflegekindes**

unverzüglich dem Jugendamt mitzuteilen.

Auch wenn es gesetzlich im SGB VIII nicht vorgeschrieben ist, sollten darüber hinaus alle anderen wichtigen Veränderungen in der Pflegefamilie (z.B. Trennung/Scheidung der Pflegeeltern, Tod einer Pflegeperson etc.) dem Sozialarbeiter des Jugendamtes mitgeteilt werden, damit dieser jederzeit von der Entwicklung des Pflegeverhältnisses informiert ist. In einigen Bundesländern ist diese erweiterte Anzeigepflicht auch in den landesrechtlichen Ausführungsbestimmungen verankert.

Rechtliche Grundlagen

§ 49 SGB VIII (Landesrechtsvorbehalt)
§ 44 (4) SGB VIII (Pflegeerlaubnis)
§ 37 (3) SGB VIII (Zusammenarbeit bei Hilfen außerhalb der eigenen Familie)

Aufenthaltsgenehmigung für das ausländische Pflegekind (Heimkind)

Das am 1.1.1991 in Kraft getretene neue Ausländergesetz hat Neuregelungen mit sich gebracht, von denen auch die in der Bundesrepublik lebenden Pflege- (und Heim-)kinder betroffen sind:

Auch minderjährige Ausländer unter 16 Jahren benötigen nun eine Aufenthaltserlaubnis. Diese wird bei unter 16-Jährigen nur befristet erteilt.

Die Aufenthaltserlaubnis muss durch den gesetzlichen Vertreter des Minderjährigen beantragt werden (§ 68 (4) AuslG).

Über 16-Jährige können den Antrag selbst stellen (§ 68 (1) AuslG).

Die Ausländerbehörden haben hierbei die Aufgabe der Beratung zu erfüllen.

- Solange ausländische Eltern das elterliche Sorgerecht haben, sind sie darauf hinzuweisen, dass sie nicht nur die Aufenthaltserlaubnis für sich, sondern auch für ihr minderjähriges Kind unter 16 Jahren beantragen müssen.
- Bei Vormundschaft durch das Jugendamt muss dieses selbst den Antrag stellen.
- Haben Pflegeeltern die Vormundschaft für ein Kind unter 16 Jahren, ist es ihre Aufgabe, die Aufenthaltsgenehmigung zu beantragen. (Hierüber müssten sie bei Inpflegenahme informiert werden.)

In Bezug auf die Staatsangehörigkeit des (Pflege-)kindes gibt es eine Menge Ausnahmen von dieser Regelung, von denen hier eine wichtige herausgegriffen sei:

Unter 16 Jahre alte Staatsangehörige der EG-Staaten sowie der EFTA-Staaten (und auch Staatsangehörige von Ecuador) bedürfen keiner Aufenthaltserlaubnis, wenn sie einen gültigen Nationalpass oder einen als Passersatz zugelassenen amtlichen Personalausweis besitzen (§ 2 (2) DV AuslG).

Weitere Ausnahmen: Staatsangehörige unter 16 Jahren aus Jugoslawien (wegen des Bürgerkrieges im ehemaligen Jugoslawien sollte beim Jugendamt nachgefragt werden, welche Erfordernisse hier zurzeit bestehen), Marokko, der Türkei und Tunesien, die einen gültigen Nationalpass oder Passersatz haben, bedürfen keiner Aufenthaltserlaubnis, wenn sie sich nicht länger als drei Monate im Bundesgebiet aufhalten oder solange ein Elternteil im Besitz einer Aufenthaltsgenehmigung ist.

Auf die komplizierten einzelnen Regelungen, betreffend den Aufenthalt ausländischer Minderjähriger, die nicht in ihrer Familie leben, sondern aus Mitteln der Jugendhilfe unterhalten werden, kann hier nicht im Einzelnen eingegangen werden.

Es ist Pflegeeltern dringend zu raten, eine ausländerrechtliche Beratungsstelle oder eine/n ausländerrechtlich versierte/n Anwalt/Anwältin aufzusuchen.

Das neue Ausländergesetz enthält viele „Kann"-Vorschriften. Das heißt z.B. die Ausländerbehörde muss nicht zwingend einen Minderjährigen ausweisen, dessen Eltern (Elternteil) sich nicht rechtmäßig im Bundesgebiet aufhält.

Bei einer Entscheidung über die Ausweisung eines Minderjährigen sind zu berücksichtigen:

- Die Dauer des rechtmäßigen Aufenthalts,
- Die schutzwürdigen Familienbindungen (Das bedeutet bei einem Pflegekind: Seine Bindung an die Pflegefamilie). *(Nach Baer, Ingrid, zit. in Kindeswohl 4/91, S. 26)*

Rechtliche Grundlagen

§ 5 AuslG (Arten der Aufenthaltsgenehmigung)
§ 68 AuslG (Handlungsfähigkeit Minderjähriger)
§ 2 DV AuslG (Befreiung vom Erfordernis der Aufenthaltsgenehmigung)

Aufgaben des Jugendamts: Beratung und Unterstützung

Im Jugendwohlfahrtsgesetz, das bis Ende 1990 die rechtliche Grundlage staatlichen Handelns im Bereich des Pflegekinderwesens war, spielte der Gesichtspunkt der Aufsicht und Kontrolle eine tragende Rolle.

Mit dem Inkrafttreten des Kinder- und Jugendhilfegesetzes am 1.1.1991 (in den neuen Bundesländern ab 3.10.1990) haben sich die Aufgaben gewandelt. So kommt dem Jugendamt jetzt anstelle der - oft sehr bürokratisch gehandhabten - Aufgabe der Aufsicht über das Wohl eines Kindes in einer Pflegefamilie nun vorrangig die Aufgabe der Beratung, Betreuung und Unterstützung von Pflegefamilien zu.

Das Moment der Kontrolle ist vor Inpflegenahme eines Kindes von Bedeutung: Vor Erteilung der Pflegeerlaubnis bzw. vor Beginn der erlaubnisfreien „Hilfe zur Erziehung" hat das Jugendamt zu überprüfen, ob das Kindeswohl dort wirklich gewährleistet ist. Die persönliche Eignung einer Pflegeperson muss nachgewiesen werden, bevor ein Kind in eine Pflegefamilie kommt: An die Eignung der Pflegeperson/en werden deshalb strenge Anforderungen gestellt.

Ist die Eignung festgestellt worden, hat das Jugendamt die Aufgabe, auf die Bereitschaft der Pflegeperson zur Zusammenarbeit mit dem Jugendamt hinzuwirken; Beratung und Unterstützung sollen bereits zu diesem Zeitpunkt angeboten werden.

Priorität haben nach Inpflegenahme eines Kindes familienunterstützende Maßnahmen (wie sie im Hilfeplan des SGB VIII beschrieben sind).

Der Gefahr der Frontenbildung, die durch Kontroll- und Eingriffsmaßnahmen von Seiten des Jugendamtes bislang oft gegeben war, kann in Zukunft - so bleibt zu hoffen - entgegengewirkt werden, indem nun einer partnerschaftlichen Zusammenarbeit zwischen Jugendamt und Pflegeeltern Raum gegeben wird.

Rechtliche Grundlagen

§ 36 SGB VIII (Mitwirkung, Hilfeplan)
§ 37 SGB VIII (Zusammenarbeit bei Hilfen außerhalb der eigenen Familie)
§ 44 SGB VIII (Pflegeerlaubnis)

Aufhebung der Adoption

Grundsätzlich ist das Annahmeverhältnis nicht aufhebbar. Die Volladoption soll dem Kind mit allen Konsequenzen die Stellung eines ehelichen Kindes garantieren.

Die Aufhebung ist nur in besonderen Ausnahmefällen und nur im Einklang mit dem Kindeswohl möglich. Der Antrag muss innerhalb von drei Jahren nach der Annahme beim Vormundschaftsgericht gestellt werden.

Antragsberechtigt ist nur derjenige,
- der zur Zeit der Erklärung bewusstlos oder vorübergehend in der Geistestätigkeit gestört war,
- ohne dessen Antrag oder Einwilligung die Annahme erfolgte.

Der Antrag ist nur stellbar, wenn
- die Annahme ohne Antrag des Annehmenden,
- ohne Einwilligung des Kindes,
- ohne erforderliche Einwilligung eines Elternteiles erfolgte,

oder wenn
- ein beachtlicher Irrtum über die Tatsache der Erklärung oder deren Inhalt vorlag,
- eine arglistige Täuschung erfolgte,
- die Annahme unter Drohungen erfolgte,
- die Schutzfrist von 8 Wochen nicht beachtet wurde.

Der Antrag muss notariell beurkundet werden. Die Entscheidung liegt beim Vormundschaftsgericht.

Die Aufhebung von Amts wegen ist nur dann möglich, wenn es das Kindeswohl aus schwer wiegenden Gründen gebietet (§ 1763 (1) BGB). Das Kind darf durch die Aufhebung nicht zum „Kind ohne Eltern" werden.

Rechtliche Grundlagen

§ 1759 BGB (Aufhebung des Annahmeverhältnisses)
§ 1760 BGB (Aufhebung wegen fehlender Erklärungen)
§ 1763 BGB (Aufhebung von Amts wegen)

Aufsichtspflicht der Pflegeeltern

Für die Pflegeperson/en besteht die Verpflichtung zur Aufsicht des Kindes. Diese Aufsichtspflicht beinhaltet - auch bei nur stundenweiser und/oder unentgeltlicher Betreuung:

- das Bewahren des Minderjährigen vor Schäden durch sich selbst oder durch Dritte,
- die Verhinderung von Schäden, die das anvertraute Kind Dritten zufügt.

Wenn die Aufsichtspflicht verletzt wird, haften die Pflegeeltern für alle Personen- oder Sachschäden, die das Pflegekind sich oder einem Dritten zufügt.

Der Umfang der Aufsichtspflicht ist flexibel; sie richtet sich nach dem Einzelfall (d.h. dem Alter und Entwicklungsstand des Kindes, der Gefährlichkeit der Beschäftigung, der örtlichen Umgebung usw.). Die Eltern müssen den Minderjährigen nicht ständig beaufsichtigen. Jedes Kind benötigt Freiräume, um wichtige eigene Erfahrungen sammeln zu können. Es reicht aus, wenn sich Pflegeeltern einen Überblick über das jeweilige Tun des Kindes verschaffen und in einer dem Kind verständlichen Weise dieses auf mögliche Gefahren aufmerksam machen, sowie über Vorsichtsmaßnahmen aufklären.

Rechtliche Grundlagen
§ 832 BGB(Haftung der Aufsichtspflichtigen)

Ausbildungsvergütung / Berufsausbildungsbeihilfe / Bundesausbildungsförderungsgesetz

Arbeitsförderungsgesetz - AfG - / Berufsausbildungsbeihilfe - BAB -
Erhält der Jugendliche zu einer Ausbildungsvergütung Leistungen nach dem Arbeitsförderungsgesetz (AfG), sind Teile der Ausbildungsvergütung und der Berufsausbildungsbeihilfe (BAB) als Kostenbeitrag (Einkommen) des Jugendlichen einzusetzen.

In der BAB sind meistens Anteile für Lernmittel und Fahrtkosten enthalten, die der Jugendliche auch erhält.

Bundesausbildungsförderungsgesetz - BAföG
Auch Leistungen nach dem Bundesausbildungsförderungsgesetz (BAföG) - beim Besuch weiterführender Schulen in Vollzeitform ab Klassenstufe 10 (!) möglich - werden vom Jugendamt angerechnet.

Pflegeeltern sollten darauf achten, die entsprechenden Anträge rechtzeitig zu stellen. Zuständig für die Bearbeitung sind die Ämter für Ausbildungsförderung; beim Ausfüllen der Antragsformulare sind die Jugendämter (Abteilung wirtschaftliche Jugendhilfe) behilflich.

Maßgeblich sind in der Regel die Einkommensverhältnisse der **leiblichen Eltern** zwei Jahre vor Antragstellung (auch diese Daten werden meist von den Jugendämtern ermittelt).

Rechtliche Grundlagen
§§ 24 BAföG (Einkommensanrechung)
§ 40,41 BAföG (Ämter für Ausbildungsförderung, Aufgaben)
§ 45 BAföG (Zuständigkeit)

Ausführungsbestimmungen der Länder

Die Ausführungsbestimmungen der Länder, die landesrechtlichen Empfehlungen, regeln die Umsetzung von Bundes- oder Landesgesetzen in die Verwaltungspraxis. Die Ausführungsbestimmungen sind den Gesetzen, auf die sie sich beziehen, nachgeordnet. Für die Durchführung des SGB VIII sind ausschließlich die Länder zuständig, d.h.: Die nach Landesrecht zuständigen Behörden entscheiden in eigener Verantwortung über die Anwendung des Gesetzes im Einzelfall. Bei der Einzelfallentscheidung haben die Jugendämter im Allgemeinen einen Ermessensspielraum. Wer eine Entscheidung des Jugendamtes nicht akzeptieren kann, sollte Widerspruch einlegen, u.U. auch die Gerichte anrufen.

Im Bereich des Pflegekinderwesens haben lt. SGB VIII alle Bundesländer landesrechtliche Empfehlungen zu erstellen. Diese Empfehlungen können bei Bedarf bei den hierfür zuständigen Stellen angefordert werden.

Rechtliche Grundlagen

§§ 15, 26, 49 SGB VIII (Landesrechtsvorbehalt)

Auslandsadoptionsvermittlungsstellen

Auslandsadoptionsbewerber wenden sich an die örtlich zuständige zentrale Adoptionsstelle beim Landesjugendamt oder an das örtliche Jugendamt, Abteilung Adoptionsvermittlung, oder an eine auf internationale Arbeit spezialisierte Adoptionsvermittlungsstelle in freier Trägerschaft.
Hat man sich für ein bestimmtes Herkunftsland entschieden, folgt die Eignungsüberprüfung durch das örtliche Jugendamt oder die Auslandsadoptionsvermittlungsstelle. Dabei haben sich beide Stellen jeweils in die Vermittlungsarbeit einzubeziehen.

Eine Orientierungshilfe zu Fragen über Auslandsadoptionsvermittlungsstellen finden Sie im Internet unter: www.mtk.org (Auslandsadoption) oder als Info-Papier gegen Einsendung eines frankierten Rückumschlags bei PFAD.

Ausländische Pflegeeltern

Die Möglichkeit, Pflegekinder in ihre Familie aufzunehmen, besteht nicht nur für deutsche Bewerber. Auch ausländische Staatsbürger können - wenn die aufenthaltsrechtliche Frage geklärt ist - nach Feststellung ihrer persönlichen Eignung ein Kind in Pflege nehmen. Die Zahl der ausländischen Pflegeelternbewerber ist jedoch sehr gering.

Rechtliche Grundlagen

keine gesonderten Bestimmungen

Ausländische Pflegekinder

In der Bundesrepublik lebt auch eine große Zahl von ausländischen Kindern und Jugendlichen in Pflegefamilien. Diese Kinder haben in der Regel einen Anspruch auf unsere gesetzlich garantierte Jugendhilfe.

In der Literatur findet sich zwar eine Vielzahl von Veröffentlichungen zum Bereich Auslandsadoptionen, die Inpflegenahme von ausländischen Kindern wird jedoch allenfalls am Rande gestreift. Einen traurigen Bekanntheitsgrad erhält diese Gruppe von Pflegekindern allerdings durch spektakuläre Gerichtsurteile und Herausnahmeforderungen ausländischer Herkunftseltern.

Die Vermittlung ausländischer Kinder in deutsche Pflegefamilien ist in doppelter Hinsicht schwierig: Das ausländische Pflegekind wächst nicht nur zwischen zwei Familienwelten, sondern auch zwischen zwei kulturellen Welten auf, die unterschiedliche Normen und Wertvorstellungen, Sitten und Gebräuche aufweisen. Dazu kommen oft noch sprachliche Verständigungsschwierigkeiten, die für die Pflegeeltern und das Kind ein zusätzliches Problem darstellen können.

Die Forderung an die Pflegeeltern, das ausländische Kind bikulturell zu erziehen, ist nicht oder nur sehr schwer erfüllbar. Natürlich muss die Pflegefamilie den kulturellen Hintergrund des Kindes respektieren, die Erziehung durch die Pflegeeltern aber wird nach den Normen und Vorstellungen erfolgen, die in unserer Gesellschaft gültig sind.

Es ist von großer Wichtigkeit für Pflegeeltern, das Beziehungsgefüge der Herkunftsfamilie und den soziokulturellen Hintergrund zu kennen und diese Erkenntnisse im Erziehungsprozess zu berücksichtigen.

Je länger ein ausländisches Pflegekind bei Pflegeeltern lebt, desto mehr übernimmt es natürlich deren Wertvorstellungen und Normen - es baut seine Identität in Beziehung zu seinem familiären und sozialen Umfeld auf. Als Folge davon wird es im Lauf der Zeit eine Distanz zur Kultur seines Heimatlandes (und seiner Herkunftseltern) empfinden.

Besonders schwierig stellt sich die Situation aller Beteiligten dann dar, wenn die Herkunftseltern in ihr Heimatland zurückkehren wollen oder müssen - oder aus anderen Gründen die Herausnahme des Kindes aus der Pflegefamilie erforderlich wird.

Kommt es zu einer gerichtlichen Auseinandersetzung um die Herausnahme eines ausländischen Kindes aus der Pflegefamilie, so gelten nach dem Haager Minderjährigen-Schutzabkommen (MSA) die gleichen gesetzlichen Bestimmungen wie für deutsche Minderjährige.

Im Zusammenhang mit der Inpflegenahme ausländischer Kinder ist in der Regel auch das Ausländergesetz (AuslG) bedeutsam und in Teilbereichen zutreffend.

Wenn leibliche Eltern oder auch Pflegeeltern von ausländischen Kindern/Pflegekindern mit einem Problembereich zwischenstaatlicher Beziehungen konfrontiert werden, kann der Internationale Sozialdienst (ISD) Hilfestellung gewähren.

Allen, die Umgang mit ausländischen Pflegekindern und die Sorgeverpflichtung für diese haben, wird eine besondere Sensibilität für die Problematik zwischenstaatlicher Beziehungen und interkultureller Unterschiede zum Schutz und zum Wohle der Kinder empfohlen.

Rechtliche Grundlagen

§ 35a FGG (Konkurrierende Heimat- und Aufenthaltszuständigkeit)
§ 47 FGG (Vormundschaft, Pflegschaft und Beistandschaft im Ausland; Abgabe an das Ausland)
§§ 5, 15 AuslG (Beantragung einer Aufenthaltserlaubnis)
§ 68 (4) AuslG (Beantragung der Aufenthaltserlaubnis durch den gesetzlichen Vertreter)
§ 2 DV AuslG (Durchführungsverordnung zum Ausländergesetz vom 18.12.1990)

Babyklappe / Anonyme Geburt

Wir bedauern die Entscheidung in Straßburg (Anonyme Geburt ist nicht rechtswidrig.), die nicht dazu führen darf, dass zukünftig auch in Deutschland anonyme Geburt und anonyme Adoption als empfehlenswerte Hilfe gesetzlich genehmigt wird.

Das Bundesverfassungsgericht hat in seiner Entscheidung vom 31.1.1989 das Recht auf Kenntnis der eigenen Abstammung bestätigt. Und auch Art. 7 der UN-Kinderrechtskonvention besagt, dass jedes Kind das Recht hat, „so weit wie möglich seine Eltern zu kennen".
Folgende Gesetze regeln in Deutschland die Möglichkeit der „Kenntnis über die Herkunft des Kindes" im Falle einer Adoption, die demzufolge **„Inkognitoadoption"** genannt wird:

1. Das Bürgerliche Gesetzbuch (BGB) besagt in § 1758, dass Adoptiveltern und Kind einwilligen müssen, wenn Tatsachen über die Adoption bekannt gemacht werden sollen.

2. Das Personenstandsgesetz (PstG) besagt in § 61, dass Adoptierte nach Vollendung des 16. Lebensjahres eine Personenstandsurkunde aus dem Geburtenbuch erhalten, mit Vor- und Familiennamen, Beruf, Wohnort, Religionszugehörigkeit und Staatsangehörigkeit der Eltern.

Stellungnahmen zur „Babyklappe", erarbeitet auf einer Tagung am 2. und 3. März 2001 in Frankfurt/Main als *Gruppe Erwachsene Adoptierte*

Aus folgenden Gründen sprechen wir uns gegen die Babyklappe aus:
Wir wundern uns darüber, dass Babyklappen eingerichtet wurden und vermutlich weiterhin werden, ohne Rücksprache mit Betroffenen oder Fachleuten zum Thema Adoption. Die Argumentation, ein Leben zu retten, greift unseres Erachtens zu kurz, wenn jegliche Folgen für das betroffene Kind gänzlich außen vor bleiben.
Aus der Adoptionsforschung ist hinlänglich bekannt, dass für eine gesunde Identitätsentwicklung auch die Kenntnis der Abstammung / Herkunft eine wesentliche Rolle spielt. Als Erwachsene Adoptierte, die aufgrund ihrer Inkognitoadoption nur schwer Zugang zu Informationen über ihre Herkunft gefunden haben, weisen wir darauf hin, dass dieses Findelkindern prinzipiell unmöglich gemacht wird. Aber auch ein Kind, das vom ersten Lebenstag in einer Adoptivfamilie aufwächst, hat eine Vorgeschichte und bringt eine andere (eigene) Her-

kunft und Identität in die Adoptivfamilie mit. Es ist bekannt, dass auch als Säugling Adoptierte später eventuell mit Identitätsproblemen zu kämpfen haben, die unter anderem auch über die Aufarbeitung der Herkunftsgeschichte gelöst werden können. Findelkindern bleibt dieser Weg prinzipiell verschlossen!

Unserer Meinung nach gibt es andere Angebote und Einrichtungen mit fachlichem Hintergrund und entsprechenden Beratungsangeboten, um ein Kind abzugeben. So stellt sich die Frage, wem diese zusätzlichen Einrichtungen dienen sollen? Erfahrungen zeigen, dass nach der Installation von Babyklappen Kinder an anderen Orten ausgesetzt wurden - auch in unmittelbarer Nähe zur vorhandenen Babyklappe (vgl. den Fall in Hamburg vom 25.01.2001). Darüber hinaus ist nicht sichergestellt, dass tatsächlich die Mutter die Person ist, die das Kind in die Babyklappe legt. Wir fragen uns, wie der Gefahr vorgebeugt werden soll, dass beispielsweise Familienmitglieder gegen den Willen oder ohne Wissen der Mutter ein Kind in die Klappe legen, da es aus religiösen oder kulturellen Gründen unerwünscht ist. Es könnte auch eine ganz neue Klientel entstehen, die über die anvisierte Zielgruppe hinausgeht.

Als Resümee bleibt deshalb die Frage:
An wen wird hier in erster Linie gedacht - an die abgebende Mutter, an das Kind oder etwa an die Adoptionsbewerber?

Behinderte Pflegekinder

Die Vermittlung von Kindern in eine Pflegefamilie ist nicht auf gesunde und/ oder kleinere Kinder beschränkt. Von Seiten der Behörden wird häufig mit dem Hinweis auf eine qualifizierte Förderung die Unterbringung behinderter Kinder in Heime propagiert. Die Behinderungen der Kinder können von unterschiedlicher Art sein; sie reichen von Körperbehinderung über geistige Behinderung bis hin zur sozialen/seelischen Behinderung.

Langjährige Erfahrungen - so beispielsweise im Kinderzentrum München - haben gezeigt, dass diese Kinder auch erfolgreich im durch emotionale Zuwendung gekennzeichneten Rahmen der Familienpflege aufwachsen können.

Die heute vorhandenen Spezialeinrichtungen (heilpädagogische Heime etc.) bieten sicher eine hoch qualifizierte Versorgung, können aber aufgrund ihrer Struktur nicht den Bindungs- und Bezugsrahmen einer Familie ersetzen.

Die Beziehungskontinuität und die individuellen Förderungsmöglichkeiten in der Familie, die Integration des behinderten Kindes in ein familiäres Umfeld, bewirkt bei diesen Kindern häufig erstaunliche Entwicklungsfortschritte.

Zur Erreichung dieses Ziels müssen jedoch schon in der Phase der Vorbereitung und Vermittlung bestimmte Voraussetzungen erfüllt werden.

Es muss eine gründliche und umfassende medizinische psychologische und soziale Diagnose erstellt werden, die das Kind, die Ursprungsfamilie und die potenziellen Pflegeeltern einbezieht. Nur eine ganzheitliche Betrachtung der Situation des Kindes ermöglicht:

- eine realistische Einschätzung des derzeitigen Entwicklungsstandes/Gesundheitsstandes des Kindes;
- eine Prognose bezüglich der Entwicklungsmöglichkeiten des Kindes;
- die Bestimmung, Planung und Finanzierung der notwendigen Förder- und Therapiemaßnahmen, Problemlösungsmöglichkeiten;
- die Abschätzung der individuellen Erfordernisse an die Pflegefamilie, um für das Kind den optimalen Entwicklungsrahmen gewährleisten zu können.

Familienfähig ist ein behindertes Kind, wenn auch nur kleinste Erfolgserlebnisse durch familiäre Beziehung und Erziehung erreicht werden können (Masur, Kinderzentrum München).

Die erfolgreiche Pflegevermittlung ist abhängig von der umfassenden und genauesten Information über das Kind. Erst auf der Grundlage dieser Informationen können sich Bewerber bewusst für (oder auch gegen) das Kind entscheiden - dieses wird vor überhöhten Erwartungen und damit vorprogrammierten Enttäuschungen seiner Pflegeeltern geschützt, denn das exakte Wissen um die Befindlichkeit des Kindes gibt den Bewerbern die Möglichkeit, ihre eigenen Grenzen (physischer und psychischer Art) abzustecken.

Familien, die ein behindertes Kind aufnehmen wollen, müssen hohen Anforderungen gewachsen sein.

Sie sollten folgende Voraussetzungen mitbringen:

- hohe (emotionale) Belastbarkeit, Ausdauer, Geduld, Ausgeglichenheit, Fähigkeit zur Reflexion, eine hohe Frustrationstoleranz;
- die Bereitschaft, eine langwierige Vermittlungsphase zu akzeptieren;
- die volle Bereitschaft aller Familienmitglieder, ein behindertes Kind in ihrer Familie aufzunehmen und sich auf dieses einzustellen;
- die Bereitschaft, zur Kooperation mit Ärzten, Therapeuten, Sozialarbeitern;
- die Bereitschaft, Therapien, medizinische Behandlungen, Gymnastik aktiv zu unterstützen;
- die Bereitschaft zu umfassender Information und Beratung;
- überdurchschnittliche Fort- und Weiterbildungsbereitschaft.

Nach der umfassenden Sachermittlung und Vorbereitung sollte die eigentliche Vermittlung in die Familie behutsam vor sich gehen. In der Anbahnungsphase mit sich langsam steigernden Kontakten soll Eltern und Kind die Möglichkeit geboten werden, ohne gegenseitige Überforderung in die neue Situation hineinzuwachsen. Während dieser Zeit ist eine kontinuierliche Beratung und Fortbildung in Gruppen- und Einzelgesprächen besonders wichtig.

Vor der endgültigen Inpflegenahme sollten Therapeuten, Mediziner, Sozialarbeiter und Eltern gemeinsam einen Therapie- bzw. Hilfeplan erstellen.

Aufbauend auf den vorliegenden Erkenntnissen bezüglich der Bedürfnisse des Kindes sollten einzelne Therapieschritte (Ziele, Therapieort) festgelegt werden. Den Pflegeeltern ist der Sinn der einzelnen Therapien mitzuteilen, damit sie deren Notwendigkeit nachvollziehen können.

Bei der Therapie des Kindes muss das Vorgehen aller Beteiligten aufeinander abgestimmt werden, denn zur optimalen Förderung des Kindes ist eine gut koordinierte Zusammenarbeit unabdingbar. Besonders wichtig ist es, sich gegenseitig Rückmeldung zu geben, damit notwendig gewordene Korrekturen der Therapie rasch vorgenommen werden können und konkrete Hilfestellung in besonderen Belastungssituationen sichergestellt werden kann.

Je früher gezielte Behandlungen (Therapien) einsetzen, desto größer ist die Chance, die Beeinträchtigungen abzubauen oder gar zu beheben. Besonders mehrfach behinderte Kinder benötigen aufeinander aufbauende Therapien, die neben einer somatischen Behandlung auch die Auswirkungen der Behinderung auf die kindliche Psyche berücksichtigen.

Therapien sind oft langwierig, Erfolge stellen sich häufig nur sehr zögernd ein. Gerade anstrengende Therapien, die regelmäßig und mehrfach täglich von den Pflegeeltern durchgeführt werden müssen (so beispielsweise Physiotherapie nach Vojta und Bobath, Hör-, Sprach-, Sehtraining), bringen Pflegeeltern und Kinder oft an den Rand ihrer körperlichen und seelischen Kraft; Unterstützung durch Elternkreise, Fachberatung etc. ist hier oft hilfreich, eine Entlastung der Pflegeeltern eventuell erforderlich und entsprechend zu finanzieren.

Es ist wichtig, das Kind nicht zu überfordern. Therapien kosten Kraft und erfordern Geduld. Auch wenn Fortschritte in der Entwicklung nicht so schnell vonstatten gehen, wie erwartet, sollte man das Kind ermutigen und ihm das Gefühl geben, angenommen zu sein, so wie es ist.

Die Inpflegenahme eines behinderten Kindes bringt neben einem hohen Zeit- und Erziehungsaufwand auch verstärkt finanzielle Belastungen mit sich. Die Vermittlungsstelle sollte die aufnehmenden Pflegeeltern über die entsprechenden Ansprüche und Hilfemöglichkeiten für das Kind umfassend aufklären.

Die Unterbringung außerhalb des Elternhauses ist Hilfe zur Erziehung im Sinne des § 33 Satz 2, SGB VIII:
Für besonders entwicklungsbeeinträchtigte Kinder und Jugendliche sind geeignete Formen der Familienpflege zu schaffen und auszubauen. Dies bedeutet in der Regel, es sind Sonderpädagogische oder Heilpädagogische Pflegestellen oder Erziehungsstellen einzurichten. Bei dauernder Behinderung besteht zudem ein Anspruch auf Hilfe zur Pflege nach dem Bundessozialhilfegesetz. (Nähere Informationen erhalten Sie beim „Bundesverband behinderter Pflegekinder e.V.)

Beistand

Ein Beteiligter kann zu Verhandlungen und Besprechungen mit einem Beistand erscheinen. Das vom Beistand Vorgetragene gilt als vom Beteiligten vorgebracht, soweit dieser nicht unverzüglich widerspricht.

D.h., auch Kinder, Jugendliche, Adoptiv- und Pflegeeltern haben im Rahmen eines Verwaltungsverfahrens (z.B. Hilfeplangespräche) das Recht, sich von einem Beistand ihres Vertrauens gegenüber der Behörde unterstützen zu lassen. Ein Beistand kann, muss aber kein besonderes Fachwissen besitzen. Beistand können also durchaus FreundInnen oder Verwandte sein ebenso wie AnwältInnen, SozialpädagogInnen oder VertreterInnen aus Verbänden und Vereinen der Pflege- und Adoptivfamilienvereinigungen.

Die Behörde kann einen Beistand nur zurückweisen, wenn dieser „geschäftsmäßig fremde Rechtsangelegenheiten besorgt, ohne dazu befugt zu sein".

Rechtliche Grundlagen
§ 13 SGB X

Bereitschaftspflegefamilien

Bereitschaftspflegestellen werden gemäß § 42 SGB VIII eingerichtet, um Kinder und Jugendliche vorübergehend, in Krisensituationen, in Schutz nehmen zu können.

Zwischen Jugendamt und Pflegefamilien werden Verträge ausgehandelt, in denen die Finanzierung, Arbeitsbedingungen, Haftungsfragen und Aufgabenbeschreibung genauestens festgelegt sind.

In der Regel erhalten die Pflegefamilien ein pauschales Bereitschaftsgeld, welches mit der Verpflichtung der Bereitstellung eines Aufnahmeplatzes verbunden ist. Bei der Aufnahme eines Minderjährigen wird zusätzlich zum Bereitschaftsgeld Pflegegeld gezahlt.

Die vertraglichen Arbeitsbedingungen enthalten meist einen Bereitschaftsplan, Urlaubsregelungen, Ruhepausen zwischen den Belegungen, um einer Überlastung der Familie entgegenzuwirken, maximale Aufnahmezahl und Belegzeit.

Zur erfolgreichen Gestaltung der Arbeit dieser Pflegefamilien gehört die Koordination durch eine Tag und Nacht erreichbare Anlaufstelle. Da die Belastung für die Familien mitunter sehr hoch ist, muss eine umfassende und qualifizierte Beratung und Betreuung durch das Jugendamt gewährleistet sein. Dies ist jedoch oft nicht der Fall, da Bereitschaftspflegedienst und Vollzeitpflegedienst im Jugendamt meist organisatorisch nicht voneinander getrennt sind. So verbleiben Kinder zu lange in diesen „Übergangsstellen" und gehen familiäre Bindungen ein, die dann, das Kindeswohl gefährdend, abgebrochen werden.
Es hat sich gezeigt, dass vor allem erfahrene Pflegefamilien für die Aufgabenbewältigung in der Bereitschaftspflege geeignet sind.

Bereitschaftspflegefamilien sollten über folgende Voraussetzungen verfügen:

- **Kontaktfähigkeit, Durchsetzungsvermögen**
- **Handlungsfähigkeit in Krisensituationen**
- **warmes und aufgeschlossenes Familienklima**
- **Kooperationsbereitschaft mit Behörden und Herkunftsfamilie**
- **große zeitliche Flexibilität**
- **hohe Einsatzbereitschaft**
- **ausreichendes Platzangebot**

Die Erfahrungen mit Bereitschaftspflegefamilien sind durchweg positiv. Diese Form der Familienpflege hat sich als gutes und flexibles Hilfsangebot sowohl in ländlichen Gebieten als auch in Großstädten bewährt und als günstig zur Vorbereitung weiter gehender Kriseninterventionen erwiesen.

Durch die dezentrale Unterbringung ist es den Minderjährigen möglich, auch in Krisenzeiten den Kontakt zu ihrem Herkunftsmilieu (Schule, Freunde etc.) aufrechtzuerhalten. Das ist wichtig, wenn das Kind während dieser Zeit seine Bezüge im Herkunftssystem nicht verlieren soll.

Rechtliche Grundlagen

§ 42 SGB VIII

Berufsausbildungsvertrag

Mit dem Beginn der beruflichen Ausbildung muss ein schriftlicher Ausbildungsvertrag abgeschlossen werden. In diesem Ausbildungsvertrag müssen

- **Art der Ausbildung,**
- **Ausbildungsziel,**
- **Dauer und Beginn,**
- **Probezeit,**
- **Vergütung,**
- **Ort der Ausbildung,**
- **überbetriebliche und sonstige Ausbildungsformen**

festgelegt werden.

Der Ausbildungsvertrag muss die Unterschrift der Ausbildungsfirma und des Auszubildenden tragen. Hat der Auszubildende das 18. Lebensjahr nicht vollendet, muss die Unterschrift durch den gesetzlichen Vertreter, d.h. Eltern oder Vormund, erfolgen. Nicht sorgeberechtigte Pflegeeltern dürfen den Vertrag nicht unterschreiben.

Der Vormund muss den Vertrag gemäß § 1822 BGB vom Vormundschaftsgericht genehmigen lassen.
Der minderjährige Jugendliche muss eine ärztliche Berufseignungsuntersuchung vornehmen lassen.

Rechtliche Grundlagen

§ 1822 BGB (Genehmigung für sonstige Geschäfte)

Beschwerderecht des Kindes / Jugendlichen

Das geschäftsfähige Kind erhält mit der Vollendung des 14. Lebensjahres in den Angelegenheiten der freiwilligen Gerichtsbarkeit ein eigenständiges Beschwerderecht. Das bedeutet, dass das Pflegekind in allen Angelegenheiten, die es betreffen, auch gegen den Willen bzw. ohne die Mitwirkung des gesetzlichen Vertreters (Eltern oder Vormund) das Rechtsmittel der Beschwerde einlegen kann.

Wichtig wird diese Möglichkeit für das Pflegekind besonders in Familien- und Vormundschaftssachen. Es kann eigenständig gegen Beschlüsse oder Verfügungen bezüglich Herausgabe, Umgangsrecht, elterliche Sorge, Bestellung eines Vormundes etc. eine Beschwerde einlegen.

Damit das Kind von dieser Möglichkeit auch Gebrauch machen kann, müssen alle Entscheidungen, die zu einer Beschwerde berechtigen, dem Minderjährigen selbständig bekannt gemacht werden.

Rechtliche Grundlagen

§ 20 FGG (Beschwerdeberechtigte)
§ 59 FGG (Beschwerderecht des Kindes oder Mündels)

Besuchskontakte / Umgangsrecht

Generell steht allen Eltern, unabhängig vom Innehaben der elterlichen Sorge, das Recht zum Umgang mit ihrem Kind zu. Das bedeutet, auch bei einem Entzug der elterlichen Sorge haben die leiblichen Eltern weiterhin einen Rechtsanspruch auf persönlichen Umgang mit dem Kind, der neben schriftlichen Kontakten und Telefonaten auch den Besuch des Kindes umfasst.

Bei zeitlich befristeten Unterbringungen in einer Pflegefamilie sind regelmäßige Besuchskontakte eine Voraussetzung für die Rückführung in die leibliche Familie. Nur so kann das Kind die notwendig gewordene Unterbringung außerhalb des Elternhauses verarbeiten und seine bestehenden Beziehungen zu den leiblichen Eltern aufrechterhalten.

Bei „auf Dauer angelegten" Pflegeverhältnissen rufen die Kontaktwünsche der leiblichen Eltern oft sehr zwiespältige Gefühle hervor. Das Meinungsspektrum reicht - je nach Art der Erfahrungen - von grundsätzlicher Bejahung bis zur vollkommenen Ablehnung. Die Entscheidung für oder gegen Besuchskontakte muss jedoch immer im Einzelfall getroffen werden. Dabei sind zu berücksichtigen: Die Vorerfahrungen des Kindes, seine traumatischen Erlebnisse wie z.B. Misshandlung oder sexueller Missbrauch, sein Alter, die Art seiner Beziehung zu den Pflegeeltern und den leiblichen Eltern, der Wunsch und der Wille des Kindes.

Oberster Maßstab bei der Abwägung des Für und Wider von Besuchskontakten hat immer das Kindeswohl zu sein. Den Kindesinteressen muss Vorrang gegeben werden vor den Interessen und Wünschen der Erwachsenen.

Es ist falsch, Besuchskontakte prinzipiell negativ zu bewerten. Ältere Kinder, die ihre ersten Lebensjahre noch in der Herkunftsfamilie verbracht haben, haben eine - wie auch immer geartete - Beziehung zu ihren Eltern und erinnern sich an diese noch sehr gut.

Elternbesuche tragen dazu bei, dass das Kind die Bezüge zu seiner Herkunftsfamilie nicht ganz verliert und sich mit seiner Vergangenheit auseinander setzen kann. Dadurch erhält es auch die Chance, die Gründe für seine Herausnahme aus der Herkunftsfamilie zu erfahren. Bei Dauerpflegekindern können die Besuchskontakte einen wichtigen Beitrag zur Identitätsfindung leisten.

Für die Vorbereitung und Durchführung der Besuchskontakte sind klare Absprachen, im Hilfeplan dokumentiert, notwendig. Hierbei muss vorrangig dem Bedürfnis des Kindes Rechnung getragen werden.

Besuchskontakte sollten in der Anfangszeit an einem neutralen Ort stattfinden. Je nach Alter, Bedürfnissen und Erfahrungen des Kindes in der Pflegefamilie und der Akzeptanz seitens der Herkunftsfamilie können Eltern dann auch in die Wohnung der Pflegefamilie eingeladen werden.

Damit Besuchskontakte weitgehend konfliktfrei verlaufen können, müssen einige grundlegende Bedingungen erfüllt sein.

Besonders wichtig ist hierbei die Beziehung, die die Herkunfts- und Pflegeeltern zueinander haben. Pflegeeltern sollten versuchen, die Herkunftseltern als Teil der Lebensgeschichte des Kindes zu akzeptieren und sie nicht in die Rolle der „schlechten, minderwertigen Eltern" hineinzudrängen. Detailliertes Wissen um die Hintergründe und Motive der Inpflegegabe kann sich als sehr hilfreich erweisen bei dem Versuch, nicht nur die negativen Seiten der Herkunftseltern zu sehen, sondern auch ihre positiven.

Notwendig ist auch, dass sich Pflegeeltern kritisch mit den eigenen Ängsten bezüglich der Besuchskontakte auseinander setzen: Verlustängste, Eifersucht und Besitzansprüche programmieren sonst die Konflikte vor. Pflegeeltern sollten versuchen, sich bewusst zu machen, dass die Besuche die bestehende Bindung zwischen ihnen und dem Kind nicht gefährden kann, die Ängste also in der Regel unbegründet sind.

Herkunftseltern sind vor die schwere Aufgabe gestellt, die Bindung des Kindes an die Pflegeeltern zu akzeptieren und ihre eigene Elternrolle (eventuell mit fachlicher Hilfe) neu zu definieren. Gelingt ihnen dies nicht, hat das zur Folge, dass sie an ihren angestammten Elternrechten festhalten - damit aber wird ein Machtkampf zwischen Herkunfts- und Pflegeeltern unausweichlich.

Während die konstruktive Zusammenarbeit beider Elternpaare für das Kind entlastend ist, wird es in einen tiefen und unlösbaren Konflikt gestürzt, wenn die beteiligten Erwachsenen sich gegenseitig bekämpfen. Das Kind steht dann quasi zwischen zwei Fronten, denn es findet sich mit zwei verschiedenen Erwachsenenparteien in wechselnden Koalitionen und weiß nicht, wie es sich verhalten soll.

Kommt in solch einer Situation noch die Androhung der Herausnahme hinzu, muss das Kind das als eine existenzielle Bedrohung erfahren, da die Herausnahme ja den Verlust der neu aufgebauten Beziehung zu den Pflegeeltern zur Folge hat. Verhaltensauffälligkeiten und psychosomatische Beschwerden (Essstörungen, Bettnässen, Angstzustände, Aggressionen etc.) sind dann oft ein Hinweis auf die Not und die Ohnmachtsgefühle des Kindes.

In den Fällen, in denen trotz ernsthaften Bemühens keine für das Kind erträgliche Regelung erreicht werden kann und das Wohl und die Entwicklung des Kindes ernstlich durch den Besuchskontakt gefährdet wird, kann das Familiengericht den Besuchskontakt teilweise oder für einen bestimmten Zeitraum ganz unterbinden.

Bei derartigen gerichtlichen Verfahren nach § 1634 II 2 BGB sind sowohl das Kind als auch die Pflegeeltern anzuhören. Der Beschluss muss den Dauerpflegeeltern mittels Zustellungsurkunde bekannt gemacht werden.

Rechtliche Grundlagen

§ 1634 BGB (Recht zum persönlichen Umgang mit dem Kind)
§ 1634 II BGB (Einschränkung oder Ausschluss des Umgangsrechts wenn dies zum Wohl des Kindes erforderlich ist)
§ 50 b FGG (Persönliche Anhörung des Kindes oder Mündels im Sorgerechtsverfahren)
§ 50 c FGG (Anhörung der Pflegeperson in Personensorgerechtsverfahren)

Betreutes Einzelwohnen

Hilfe zur Erziehung, wie sie im Kinder- und Jugendhilfegesetz festgeschrieben ist, umfasst unterschiedliche Formen. Im Rahmen der Jugendhilfe außerhalb der eigenen Familie ist die Entwicklung von Alternativen zur geschlossenen Unterbringung in der Heimerziehung von Bedeutung.

Eine dieser Alternativen ist das „betreute Einzelwohnen". Diese Form der Hilfe soll - durch eine Verbindung von Alltagsleben und pädagogischen sowie therapeutischen Angeboten - Jugendliche in ihrer Entwicklung fördern, sie auf ein selbständiges Leben vorbereiten. Zudem soll Unterstützung bezüglich der Ausbildung und der Berufswahl gewährt werden. (Die Hilfe kann auch einem jungen Volljährigen gewährt werden, wenn sie aufgrund der individuellen Situation notwendig ist. Sie wird im Regelfall bis zur Vollendung des 21. Lebensjahres gewährt, kann in begründeten Einzelfällen aber für eine begrenzte Zeit darüber hinaus fortgesetzt werden.)

Betreutes Einzelwohnen ist ein Hilfeangebot für Jugendliche, die nicht bei ihren Eltern aufwachsen können, aber aufgrund ihres Dranges nach Selbständigkeit oder wegen ihrer Unfähigkeit, in einer Gruppe zu leben, weder in einer Pflegefamilie noch in einer Einrichtung der Heimerziehung leben wollen oder können.

Rechtliche Grundlagen

§ 27 SGB VIII (Hilfe zur Erziehung)
§ 34 SGB VIII (Heimerziehung, sonstige betreute Wohnformen)
§ 41 SGB VIII (Hilfe für junge Volljährige, Nachbetreuung)

Bettnässen

Mit dem Problem des nächtlichen Einnässens (Enuresis) oder Einkotens (Enkopresis) werden Eltern oft konfrontiert und empfinden dies als besonders belastend und unangenehm.
Generell spricht man von Enuresis oder Enkopresis, wenn das Kind nach dem vierten Lebensjahr noch unwillkürlich und unwillentlich einnässt oder einkotet. Es wird unterschieden zwischen der primären Form (d.h. das Kind war noch nie trocken) und der sekundären Form (d.h. das Kind war bereits seit mindestens einem Jahr trocken). Der Anteil von Kindern, bei denen die Ursache in organischen Erkrankungen des Darms oder der Harnwege liegt, ist gering. In der Mehrzahl der Fälle ist das Einnässen oder Einkoten ein Zeichen für seelische Belastungen des Kindes. Für das Kind ist es häufig die einzige Möglichkeit, auf seine innere Not hinzuweisen; ein Hilferuf, ein Signal, um zu zeigen: „Ich bin schwach und hilfebedürftig wie ein kleines Baby, kümmert euch um mich!".
Anhand dieses Erklärungsmodells wird auch verständlich, warum Pflegekinder in ganz bestimmten Situationen erneut einnässen (sekundäre Enuresis). Zu nennen sind hier: Anfangsphase der Inpflegenahme, Besuchskontakte, Herausnahmeverfahren, Geburt oder Aufnahme weiterer Kinder.

All diesen Situationen ist gemein, dass sie das Kind in seiner Beziehung zu den sozialen Eltern/Bezugspersonen verunsichern oder dass diese Beziehung (z.B. in der Anfangsphase) erst aufgebaut werden muss.
Wenn Eltern auf diesen Hilferuf nach ungeteilter Liebe und Zuwendung mit Vorwürfen oder Strafen reagieren, verstärkt dies die Not und Unsicherheit des Kindes. Es kann die Leistungsanforderung „sauber zu sein" nicht erfüllen. Durch Bestrafung wird der Druck auf das Kind noch größer und neue Ängste werden ausgelöst. Das zieht dann zwangsläufig weiteres Bettnässen nach sich.
Auch Verhaltenstherapien (Klingelhosen, nächtliches Wecken etc.) bieten keine wirkliche Lösung. Durch diese Maßnahmen kann zwar das Symptom „Einnässen/Einkoten" wegtrainiert werden, aber die Ursachen dafür, die Ängste des Kindes, werden nicht beseitigt. Sie bleiben bestehen und äußern sich dann in anderer Form: In Wutausbrüchen, Apathie, in psychosomatischen Krankheiten etc.

Durch Zwang oder Bestrafung wird niemandem geholfen. Es ist wichtig, dem Kind trotz der momentanen Verärgerung über das Einnässen das Gefühl zu geben, angenommen zu sein und geliebt zu werden. Nur mit viel Geduld und durch gemeinsame Anstrengung ist es möglich, Unsicherheiten und (Verlust-)ängste abzubauen. Ist dies gelungen, wird für das Kind das unbewusste Einnässen oder Einkoten überflüssig werden.

Bewerber-Vorbereitung

Die Entscheidung, ein fremdes Kind in seine Familie aufzunehmen, sollte nach einem sorgfältigen Überprüfungsprozess getroffen werden.
Hilfreich können hierbei im Vorfeld sein:
Fachliteratur, Gespräche mit erfahrenen Pflege- und Adoptiveltern, Teilnahme an Fortbildungsveranstaltungen für Pflege- und Adoptivfamilien und Bewerber-Vorbereitungsseminare.
Wenn man sich dann „für" ein Kind entschieden hat, steht man vor der Frage: Pflegekind oder Adoptivkind?

Es ist sehr empfehlenswert, das Für und Wider im Austausch mit anderen Bewerbern zu erörtern. Daher bieten in zunehmender Anzahl Adoptiv- und Pflegekinderdienste, aber auch Pflege- und Adoptivfamilienvereine und Familienbildungsstätten „Vorbereitungsseminare" an.
Im Austausch mit anderen Interessierten werden die unterschiedlichen Motivationen, Erfahrungen und Vorstellungen zur Diskussion gestellt. Da freie Träger immer in engem Kontakt zum vermittelnden Pflege-/Adoptiv-Kinder-Fachdienst stehen, kann auch hier das örtlich praktizierte Bewerbungs- und Vermittlungsverfahren dargestellt werden.
Hier erfahren Sie Wichtiges über die unterschiedlichen Pflegeverhältnisse als „befristete Erziehungshilfe", „auf Dauer angelegte Lebensform" oder „Bereitschaftspflege".
Aber auch Inkognitoadoption, halb offene und offene Adoptionsformen kommen zur Sprache.

Vermittelt wird immer auch das System der Familienstruktur, die sich entwickelt, wenn ein Kind in eine fremde Familie platziert wird. Pflege- und Adoptivkinder sind Kinder zweier Familien und diese zweite Familie, selbst wenn sie im Ausland lebt oder nie gefunden werden kann, „sitzt mit am Tisch".

Hinzu kommt das Helfer-Netzwerk mit den Angeboten von Jugendamt, Fachdiensten, Beratungsstellen, PFAD-Gesamtverband und eventuell Anwälten, Richtern, Verfahrenspflegern und Sachverständigen.

Bindungsverhalten, Trennungserfahrungen, Verhaltensmuster und die spezifische Identitätsentwicklung aller am Prozess Beteiligten sind wichtige Gesprächsthemen.

Ein weiterer wichtiger Lern-Baustein ist das Rechtssystem, in dem Pflegeverhältnisse und Adoption behandelt werden.

Hilfeplan, Besuchskontakte, Verbleibensanordnung, Rückführung, Adoptionspflege, Ersetzung der Einwilligung und Aufhebung der Adoption sind gesetzlich geregelt.

Sehr wichtig erscheint uns die Beteiligung der Betroffenen an diesen Vorbereitungsseminaren.
Zusammenschlüsse von Pflege- und Adoptivfamilien sollten die Möglichkeit bekommen, sich und ihre Angebote vorzustellen.
Erfahrene Pflege- und Adoptiveltern können ihre Praxiserfahrung einbringen und Mut machen, sich der Aufgabe zu stellen.
Herkunftseltern, die in der Lage sind zu erklären, warum ihre Kinder in fremden Familien leben, sollten unterstützt werden, ihre Geschichte zu vermitteln.
Erwachsene Adoptierte und „ehemalige" Pflegekinder können meist sehr einfühlsam und nachvollziehbar ihr Aufwachsen in ihren Familien schildern.

Einige wenige PF-AD-Vereine, auch unterstützt von „ihren" Jugendämtern, haben mittlerweile „Bewerber-Treffs" gegründet, damit die „Wartezeit" immer mehr zur „Qualifizierungszeit" werden kann.
Hier können spezielle Fragen und Bedürfnisse mit Gleichgesinnten erörtert, Erfahrungen nachbesprochen und Vermittlungsergebnisse präsentiert werden.

Bewerbungsverfahren

Wer ein Pflege- oder Adoptivkind aufnehmen möchte, wendet sich an das für ihn zuständige Jugendamt oder eine andere offizielle Vermittlungsstelle, die es in einigen Regionen beim Diakonischen Werk, beim Caritas Verband oder anderen Wohlfahrtsverbänden gibt.

Wer ein ihm bekanntes Kind aus der Nachbarschaft, dem Freundeskreis, über Bekannte usw. bereits aufgenommen hat oder aufnehmen möchte, muss sich ebenfalls an das Jugendamt wenden und für dieses Kind eine Pflegeerlaubnis beantragen. Auch dann muss die Eignung der Pflege-/Adoptivfamilie durch das Jugendamt für dieses bestimmte Kind festgestellt werden.

Zunächst wird in Gesprächen festgestellt, ob die Bewerberinnen und Bewerber sich grundsätzlich eignen, ein Kind in ihre Familie aufzunehmen (Siehe unter Pflegeperson/Adoptiveltern – Eignungskriterien).

In weiteren Gesprächen soll herausgefunden werden, welches Kind zu diesen Bewerbern passen würde. Dies liegt im Interesse des zukünftigen Pflege-/Adoptivkindes und aller Familienmitglieder der Bewerberfamilie. Für eine sorgfältige, qualifizierte Vermittlung ist es unabdingbar, dass sich die Bewerber öffnen und über ihre Wünsche und Bedürfnisse, ihre Stärken und Schwächen, die häuslichen Gegebenheiten und die anderen Familienmitglieder sprechen. Dies ist keine „Prüfung", sondern ein Kennenlernen mit dem Ziel, durch Offenheit und partnerschaftliche Zusammenarbeit die bestmögliche Lösung für alle Beteiligten zu finden.

Das oberste Gebot jeder Vermittlung sollte sein, für jedes Kind geeignete Eltern zu finden. Darum steht immer das Wohl eines Kindes im Mittelpunkt und nicht der Kinderwunsch von Bewerbern. Aus diesem Grund kann es auch keine Warteliste geben, die der Reihenfolge nach abgearbeitet wird. Ohnehin ist die „Wartezeit" eine wichtige Zeit, in der die Fragestellungen der Gespräche noch einmal reflektiert werden sollten, in der man sich mit der vielfältigen Literatur zum Thema Pflegekind auseinander setzen kann und in der man zu Pflegeelterngruppen oder -vereinen Kontakte suchen sollte.

Viele Pflege- und Adoptivelternvereinigungen bieten Vorbereitungskurse an; denn es ist ratsam, sich vor der Aufnahme eines Kindes mit bestimmten rechtlichen und psychologischen Fragen auseinander zu setzen. Erfahrungsgemäß ist es auch hilfreich, noch einmal in einer Gruppe mit Menschen, die in der gleichen Lebenssituation sind, über Fragen nachzudenken wie: Was für ein Kind wünsche ich mir eigentlich? Welche Konflikte können auf mich zukommen? Wie belastbar ist meine Familie? Wie sind meine Gefühle Herkunftseltern gegenüber? Was weiß ich über das mögliche Verhalten traumatisierter Kinder?

Wenn eine grundsätzliche Eignung der Bewerber besteht, das zuständige Jugendamt aber über einen längeren Zeitraum kein Kind vermitteln kann, ist es möglich, sich bei anderen Jugendämtern zu bewerben. Prinzipiell kann jedes Jugendamt Bewerber auch aus anderen Jugendamtbereichen überprüfen und belegen.

Grundsätzlich kann gesagt werden: Je festgelegter Bewerber hinsichtlich des niedrigen Alters sowie des Gesundheits- und Entwicklungszustandes eines Kindes sind, desto länger ist voraussichtlich die Wartezeit. Wer dagegen auch ein älteres, entwicklungsbeeinträchtigtes Kind aufnehmen würde, wird relativ schnell ein Kind bekommen. Es ist jedoch dringend davor zu warnen, halbherzige Kompromisse einzugehen, weil diese oft den späteren Abbruch des Pflege-/Adoptivverhältnisses zur Folge haben.

Wenn Bewerbern ein konkretes Kind zur Vermittlung vorgeschlagen wird, erfahren sie zunächst die notwendigsten Daten wie Alter, Geschlecht, Entwicklungsstand u.a. Entsprechen diese Angaben den Vorstellungen der Bewerber, erhalten sie genauere Informationen über die Vorgeschichte des Kindes, die Herkunftsfamilie und ihre Möglichkeiten der Zusammenarbeit, die Rechtslage des Kindes usw. Unklarheiten und Zweifel sollten zu diesem Zeitpunkt bereits mit der Fachkraft angesprochen werden. Es ist falsch zu glauben, nach der Ablehnung eines Kindes gar kein Kind mehr zu bekommen, es sei denn, man hat ein unrealistisches Traumbild, das generell nicht zur Vermittlung steht.

Den ausführlichen Informationen über das Kind folgt die Anbahnungsphase, das behutsame Kennenlernen (Siehe Anbahnungsphase). In dieser Zeit sollten Beratungsgespräche stattfinden und wichtige Fragen geklärt werden wie die der Besuchskontakte oder finanzieller Leistungen des Jugendamtes bei notwendigen Therapien.

Mit der Aufnahme des Kindes ist das schrittweise Bewerbungs- und Eignungsverfahren abgeschlossen.

Bindungserfahrungen - Bindungsstörungen

Kinder können sich „nicht nicht binden". Welche Bindungserfahrungen Kinder machen, ist bedeutsam für ihre spätere Entwicklung, denn sichere Bindungen gelten als wichtigster Schutzfaktor. Bindungs- und Explorationsverhalten stehen in einer engen Balance.

Sicheres Bindungsverhalten kann sich entwickeln, wenn die Grundbedürfnisse des Kindes erfüllt werden: Zuwendung, Versorgung, Trost und Schutz. Eltern unterstützen damit eine gesunde Autonomie ihres Kindes und ermöglichen so, dass das Kind seine Welt entdeckt. Diese Kinder haben Spaß am Lernen.

Unsicher-vermeidendes und unsicher-ambivalentes Bindungsverhalten sind bei fremd zu platzierenden Kindern in der Regel anzutreffen. Das bedeutet, dass diese Kinder wenig Unterstützung und Fürsorge durch ihre Bezugspersonen erhalten haben, sondern eher Zurückweisung und Mangelversorgung.

Ein großer Teil fremduntergebrachter Kinder allerdings ist desorganisiert gebunden. Diese Kinder haben zusätzliche Belastungen und seelische Verletzungen erlitten, haben traumatisierende Erfahrungen gemacht. Sie haben ihre Bezugspersonen als hilflose, feindselige, misshandelnde oder sexuell missbrauchende Erwachsene erlebt. Kinder, die Nähe und Schutz suchen, dabei aber Furcht und Horror erleben, entwickeln ein sehr widersprüchliches Verhalten und ein desorganisiertes Bindungssystem.

Kinder übertragen ihre Beziehungsmuster und Erfahrungen auf ihre neue Bezugsstruktur, daher ist es wichtig, dass die vollständige bisherige Bindungsgeschichte des Kindes ermittelt wird. Nur so können Fachkräfte, Pflege- und Adoptiveltern Verhaltensweisen von Kindern besser einordnen und verstehen.

Dokumente (regelmäßig bei der Adoptionsvermittlung erforderlich)

Bei der Adoptionsvermittlung werden im Rahmen der Eignungsüberprüfung regelmäßig folgende Unterlagen erforderlich:

- **Familienbuch und Geburtsurkunden**
- **Einkommensnachweis (Gehalt/Nebeneinkünfte)**
- **Schulden- und Vermögensnachweis**
- **polizeiliches Führungszeugnis**
- **Gesundheitszeugnis**
- **Lebenslauf**

Bei dem für die Annahme zuständigen Vormundschaftsgericht sind vorzulegen:

- **Auszug aus dem Familienbuch**
- **Geburtsurkunden**
- **Meldebescheinigung**
- **Gesundheitszeugnis**
- **Abstammungsurkunde des Kindes**
- **Staatsangehörigkeitsnachweis, wenn dieser nicht aus einer anderen Urkunde hervorgeht**
- **Verzichtserklärung des ledigen Vaters**
- **notariell beglaubigter Antrag zur Annahme**
- **notariell beglaubigte Einwilligungserklärung der Eltern bzw. der ledigen Mutter/des ledigen Vaters des Kindes**
- **bei Inkognitoadoption eine Identitätsbescheinigung**

Bei der Beschaffung der Unterlagen des Kindes steht die Vermittlungsstelle hilfreich zur Seite bzw. bringt diese bei.

Eignungsüberprüfung

Bewerber um die Aufnahme von Pflege- oder Adoptivkindern müssen im Gegensatz zu leiblichen Eltern, denen natürliche Elternqualifikation zugesprochen wird, ihre „Elternfähigkeit" nachweisen, bevor sie ein fremdes Kind aufnehmen können.
Dies geschieht im Vermittlungsverfahren durch die Adoptionsvermittlungsstelle oder den Pflegekinderdienst. Das Vermittlungsverfahren ist in zwei Phasen gegliedert:

a) Überprüfung der allgemeinen Adoptionseignung/Eignung für ein Pflegekind
b) Überprüfung der speziellen Eignung für ein bestimmtes Kind.

Der einzige Orientierungsmaßstab für den Vermittlungsprozess muss das Kindeswohl sein. Durch sachdienliche Ermittlungen und Beratung soll sichergestellt werden, dass für das Kind Bewerber gefunden werden, die den Bedürfnissen und Interessen des Kindes entsprechen.

Wenn Bewerber die Vermittlungsstelle aufsuchen, haben sie meist schon ziemlich genaue Vorstellungen von dem gewünschten Kind. Größtenteils unbekannt sind ihnen jedoch oft der verwaltungstechnische Ablauf sowie die rechtlichen, sozialpädagogischen und psychologischen Aspekte einer Adoption.
Deshalb muss in einem ersten Gespräch den Bewerbern das Verfahren transparent gemacht werden.

Ziel dieser ersten Information ist es, zu verdeutlichen:

1. **Die Vermittlungsstelle ist für die Auswahl geeigneter Eltern verantwortlich.**
2. **Es werden nicht für Eltern Kinder, sondern für Kinder Eltern gesucht.**
3. **Adoptiv- und Pflegeelternschaft haben als soziale Elternschaft besondere psychologische Merkmale.**
4. **Das Verfahren ist langwierig, mitunter bürokratisch schwerfällig und verlangt von Bewerbern sowohl Geduld als auch Einfühlungsgabe (Vermittlungsrealität und Bewerberwünsche klaffen häufig auseinander).**

Zudem sollten „Säuglingsbewerber" darauf hingewiesen werden, dass aufgrund der übergroßen Zahl von „Säuglingsbewerbern" eine lange Wartezeit in Kauf genommen werden muss und dass für viele von ihnen dieser Wunsch gar nicht erfüllt werden kann.

Aufgabe der Vermittlungsstelle ist es, Ängste und Unsicherheiten der Bewerber durch Gespräch und Beratung abzubauen und ihnen zu verdeutlichen, welches ihre Rolle im gesamten Vermittlungskomplex ist.

In der Praxis ist es so, dass das Erstgespräch und die darauf folgenden Einzelgespräche für viele Bewerber angstbesetzt sind. Die Entscheidungsmacht des Sozialarbeiters ist ihnen bewusst und deshalb beeinflusst der Gedanke „was wollen die bloß hören" die Gesprächssituation. Aus Angst, kein Kind zu bekommen, fühlen sie sich dann gezwungen, auf Kompromisse einzugehen, die sie gar nicht schließen wollten. Das kann bei einer späteren Vermittlung zum Scheitern der Annahme führen.

Bewerber sollten sich aus diesem Grund nicht scheuen, ihre Vorstellungen offen zu legen. Zudem ist es wichtig, zuallererst sich selbst die Frage zu stellen: Was traue ich mir zu / wo liegen meine Grenzen. Da „Elternfähigkeit" nicht messbar ist, ist es im Vermittlungsverfahren von großer Bedeutung, dass Bewerber ihre eigene Position bestimmen können - das beschleunigt den Ablauf des Verfahrens.

Für die „Eignungsüberprüfung" gibt es keine einheitlichen Standards. Informationen und Vorbereitung können mittels Einzelgesprächen und sich anschließenden Gruppenangeboten durchgeführt werden. Die Teilnahme an Vorbereitungskursen kann verbindlich vorausgesetzt werden oder sich nach der Überprüfung der sachdienlichen Ermittlungen anhand von Fragebögen über persönliche Daten, Wohn- und Lebensverhältnisse anschließen. Auch Dokumente und Gesundheitszeugnisse sind vorzulegen. Zudem ist ein Hausbesuch der Fachkraft von der Adoptionsvermittlungsstelle zu erwarten.

Als hilfreich hat sich die frühzeitige Teilnahme an Gesprächsgruppen und Fachveranstaltungen der Pflege- und Adoptivelternvereine und -gruppen während der Vermittlungszeit bewährt. Neben Informationen über die vielfältigen Bereiche, die die Adoption und Vollzeitpflege betreffen, wird den Bewerbern dort – im Idealfall – ein offenes Lernfeld in der Gruppe angeboten. Der Kontakt zu anderen Bewerbern hilft, die Situation zu entkrampfen und sich im Gespräch mit den Fachkräften und anderen Betroffenen über die eigenen Motive, über Problemlösungsverhalten, über Beziehungsfähigkeit und über die Konsequenzen einer Adoption oder Vollzeitpflegschaft klar zu werden.

Nach welchen Methoden auch immer die sachdienlichen Ermittlungen erfolgen, Grundlage sollte die Offenheit und die gegenseitige Akzeptanz von Fachkraft und Bewerber sein.

Für die Vermittlungsfachkraft bedeutet dies, dass sie sich auch der Subjektivität ihrer Einschätzung bewusst sein muss. Trotz sorgfältiger Ermittlungen sind auch Vermittler nicht vor menschlichen Unzulänglichkeiten und unbewussten Wert- und Normvorstellungen gefeit. Die Bewerber müssen aktiv in den Entscheidungsprozess einbezogen und laufend über Erfolgs- oder Misserfolgsaussichten informiert werden. Nur so lassen sich Enttäuschungen, Missverständnisse und Fehlvermittlungen weitgehendst vermeiden.

Die Bewerber hingegen sollten sich verdeutlichen, dass auch indiskret und technokratisch erscheinende Fragen im Rahmen dieser Gespräche nicht gegen sie gerichtet sind. Die Ermittlungen dienen allein dem Zweck, passende Eltern für ein bestimmtes Kind zu finden.

Fühlen sich die Bewerber durch das Ermittlungsresultat fehleingeschätzt und lässt sich dies auch nicht mit der Vermittlungsstelle klären, so bleibt noch die Möglichkeit des Rechtsweges.

Nach dem Abschluss der allgemeinen Ermittlungen steht in der Regel nicht sofort ein Kind zur Vermittlung bereit. Während dieser Wartezeit (mitunter mehrere Jahre) kann es sinnvoll sein, sich regelmäßig bei der Fachstelle nach dem Stand der Dinge zu erkundigen. Sobald ein Kind zur Vermittlung vorhanden ist, wird die eingangs erwähnte Phase der speziellen Eignung eingeleitet.

Kann das örtliche Jugendamt kein Kind zur Adoptions- oder Vollzeitpflege vermitteln, ist zu empfehlen, sich eine Unbedenklichkeitsbescheinigung vom Jugendamt ausstellen zu lassen. (Näheres hierzu siehe auch unter Adoptionspflege)

Die Vorbereitung auf ein spezielles Kind erfolgt in der Praxis häufig unter Zeitdruck. Die Bewerber müssen sich dann schnell und oft ohne viele Vorinformationen für oder gegen ein Kind entscheiden. Dieser enorme Entscheidungsdruck - nach langen Wartezeiten und mit dem Wissen um die Vielzahl anderer Bewerber - lässt kaum Raum für eine an den Bedürfnissen des Kindes orientierte Entscheidung. Trotz aller Freude über das Kind sollten Bewerber immer auf umfassenden Informationen bestehen. Nur auf der Grundlage eines bewussten „Ja" zu diesem speziellen Kind - mit allen Schwierigkeiten und Eventualitäten - sind die besten Voraussetzungen für das Gelingen der Adoptionspflege und die anschließende Adoption oder des Pflegeverhältnisses gegeben.

Die Gemeinsame Zentrale Adoptionsstelle (GZA) Hamburg hat aufgrund langjähriger Vermittlungstätigkeit und Erfahrung Kriterien für die Auswahl von Bewerbern entwickelt. Diese sind:

Soziales Engagement:
Verständnis und Aufgeschlossenheit für die Lebensbedingungen von sozial benachteiligten und ausgegrenzten Menschen; Interesse und Engagement zur Veränderung dieser Ursachen. (Beispiel: Integration von Behinderten);

Kindzentriertheit:
Einfühlungsvermögen und Sensibilität für die besonderen individuellen Bedürfnisse und Verhaltensmuster des Kindes; Eigenständigkeit und Anders-Sein von Kind/Jugendlichem akzeptieren und annehmen können;

Toleranz und Akzeptanz:
Abweichung von der üblichen Familie(nvorstellung) bewusst leben können: mit Behinderung, doppelter Elternschaft, Vorgeschichte des Kindes;

Selbstreflexion und Offenheit:
Fähigkeit zur selbstkritischen Reflexion; mit anderen über Gefühle und Probleme reden können; Kenntnis von und Wissen um „Lebenskrisen" und verschiedene Bewältigungsstrategien;

Belastbarkeit und Risikobereitschaft:
Wissen und Kenntnis um schwierige Phasen des Zusammenlebens mit Rückschlägen und Zerreißproben; hohe Frustrationstoleranz und Geduld; Konfliktfähigkeit;

Akzeptierendes Umfeld:
Sozial anerkannter Status der Familie im örtlichen Umfeld; Akzeptanz und Anteil nehmende Solidarität mit dem Kind durch das Umfeld (Familie, Freunde, Nachbarn, Kindergarten und Schule).

Die aufgeführten Kriterien sind nicht scharf voneinander abzugrenzen; sie sind als ineinander übergehend, z.T. sich gegenseitig bedingend anzusehen; die Reihenfolge der Darstellung soll keine inhaltliche Gewichtung bedeuten.

Rechtliche Grundlagen

§ 1 AdVermiG (Adoptionsvermittlung)
§ 7 AdvermiG (Vorbereitung der Vermittlung)
§ 44 SGB VIII (Pflegeerlaubnis)

Eildienst des Amtsgerichts

Für dringende Angelegenheiten ist an Samstagen, Sonn- und Feiertagen bei den Amtsgerichten ein Eildienst eingerichtet. Dieser Eildienst nimmt auch vormundschaftliche Aufgaben wahr und wird besonders dann wichtig, wenn zur Verhinderung einer Herausnahme u.Ä. eine einstweilige Anordnung als sofortige Gegenmaßnahme notwendig wird.

Einkommen / Vermögen des Kindes oder Jugendlichen

Bezüglich Einkommen und Vermögen des Minderjährigen besteht eine Auskunftspflicht gegenüber dem Jugendamt.

Die einzelnen Bundesländer geben Empfehlungen zur Anrechnung von Einkommen/Vermögen des Kindes oder Jugendlichen heraus. Diese können bei den Landesjugendämtern erfragt bzw. angefordert werden.

(Siehe hierzu auch: Empfehlungen des Deutschen Vereins zur Heranziehung zu den Kosten und zur Überleitung von Ansprüchen nach dem KJHG, in: Nachrichtendienst des Deutschen Vereins für öffentliche und private Fürsorge, Heft 2, 1993, S. 49f)

Rechtliche Grundlagen

§ 96 SGB VIII (Auskunftspflichten)

Einrichtung der Jugendhilfe (Definition)

Unter dem Begriff „Einrichtung der Jugendhilfe" versteht man eine Einrichtung, in der Kinder oder Jugendliche ganztägig oder für einen Teil des Tages betreut werden oder Unterkunft erhalten.

Unter diesen Begriff fallen nur Einrichtungen, die orts- oder gebäudebezogen sind wie Heime oder Außenwohngruppen von Heimen - nicht aber ambulante Maßnahmen.

Bestand und Charakter dieser Einrichtungen hat vom Wechsel der Personen, denen sie zu dienen bestimmt sind, weitgehend unabhängig zu sein.

Für eine Einrichtung der Jugendhilfe werden persönliche und sächliche Mittel vom Träger der Einrichtung auf eine gewisse Dauer speziell für die Betreuung oder Unterkunftsgewährung von Kindern oder Jugendlichen bereitgestellt.

Für die Betriebsaufnahme einer Einrichtung bedarf es - bis auf wenige Ausnahmefälle - einer Erlaubnis.

Rechtliche Grundlagen

§ 45 SGB VIII (Erlaubnis für den Betrieb einer Einrichtung)

Einwilligungserklärungen (Eltern / Kind / Ersetzung der Einwilligung)

Die Adoption (Annahme als Kind) kann u.a. nur dann erfolgen, wenn rechtswirksame Einwilligungserklärungen der abgebenden Eltern/Mutter/Vater und des Kindes vorliegen oder die elterliche Einwilligung durch das Vormundschaftsgericht ersetzt worden ist. Die unterschiedlichen Einwilligungen sind im Folgenden näher beschrieben.

1. Einwilligung der Eltern

Nach § 1747 BGB ist bei der Adoption eines Kindes die Einwilligung der Eltern erforderlich. Zur Adoptionsvermittlung ist somit die Zustimmung des Vaters unabdingbar. Eine Adoption ist ungültig, wenn der Vater die Einwilligung nicht gegeben bzw. wenn er diese verweigert hat.
Das Erfordernis der elterlichen Sorge ist unabhängig von dem Innehaben der elterlichen Sorge.
Die Einwilligung kann frühestens acht Wochen nach der Geburt gegeben werden. Es gibt keine Einwilligung vor der Geburt. Auch die Blankoeinwilligung ist verboten. Sind die Eltern nicht miteinander verheiratet und haben sie keine Sorgerechtserklärung abgegeben, kann die Einwilligung des Vaters bereits vor der Geburt erteilt werden.

Mit der Einwilligung eines Elternteils ruht die elterliche Sorge. Der persönliche Umgang (Besuchsrecht) mit dem Kind darf nicht mehr ausgeübt werden (§ 1751 (1) BGB). Mit dem Ruhen der elterlichen Sorge wird das Jugendamt Zwischenvormund (Interimsvormund) des Kindes. Dies gilt nicht, wenn bereits ein Vormund für das Kind vorhanden ist.

Die elterliche Einwilligung bedarf der notariellen Beurkundung. Sie ist gegenüber dem Vormundschaftsgericht zu erklären (§ 1750 (1) BGB) und ist unwiderruflich (§ 1750 (2) BGB). Die Geltungsdauer beträgt maximal drei Jahre (§ 1750 (4) BGB); innerhalb dieses Zeitraums muss die Adoption erfolgen.

So weit die gesetzlichen Vorschriften. Doch wie stellt sich die Situation für die abgebenden Eltern/Mütter dar? Bevor es zu einer Einwilligung in die Annahme des Kindes kommt, muss diese Entscheidung durch eine gründliche Beratung des Jugendamtes vorbereitet werden.
Die abgebenden Eltern müssen über alle Möglichkeiten der Hilfe für sich und ihr Kind aufgeklärt werden. Sie sind auch über Art und Umfang wirtschaftlicher Hilfen zu informieren.

Die Beratung der Mütter sollte auf eine Lösung abzielen, die im Sinne aller Beteiligten ist. Sie muss vor allen Dingen die Interessen der Kinder, aber auch die der oft sehr jungen Mütter in ihrer meist äußerst schwierigen Lebenssituation berücksichtigen. Darum müssen auch die möglichen Folgen, die eine Einwilligung in die Annahme nach sich ziehen kann, sorgfältig dargestellt und klargemacht werden.

Die Selbsthilfegruppe „Rabenmütter", in der Frauen organisiert sind, die ihr Kind zur Adoption gegeben haben, sieht die gängige Adoptionspraxis dadurch gekennzeichnet, dass ausschließlich die Interessen des Kindes und der - oft schon sehr lange auf ein Kind wartenden - Adoptiveltern im Vordergrund stehen, während die Interessen und Bedürfnisse der Mutter nicht die notwendige Beachtung finden. Sie treten für Veränderungen der Adoptionspraxis ein. Unter anderem favorisieren sie die „offene" Form der Adoption, weil diese die psychische Belastung der Mütter verringern kann.
Man kann wohl feststellen, dass sich die Adoptionspraxis einerseits langsam mit der Tendenz zu größerer Offenheit verändert und andererseits auch das Angebot von Hilfen für die leiblichen Mütter in den vergangenen Jahren kontinuierlich erweitert wurde.

Ein anderes Problem kann sich durch die Konfrontation mit gesellschaftlichen Vorurteilen und Verurteilungen ergeben. Vorwürfe wie „Rabenmutter" stürzen manche Frauen in immer neue Konflikte. Es entspricht nicht dem Mythos der „guten Mutter", wenn eine Frau ihr Kind „weggibt", auch wenn die Entscheidung verantwortungsbewusst und im Interesse des Kindes war. Diesen Konflikt gehen manche Mütter nicht ein. Sie wählen die Norm, behalten ihr Kind und verabschieden sich von den Überlegungen, dem Kind in einer anderen Familie bessere Lebenschancen einzuräumen.

Solange die Einwilligung zur Adoption in unserer Gesellschaft als „Im-Stich-Lassen" definiert und mit Schuldzuweisungen belegt wird, werden nur wenige Frauen den Mut aufbringen, in eine Adoption ihres Kindes einzuwilligen. Vielleicht sollten wir damit beginnen, die Begriffe „freigeben" und „weggeben" durch differenziertere Begriffe oder Umschreibungen zu ersetzen, die den Vorgang der Adoption als eine verantwortungsbewusste Handlung deutlich machen.

Rechtliche Grundlagen
§ 1747 BGB (Einwilligung der Eltern des Kindes)
§ 1749 BGB (Einwilligung des Ehegatten)
§ 1750 BGB (Einwilligungserklärung)
§ 1751 BGB (Ruhen der elterlichen Sorge/der Unterhaltspflicht)

2. Einwilligung des Kindes

Neben der elterlichen Einwilligungserklärung bedarf es immer auch der Einwilligung des Kindes in die Annahme (§ 1746 BGB). Bei dem unter vierzehn Jahre alten Kind erteilt der gesetzliche Vertreter des Kindes (das ist in der Regel der Vormund oder Pfleger) die kindliche Einwilligung.

Mit Vollendung des vierzehnten Lebensjahres erteilt das geschäftsfähige Kind die Einwilligung selbst. Es bedarf hierzu jedoch auch der Zustimmung des gesetzlichen Vertreters. Die Einwilligung des über vierzehnjährigen Kindes kann nicht ersetzt werden. Das Kind kann die Einwilligung ohne Zustimmung des gesetzlichen Vertreters bis zur rechtswirksamen Annahme widerrufen.

Verweigert der Vormund oder Pfleger die Einwilligung ohne triftigen Grund, kann diese ersetzt werden.

Um dem Wohl des Kindes gerecht zu werden, hat das Vormundschaftsgericht das Kind persönlich anzuhören.

Nur in begründeten Ausnahmefällen kann von dieser Anhörungspflicht abgesehen werden.

Rechtliche Grundlagen

§ 1746 BGB (Einwilligung des Kindes)
§ 50 b FGG (Persönliche Anhörung des Kindes oder Mündels im Sorgerechtsverfahren)

3. Ersetzung der Einwilligung zur Adoption

Die Ersetzung der elterlichen Einwilligung in die Adoption stellt den stärksten rechtlichen Eingriff in das Elternrecht dar.

Die Ersetzung der Einwilligung darf und soll immer nur die Ausnahme sein; auf sie darf nur zurückgegriffen werden, wenn ein Nichtzustandekommen der Adoption dem Kindeswohl unverhältnismäßig widerspräche.

Angesichts der weit reichenden Folgen hat der Gesetzgeber die Voraussetzungen für eine Einwilligungsersetzung bewusst eng gehalten; auch die Rechtsprechung weist auf eine eher behutsame Anwendung dieses Instrumentariums hin.
Die Ersetzung ist nur aufgrund einer der vier folgenden Voraussetzungen möglich:

a) Pflichtverletzung (anhaltende)

- wenn der Elternteil seine Pflichten gegenüber dem Kind anhaltend gröblich verletzt und das Unterbleiben der Annahme dem Kind zum unverhältnismäßigen Nachteil gereicht.

Die Pflichtverletzung muss zwar eine Dauer aufweisen, jedoch nicht auch für die Zukunft zu erwarten sein. Die Pflichtverletzung muss sich konkret zum Nachteil des Kindes ausgewirkt haben. Eine solche anhaltend gröbliche Pflichtverletzung liegt häufig bei schweren körperlichen und seelischen Vernachlässigungen, grob liebloser Behandlung oder ständiger Misshandlung vor.

b) Gleichgültigkeit

- wenn ein Elternteil durch sein Verhalten gezeigt hat, dass ihm das Kind gleichgültig ist und das Unterbleiben der Annahme dem Kind zum unverhältnismäßigen Nachteil gereicht.

Soll die Einwilligung aus diesem Grund ersetzt werden, z.B. weil sich der Elternteil weder durch Besuche noch in anderer Form um das Kind bemüht hat, muss der Elternteil zuvor vom Jugendamt belehrt und beraten worden sein. Erst wenn nach einer solchen Belehrung eine dreimonatige Frist verstrichen ist und der Elternteil nach wie vor kein Interesse an dem Kind bekundet, kann die Einwilligung ersetzt werden.

Die Belehrung des Jugendamtes entfällt, wenn trotz angemessener Nachforschungen der Aufenthaltsort des Elternteils nicht innerhalb von drei Monaten erforscht werden kann.

Die Fristen laufen frühestens fünf Monate nach der Geburt des Kindes ab.

c) Pflichtverletzung (grobe)

- wenn die Pflichtverletzung zwar nicht anhaltend, aber besonders schwer ist und das Kind voraussichtlich dauernd nicht mehr der Obhut des Elternteils anvertraut werden kann.

Hierunter fallen Missbrauchsdelikte, schwere Körperverletzungen und schwere sonstige Beeinträchtigungen des Kindeswohls.

d) Geistige Gebrechen

- wenn der Elternteil wegen besonders schwerer geistiger Gebrechen zur Pflege und Erziehung des Kindes dauernd unfähig ist und wenn das Kind bei Unterbleiben der Annahme nicht in einer Familie aufwachsen könnte und dadurch in seiner Entwicklung schwer gefährdet wäre.

Die Ersetzungsgründe berücksichtigen in ihrer Argumentation immer zwei Aspekte: die verschuldete oder unverschuldete Verletzung der Elternpflichten und den Aspekt des Kindeswohls.

Ein Entzug der Personensorge nach § 1666 a BGB legitimiert noch nicht die Ersetzung der Adoptionseinwilligung. Es muss gewährleistet sein, dass das Kindeswohl gefährdet ist und dass die Eltern, aus welchen der oben erwähnten Gründe auch immer, ihren Elternpflichten nicht nachkommen können.

Die Ersetzung der Adoptionseinwilligung erfolgt durch das Vormundschaftsgericht.

Rechtliche Grundlagen

§ 1748 BGB (Ersetzung der Einwilligung eines Elternteils)
§ 1666 BGB (Gefährdung des Kindeswohls)
§ 1666 a BGB (Trennung des Kindes von der elterlichen Familie; Entzug der Personensorge insgesamt)
§ 49 FGG (Anhörung durch das Vormundschaftsgericht)

Elterliche Sorge / Teilübertragung der Elterlichen Sorge / Sorgerechtsentzug

Die elterliche Sorge für das Pflegekind liegt im Normalfall bei den Herkunftseltern, d.h. die Herkunftseltern üben die Personensorge (mit Aufenthaltsbestimmungsrecht), die Vermögenssorge sowie die gesetzliche Vertretung in allen Angelegenheiten der Personen- und Vermögenssorge aus.

Pflegeeltern sind nach jetzt geltendem Recht in der Regel automatisch „kraft ihres Amtes" berechtigt, „den Personensorgeberechtigten in Angelegenheiten des täglichen Lebens zu vertreten" (§ 1688 BGB). Ausnahme: Die Personensorgeberechtigten stimmen der Übertragung ausdrücklich nicht zu.

Die einzelnen Vertretungsbereiche sind in diesem Paragraphen genauer aufgelistet: Abschluss von Rechtsgeschäften; Verwaltung des Arbeitsverdienstes eines Jugendlichen; Geltendmachung von Unterhalts-, Versicherungs-, Versorgungs- und sonstigen Sozialleistungen für das Kind/den Jugendlichen; Entscheidungsbefugnis bei der Schul- und Berufsausbildung des Kindes/Jugendlichen; Ausführung von Rechtshandlungen, die bei Gefahr im Verzug zum Wohl des Kindes/Jugendlichen vorzunehmen sind.

Über diesen Normalfall hinaus gibt es die verschiedensten Formen von Sorgerechtsregelungen:

a) Übertragung von Teilen der elterlichen Sorge
Über die gemäß § 1688 BGB automatisch übertragenen Personensorgerechtsbereiche hinaus können die Personensorgeberechtigten noch andere Teile der elterlichen Sorge freiwillig abgeben. Dies kann aufgrund einer rechtsgeschäftlichen Regelung (am besten in Form eines schriftlichen Vertrags) erfolgen oder durch einen Gerichtsbeschluss. Die Bestallung als Pfleger für bestimmte Teile der elterlichen Sorge gibt Pflegeeltern eine stärkere rechtliche Stellung, sie kann auch nur durch eine erneute gerichtliche Entscheidung wieder abgegeben werden (Siehe auch unter: Übertragung von Angelegenheiten der elterlichen Sorge zur Ausübung auf Pflegepersonen).

b) Einschränkung oder Entzug des Sorgerechts
Bei der Einschränkung des Sorgerechts ist die Bestallung eines Pflegers, beim Entzug die Einsetzung eines Vormunds durch das Vormundschaftsgericht zwingende Rechtsvorschrift, ebenso, wenn die Sorgerechtsinhaber nicht mehr auffindbar oder verstorben sind. Grundsätzlich wird die Einzelvormundschaft der

Amtsvormundschaft vorgezogen, da sich der Einzelvormund intensiver um die Belange des Kindes kümmern kann. Sehr umstritten ist die Frage, ob sich Pflegeeltern zum Pfleger oder Vormund ihres Pflegekindes bestellen lassen sollen. In vielen Fällen ist es sicher im Sinne des Kindeswohls nur von Vorteil, wenn Pflegeeltern eine rechtliche Stellung erhalten, die der von Herkunfts- bzw. Adoptiveltern nahe kommt. Mitunter kann es aber auch sinnvoller sein, wenn andere Personen zum Pfleger oder Vormund bestellt werden - auch wenn die Pflegeeltern bereits die „faktischen" Eltern sind (z.B. bei ständigen, schweren Konflikten mit der Herkunftsfamilie, bei andauernden Kämpfen um den Unterhalt, bei Problemen im Zusammenhang mit einer eventuellen Vermögenssorge).

Auch als Pfleger oder Vormund ihres Pflegekindes erhalten Pflegeeltern Pflegegeld zur Sicherstellung des kindlichen Lebensunterhaltes.

Pflegeeltern sollten sich immer darüber kundig machen, bei wem die elterliche Sorge liegt.

VormünderInnen/PflegerInnen erhalten auf Antrag nach dem Ablauf eines jeden „Betreuungsjahres" vom Amtsgericht eine pauschale Aufwandsentschädigung in Höhe von 307,- Euro, wenn das Mündel mittellos ist. Der Antrag verjährt am 31.3. des Jahres, das auf das Betreuungsjahr folgt.

Rechtliche Grundlagen

Art. 6 GG (Elternrecht)
§§ 1626 ff BGB (elterliche Sorge)
§§ 1666, 1666a BGB (Gefährdung Kindeswohl und Sorgerechtsentzug)
§ 1630 (3) BGB (Übertragung von Angelegenheiten elterlicher Sorge
§ 1688 BGB (Entscheidungsrecht der Pflegeperson)

Entscheidungsrecht der Pflegepersonen

Pflegeeltern übernehmen zwar die Pflege, Erziehung und Beaufsichtigung des Pflegekindes, sie sind jedoch nicht mit dem Recht der gesetzlichen Vertretung des Kindes ausgestattet, haben somit kein eigenständiges Erziehungsrecht.

Um den daraus resultierenden Rechtsunsicherheiten, die sich bei der Betreuung von Pflegekindern im Alltag sehr negativ auswirken können, entgegenzuwirken, hat der Gesetzgeber mit § 1688 BGB den Pflegeeltern die „Alltagssorge" übertragen. Sie können in Angelegenheiten des täglichen Lebens entscheiden und den Inhaber der elterlichen Sorge vertreten.
Dies gilt nicht, wenn der Inhaber der elterlichen Sorge etwas anderes erklärt.

Ist ein Kind aufgrund § 1632 Abs. 4 (Verbleibensanordnung) in Pflege, können Sorgeberechtigte nicht „etwas anderes erklären". Dies kann nur das Gericht.

Im Rahmen der Vermittlung eines Pflegekindes (bei der Erstellung des Hilfeplans, Zusammenarbeit bei Hilfen außerhalb der eigenen Familie - vgl. §§ 36, 37 SGB VIII) sind die leiblichen Eltern (Personensorgeberechtigte) darauf hinzuweisen, dass Pflegeeltern im Rahmen der „Alltagssorge" berechtigt sind, Sorgeberechtigte zu vertreten, bei der

- **Verwaltung des Arbeitsverdiensts des Kindes;**
- **Geltendmachung und Verwaltung von Unterhalts-, Versicherungs-, Versorgungs- und sonstigen Sozialleistungen;**
- **Regelung der Rechtsgeschäfte des täglichen Lebens.**

Bereiche der elterlichen Sorge, die übertragen werden können, sind:
- **Rechtsgeschäfte des täglichen Lebens**
- **Im üblichen Sozialisationsprozess anfallende Angelegenheiten wie: Unterrichtsverträge, Mitgliedschaft in Vereinen, Abschluss von Miet- Kauf- und Reiseverträgen etc.**
- **Unterhaltsleistungen/zivilrechtliche Unterhaltsansprüche gegenüber Dritten/Sozialleistungen/Krankenversicherung/Ausbildungsförderung/Kindergeld.**

Basis der Kompetenzübertragung ist immer die Vereinbarung zwischen den Personensorgeberechtigten und der/den Pflege-/Erziehungsperson/en. Bei Meinungsverschiedenheiten ist das zuständige Jugendamt zur Klärung einzuschalten; ihm obliegt in diesen Fällen die Aufgabe der Vermittlung.

Es ist Pflegeeltern dringend zu raten, bei längerem Verbleib des Kindes von der Möglichkeit der Übertragung von Teilen der elterlichen Sorge Gebrauch zu machen. Die dadurch erworbene Sicherheit wirkt sich positiv auf den Erziehungsalltag aus.

Rechtliche Grundlagen
§ 1688 BGB

Entwicklung von Beziehungen

Bindungen und Beziehungen zwischen Pflege-/Adoptiveltern und -kindern entstehen nicht „über Nacht"; sie müssen sich in einem monate- oder gar jahrelangen Prozess langsam entwickeln.

Für das Kind ist die Aufnahme - unabhängig von der Qualität der Vorerfahrungen - in jedem Fall mit einem Wechsel seiner Umgebung verbunden, wodurch es sehr verunsichert wird. Es wird von Vertrautem abgeschnitten und gleichzeitig mit einem neuen Familiensystem konfrontiert, dessen ungeschriebene Spielregeln (Umgang miteinander, Mahlzeiten etc.) ihm gänzlich unbekannt sind. Die bisherigen Gewohnheiten und Verhaltensweisen des Kindes werden in Frage gestellt, bisherige Regeln gelten nicht mehr.

Wenn das Kind in dieser Phase der Neuorientierung mit vorgefassten Erwartungen der Pflege-/Adoptiveltern konfrontiert wird, muss es sich überwältigt und ohnmächtig fühlen. Die Integration eines Pflege-/Adoptivkindes in seine neue Familie kann nur schrittweise vor sich gehen.

Die Psychologen Dr. Nienstedt und Dr. Westermann haben den Prozess der Integration untersucht und in ihrer Theorie der Integration die folgenden drei Phasen beschrieben (Nienstedt/Westermann: Pflegekinder. Psychologische Beiträge zur Sozialisation von Kindern in Ersatzfamilien, Münster 1990, S. 43f):

I. Anpassungsphase

In der ersten Zeit nach der Aufnahme verhält sich das Pflegekind häufig vollkommen angepasst. Viele Pflegeeltern missdeuten das überraschend gute Sich-Einfügen des Kindes, indem sie meinen, das Kind hätte sie bereits in ihrer Rolle als Eltern akzeptiert.

Das „Wohlverhalten" des Pflegekindes hat jedoch andere Gründe. Der Umstand, nun mit einer völlig neuen Situation konfrontiert zu werden und sich in dieser zurechtfinden zu müssen, verunsichert das Kind stark. Es ist auf das Wohlwollen seiner neuen Bezugspersonen angewiesen und will dieses nicht durch „Fehlverhalten" verlieren. Durch die scheinbare Anpassung an die Regeln der Familie sucht das Kind sich einen Orientierungsrahmen, ohne jedoch die Regeln wirklich zu übernehmen. Erst wenn das Kind in der neuen Situation ein gewisses Maß an Sicherheit und Vertrautheit gefunden hat, kann es sich ihr schrittweise öffnen.

II. Konfliktwiederholung (Übertragung)

Viele Pflegeeltern werden nach dem anfänglichen „Wohlverhalten" von Verhaltensänderungen des Kindes überrascht. Dieses entwickelt nun Verhaltensweisen, die den Pflegeeltern oft völlig unverständlich erscheinen. In ganz alltäglichen Situationen reagiert das Pflegekind nun völlig überzogen. Zuweilen sind jetzt Schimpftiraden gegen einzelne Familienmitglieder an der Tagesordnung, Körperkontakt wird heftig abgelehnt. Zudem ist in dieser wohl schwierigsten Phase der Integration mitunter ein exzessives Essverhalten des Kindes zu beobachten, Lebensmittel werden heimlich zur Seite geschafft und gehortet. Das Kind provoziert seine neuen Eltern auf vielfältige Weise und schafft damit Konfliktsituationen. Diese plötzliche Anhäufung von Konflikten und Schwierigkeiten wird von Pflegeeltern als Rückschritt und (in manchen Fällen) als Hinweis auf die eigene Erziehungsunfähigkeit angesehen oder auf Undankbarkeit und Böswilligkeit des Pflegekindes zurückgeführt.

Die massive Zunahme der Probleme führt bei vielen Pflegeeltern zu dem Gefühl, überfordert zu sein. Das hat nicht selten den Abbruch der Pflege zur Folge.

Dabei ist das geänderte Verhalten des Kindes Ausdruck dafür, dass es einen wichtigen Entwicklungsschritt macht. Das Verhalten, das es an den Tag legt, richtet sich nicht gegen die Pflegeeltern, sondern beruht auf der Übertragung alter Erfahrungen auf die neue Situation, auf Konfliktwiederholung.

Das Kind betrachtet die neue Familiensituation durch die Brille seiner alten Erfahrungen. Es überträgt diese auf die neue Situation. Wenn das Kind in seiner Vergangenheit schlechte Erfahrungen gemacht hat, ist es angstbesetzt. So wird es z.B. Angst- oder Hassgefühle gegenüber dem gewalttätigen leiblichen Vater bei körperlichen Berührungen auf den Pflegevater übertragen. Auch wenn es Pflegeeltern in solchen Situationen oft sehr schwer fällt, ist es notwendig, dem Kind immer wieder zu zeigen, dass es geliebt wird.

Erst das Gefühl, von seinen Pflegeeltern angenommen zu sein, ihnen vertrauen zu können, ermöglicht es dem Kind, alte Verhaltensweisen abzulegen und sich neuen Erfahrungen zu öffnen. Das Kind wird versuchen, die Zuverlässigkeit seiner neuen Bezugspersonen und die Tragfähigkeit der neuen Beziehung auf alle erdenkliche Art und Weise zu überprüfen.

Das genaue Wissen um die Vorgeschichte des Kindes kann Pflegeeltern helfen, es in seinen Übertragungen besser zu verstehen. Behutsame Fragen können unterstützend wirken bei dem Bemühen des Kindes, seine Erlebnisse und Gefühle wahrzunehmen und auszudrücken. Dieser Prozess der Aufarbeitung nimmt viel Zeit in Anspruch, erst wenn er abgeschlossen ist, wird für das Kind ein wirklicher Neubeginn möglich (Siehe hierzu auch unter: „Übertragung" [nach Nienstedt/Westermann]).

III. Beziehungsaufbau/Rückfall in frühkindliche Verhaltensweisen (Regression)

Hatte das Kind die Möglichkeit, in der Übertragungsphase seine Vergangenheit aufzuarbeiten, wird es ihm nun möglich, neue Beziehungen aufzubauen. In dieser Phase ist bei dem Kind ein Rückfall in frühkindliche Verhaltensweisen zu beobachten. Oft entsteht nun bei ihm der Wunsch, getragen und gefüttert zu werden und/oder aus einer Babyflasche zu trinken. Diese nicht altersgemäßen Bedürfnisse weisen darauf hin, dass das Kind nun noch einmal „von vorne anfangen" will. Wenn das Kind diese Chance bekommt, kann es nachholen, was ihm bislang fehlte, kann es bisher nicht genügend befriedigte Bedürfnisse endlich befriedigen. Damit ist die Grundlage für eine gesunde Entwicklung des Kindes geschaffen.
Die frühkindlichen Verhaltensweisen stehen im Widerspruch zu dem tatsächlichen Alter des Kindes, sie erstrecken sich jedoch nicht auf alle Lebensbereiche: Frühkindliche Verhaltensweisen wechseln häufig mit altersgemäßem Verhalten und nehmen mit der Zeit immer mehr ab, wenn dem Kind die Möglichkeit gegeben wird, seine Bedürfnisse auszuleben.
Zu beobachten ist in diesem Entwicklungsprozess, dass das Kind

- **seinen eigenen Körper entdeckt**
- **die eigenen Fähigkeiten erprobt**
- **die Initiative ergreift**
- **Aggressionen entwickelt**
- **eine Trotzphase durchläuft**
- **beginnt, Normen und Werte anzuerkennen.**

Pflegeeltern werden merken, dass das Kind nun ein Gefühl der Zugehörigkeit entwickelt, womit die Integration des Kindes in seine neue Familie weiter gediehen ist.

Der vorgenannte Entwicklungsverlauf in drei Phasen ist sicherlich idealtypisch. Wichtig ist, dass Pflegeeltern in jeder Phase genügend Einfühlungsvermögen, Geduld und Zeit aufbringen. Traumatische Erfahrungen lassen sich nicht in kurzer Zeit aufarbeiten, versäumte Entwicklungen nicht in wenigen Wochen nachholen. Zur positiven Entwicklung von Beziehungen in Pflegefamilien braucht es viel Zeit, mitunter eineinhalb Jahre und mehr.
Wenn das Kind aufgrund seiner bisherigen Lebensgeschichte sehr schwere seelische Verletzungen davongetragen hat, kann es - bei allem Verständnis und Einfühlungsvermögen, das ihm die Pflegeeltern entgegenbringen - integrationsunfähig sein. In diesem Fall empfiehlt es sich dringend, psychologische Hilfe in Anspruch zu nehmen.

Erbanlagen und Sozialisation

Die jahrzehntelang geführte Debatte, ob allein das Erbgut oder allein die Umwelt die Fähigkeiten und Eigenschaften eines Menschen prägen bzw. wie groß deren Anteil jeweils ist, gilt heute als überholt. Eine simple Zweiteilung in genetische und umweltbedingte Einflüsse ist nicht möglich.

Wissenschaftler zweifeln jedoch nicht daran, dass die Erbanlagen eines Menschen die Rahmenbedingungen für Intelligenz, Temperament, Sensibilität u.a. bilden. Dies ist allerdings nicht besonders aussagekräftig. Menschliches Verhalten lässt sich nur im Zusammenspiel von biologischen, seelischen und geistigen Prozessen erklären; und dies beginnt mit der Entwicklung im Mutterleib.

Der Säugling ist bereits eine Persönlichkeit. Wenn er sich nicht in Liebe und Geborgenheit entwickeln konnte, war er bereits Erfahrungen und Einflüssen ausgesetzt, die seine Entwicklung beeinträchtigt haben. Die Vorgeschichte eines Kindes kann daher schon Aufschluss über seine mögliche weitere Entwicklung geben.

Es ist überaus wichtig, dass Adoptiveltern diese möglichen Defizite durch besonders fördernde und liebevolle Sozialisationsbedingungen ausgleichen und das Kind in seiner Persönlichkeit, so wie es sich entwickeln konnte, akzeptieren und annehmen. Eltern die ein großes Herz haben, belastbar, tolerant und humorvoll sind, können diesen Kindern ein heilendes Zuhause geben und dazu beitragen, dass diese ihre Fähigkeiten entwickeln und ihre Persönlichkeit entfalten können.

Die Angst mancher Adoptiveltern vor so genannten „schlechten" Erbanlagen bleibt ihrem Kind nicht verborgen. Sie belastet die Beziehung und behindert das Kind in seiner Entwicklung und die Eltern, sich offen und unvoreingenommen zu verhalten.

Erbrecht

Da Pflegekinder in keinem Verwandtschaftsverhältnis zu den Pflegepersonen stehen, werden sie auch in der gesetzlichen Erbfolge nach dem Tod der Pflegeeltern nicht berücksichtigt.

Unter Beachtung der Bestimmungen zur gesetzlichen Erbfolge (Pflichtteile der gesetzlichen Erben etc.) können Pflegepersonen ihr Pflegekind jedoch mittels Testament als Erbe oder Vermächtnisnehmer einsetzen (gewillkürte Erbfolge).

Pflegeeltern, die sicherstellen möchten, dass das Erbe dem Pflegekind direkt zukommt, sollten die Erbschaft im Testament an eine aufschiebende Bedingung knüpfen.

Eine solche Bedingung kann beispielsweise der Eintritt der Volljährigkeit oder die Beendigung der Ausbildung sein; dadurch wäre sichergestellt, dass die Erbschaft nicht zum Zeitpunkt des Bezuges von wirtschaftlicher Jugendhilfe eintritt und infolgedessen das Erbe als Vermögen des Pflegekindes auf die Jugendhilfeleistung angerechnet wird.

Stirbt das Pflegekind (nachdem es die Pflegeeltern beerbt hat) ohne eigene Abkömmlinge zu haben, fällt nach der gesetzlichen Erbfolge das Erbe der Herkunftsfamilie zu. Dies kann nur durch gesonderte testamentarische Bestimmungen der Pflegeeltern ausgeschlossen werden (Bestimmungen von Vor- und Nacherbschaft).

Rechtliche Grundlagen

§§ 1922 ff BGB (5. Buch/Erbrecht)
§ 2074 BGB (aufschiebende Bedingung)

Erziehungsbeistandschaft / Betreuungshelfer

I. Erziehungsbeistandschaft

Im SGB VIII ist die Erziehungsbeistandschaft in die Reihe der Erziehungshilfen eingeordnet. Auf die Festlegung besonderer Verfahrensvorschriften wurde im Gesetz verzichtet, um eine allzu bürokratische Handhabung dieser Hilfeform zu verhindern.
Bei Erziehungsbeistandschaft handelt es sich um ein pädagogisches Angebot, welches von hauptamtlichen Fachkräften getragen wird. Die Hauptaufgabe der Erziehungsbeistandschaft ist die Bearbeitung von Problemen Minderjähriger unter Einbeziehung ihres sozialen Umfelds.
Die Betreuung bezieht sich auf:

- **Beziehungen zwischen Eltern und Kindern/Jugendlichen**
- **Schulische Probleme von Kindern/Jugendlichen**
- **andere soziale Bezüge der Kinder/Jugendlichen**

Die Altersspanne der im Rahmen von Erziehungsbeistandschaften betreuten Kinder liegt zwischen neun und sechzehn Jahren, ist also relativ groß.

Bei älteren Minderjährigen ist Ziel dieser Hilfe, auf eine Verselbständigung (Übergang in eine eigene Lebensform) des Jugendlichen hinzuarbeiten.

Aus diesem Grund sind Erziehungsbeistandschaften in der Regel längerfristig angelegt. Zur Anwendung kommen bei dieser Arbeit unterschiedliche Methoden der Sozialarbeit/Sozialpädagogik. Kernstück sind meist regelmäßige Beratungsgespräche mit dem Kind/Jugendlichen und dessen Eltern.

Die Erziehungsbeistandsschaft stellt einen geringeren Eingriff in die Privatsphäre dar als andere Formen der sozialpädagogischen Familienhilfe.

„Eine Erziehungsbeistandschaft erscheint dann erfolgversprechend, wenn der familiäre Rahmen ausreichend tragfähig bzw. der Minderjährige zu einer selbständigen Lebensführung fähig ist und eine Relation zwischen der Problemsituation des Minderjährigen bzw. der Familie und der Betreuungsintensität durch den Erziehungsbeistand hergestellt werden kann."
(Münder u.a., Frankfurter Kommentar zum KJHG, 1991, S. 164)

Weiterhin gibt ist nach § 12 des Jugendgerichtsgesetzes (JGG) die Möglichkeit der Anordnung dieser Hilfeform im „Einvernehmen mit dem Jugendamt". Dies steht im Gegensatz zur Konzeption der Erziehungsbeistandschaft im SGB VIII als einer Hilfeform, die auf Freiwilligkeit und Einvernehmlichkeit gegründet ist.

II. Betreuungshelfer

Ebenfalls im SGB VIII verankert wurde der Betreuungshelfer. Im Sinne des JGG spielt hier der Erziehungsgedanke eine große Rolle.

So soll der Betreuungshelfer im Rahmen der Jugendhilfe als 'alleinige Anordnung' zum Einsatz kommen - u.U. auch in Verbindung mit anderen der Erziehung dienlichen Maßregeln und „Zuchtmitteln" - sowie als vorläufige Maßnahme gemäß § 71 (1) JGG.

Dementsprechend gibt es bei einer Betreuungsanweisung keine Freiwilligkeit. Strikte Weisungen, also Gebote und Verbote, sollen die Lebensführung des Jugendlichen regeln, seine Erziehung fördern und sicherstellen.

Im Unterschied zur Erziehungsbeistandschaft ist die Betreuungsanweisung von vornherein zeitlich befristet.

Das soziale Umfeld spielt bei dieser Maßnahme nur eine untergeordnete Rolle.

Rechtliche Grundlagen

§ 30 SGB VIII (Erziehungsbeistand, Betreuungshelfer)
§ 9 JGG (Arten)
§ 12 JGG (Hilfe zur Erziehung)
§ 10 JGG (Weisungen)
§ 71 JGG (Vorläufige Anordnungen über die Erziehung)

Erziehungsgeld – Erziehungszeit

Das neue Bundeserziehungsgeldgesetz gilt für Eltern mit Kindern ab dem Geburtsjahrgang 2001 bzw. für Kinder, die ab diesem Zeitpunkt mit dem Ziel der Adoption in Obhut genommen werden.

Die Broschüren „Erziehungsgeld – Elternzeit" werden vom Bundesministerium für Familie, Senioren, Frauen und Jugend kostenlos zugeschickt.
Bezugsstelle:
Postfach 201551 · 53145 Bonn
Tel. 01 80 / 5 32 93 29
E-Mail: broschürenstelle@bmfsfj.bund.de
Internet: www.bmfsfj.de

Die Ausführungen in diesem Kapitel sind überwiegend Auszüge aus den oben genannten Broschüren.

Für die Durchführung des Bundeserziehungsgeldgesetzes sind die Länder zuständig. Sie haben die Erziehungsgeldstellen unterschiedlichen Behörden zugeordnet. Anträge auf Erziehungsgeld sind bei der zuständigen Erziehungsgeldstelle des Wohnortes der Antragsteller zu stellen.

Anspruch auf Erziehungsgeld haben Eltern, die
- einen Wohnsitz oder ihren gewöhnlichen Aufenthalt in Deutschland haben,
- das Kind überwiegend selbst erziehen und betreuen,
- die Personensorge für das Kind haben und mit ihm in einem Haushalt leben,
- nicht erwerbstätig sind oder nicht mehr als 30 Stunden wöchentlich Teilzeitarbeit leisten.

Ausnahmeregelungen und Härtefälle sind der Broschüre zu entnehmen.

Teilzeitarbeit steht dem Anspruch auf Erziehungsgeld also nicht entgegen. Das Einkommen der Teilzeitarbeit wird jedoch mit berücksichtigt.
Auch Entgeltersatzleistungen wie Arbeitslosengeld, Arbeitslosenhilfe, Krankengeld und Verletztengeld sind neben dem Erziehungsgeld zulässig, wenn deren Bemessungsgrundlage eine Beschäftigung mit einer wöchentlichen Arbeitszeit von bis zu 30 Stunden ist.

Für angenommene Kinder und Kinder in Adoptionspflege kann ebenfalls Erziehungsgeld in Anspruch genommen werden. (Auch für Pflegekinder kann der

Anspruch bestehen, wenn Pflegeeltern die Vormundschaft übernommen haben.) Es wird grundsätzlich für 24 Monate gewährt, beginnend mit dem Zeitpunkt der Inobhutnahme und nur innerhalb der Rahmenfrist bis zum Ende des 8. Lebensjahres.

Bezug und Höhe
Das Bundeserziehungsgeld wird einkommensabhängig längstens bis zum 24. Lebensmonat gezahlt. Für die Zahlung gibt es zwei Wahlmöglichkeiten:

- Erziehungsgeldbezug für 24 Lebensmonate mit einem Höchstbetrag von 307,- Euro monatlich
- Erziehungsgeldbezug für 12 Lebensmonate mit einem Höchstbetrag von 460,- Euro monatlich

Besteht oder bestand ein Anspruch auf Erziehungsgeld nur für die ersten 6 Monate, kann eine Budgetierung von 460,- Euro nicht in Anspruch genommen werden. Überzahltes Erziehungsgeld ist zurückzuzahlen.

Das Erziehungsgeld für die ersten 6 Monate des Kindes entfällt, wenn das bereinigte Einkommen nach § 6 BErzGG bei verheirateten bzw. Eltern in eheähnlicher Gemeinschaft 51.130,- Euro und bei anderen Berechtigten 38.350,- Euro übersteigt.

Das Erziehungsgeld ab dem 7. Monat wird gemindert, wenn das bereinigte Einkommen bei Verheirateten bzw. Eltern in eheähnlichen Gemeinschaften den Freibetrag von 16.470,- Euro und bei anderen Berechtigten 13.498,- Euro übersteigt.

Die Einkommensgrenzen erhöhen sich um 2.454,- Euro für jedes weitere Kind, für das Kindergeld gewährt wird.

Elternzeit
Die Elternzeit kann, auch anteilig, von jedem Elternteil allein oder von beiden Elternteilen gemeinsam genommen werden. Sie ist aber auf bis zu drei Jahre für jedes Kind begrenzt. Die Mutterschutzfrist ist auf diese Begrenzung anzurechnen, soweit nicht ein Härtefall vorliegt.

Mit Zustimmung des Arbeitgebers kann bis zu einem Jahr dieser Elternzeit zwischen dem 3. und bis zur Vollendung des 8. Lebensjahres des Kindes genommen werden.

Während der Elternzeit ist Erwerbstätigkeit bis zu 30 Wochenstunden für jeden Elternteil zulässig. Für Lehrer gilt eine Sonderregelung.

Arbeitnehmerinnen und Arbeitnehmer müssen die Elternzeit, wenn diese unmittelbar nach der Geburt des Kindes oder nach der Mutterschutzfrist beginnen soll, spätestens 6 Wochen vor Beginn schriftlich vom Arbeitgeber verlangen und gleichzeitig erklären, für welche Zeiten innerhalb von 2 Jahren sie Elternzeit nehmen werden.

Die von den Elternteilen allein oder gemeinsam genommene Elternzeit darf insgesamt auf bis zu vier Zeitabschnitte verteilt werden.

Die Elternzeit kann mit Zustimmung des Arbeitgebers im Rahmen der gesetzlichen Höchstdauer verlängert oder vorzeitig beendet werden.

Rechtliche Grundlagen

Gesetz zum Erziehungsgeld und zur Elternzeit (Bundeserziehungsgeldgesetz - BErzGG), Gültig für Geburten ab 01.01.2002

Familienlastenausgleich

Der Familienlastenausgleich würde einen finanziellen Lastenausgleich bei der Vermittlung schwer vermittelbarer Kinder bedeuten, das heißt, er könnte den Annehmenden die Adoption von behinderten Kindern erleichtern.

In Ermangelung spezieller Bestimmungen könnte unter Umständen auf § 9 AdvermiG (Adoptionshilfe) zurückgegriffen werden. Die dort vorgesehene Unterstützung und Beratung der Annehmenden könnte in bestimmten Fällen auch einen einmaligen Zuschuss zur Adoption einschließen.

Dieser Lastenausgleich ist jedoch nicht Gesetz. Überlegungen, hierfür eine rechtliche Grundlage zu schaffen, sind bislang noch nicht weiter gediehen.

Rechtliche Grundlagen

§ 9 AdvermiG (Adoptionshilfe)

Familienpflege (Definition)

Unter Familienpflege versteht man die Betreuung und Erziehung eines fremden Kindes oder Jugendlichen durch eine oder mehrere Personen in einer anderen Familie oder familienähnlichen Lebensgemeinschaft in Vollzeitpflege. Dies können auch Großeltern oder Verwandte sein.

Ab einer landesrechtlich festgelegten Zahl (ab 3 bis 6 Plätze) spricht man von Betreuung in Großpflegestellen, darüber hinaus in Einrichtungen.

Gesetzlich eindeutig definiert sind die Formen:

a) zeitlich befristete Erziehungshilfe
b) auf Dauer angelegte Lebensform
c) geeignete Formen für besonders entwicklungsbeeinträchtigte Kinder und Jugendliche

zu c)
Sonderformen der Familienpflege stellen die heilpädagogischen oder sonderpädagogischen Pflegestellen sowie die Erziehungsstellen dar. Sie nehmen Kinder oder Jugendliche auf, die aufgrund ihrer Entwicklungsbeeinträchtigung oder Behinderung einer besonderen Familienpflege bedürfen. Von den Pflegepersonen wird eine entsprechende Ausbildung oder sehr große Erziehungserfahrung erwartet. Der Unterhaltsbetrag für das Pflegekind und / oder der Erziehungsbeitrag sind erhöht. Hinzu kommt meist ein Zuschuss zur Altersvorsorge der Pflegeperson.

Adoptionspflege ist keine Familienpflege im Sinne des Pflegekinderwesens.

Rechtliche Grundlagen
§ 33 SGB VIII

Finanzielle Leistungen für Pflegeeltern

Der Unterhalt des Kindes oder Jugendlichen in Vollzeitpflege umfasst den gesamten Lebensbedarf einschließlich der Kosten der Erziehung, § 39 (1) SGB VIII. Ein Anspruch der Pflegeeltern auf finanzielle Leistungen besteht jedoch nur, wenn „Hilfe zur Erziehung" gemäß § 27 ff SGB VIII geleistet wird.

Das bedeutet: Pflegeeltern erhalten Pflegegeld. Das sind regelmäßige, monatliche Unterhaltsleistungen, die sich je nach Alter des Kindes aus seinem Lebensbedarf und der Anerkennung für die Erziehungsleistung zusammensetzen. Zusätzlich zu diesem Pauschalbetrag können laut § 39 (3) SGB VIII einmalige Beihilfen und Zuschüsse beantragt werden. Diese gelten insbesondere

- für die Erstausstattung einer Pflegestelle (Mobiliar und Kleidung)
- für wichtige persönliche Anlässe wie Einschulung, Konfirmation u.a.
- für Urlaubs- und Ferienreisen

Die laufenden Unterhaltsleistungen sollen auf der Grundlage der tatsächlichen Kosten gewährt werden. Sie werden von den nach Landesrecht zuständigen Behörden festgesetzt und richten sich nach den Verhältnissen, die am Ort der Pflegestelle gelten. Dabei ist dem altersbedingt unterschiedlichen Unterhaltsbedarf von Kindern und Jugendlichen durch eine Staffelung der Beiträge Rechnung zu tragen.

Der Deutsche Verein für Öffentliche und Private Fürsorge gibt regelmäßig aktualisierte Empfehlungen zur Höhe des Pflegegeldes heraus, an denen sich die meisten Kreise und Kommunen orientieren. Die Regelung durch das Landesrecht führt jedoch trotzdem zu unterschiedlichen Pflegegeldzahlungen innerhalb Deutschlands.

Das Pflegekind in Vollzeitpflege gehört als vollwertiges Familienmitglied zum Haushalt der Pflegeeltern. Die Vollzeitpflegestelle hat deshalb außer dem An-

Empfehlungen des DV zur Höhe des Pflegegeldes (Stand: 01.01.2003)	
bis zum vollendeten 7. Lebensjahr	**606,- €**
vom vollendeten 7. bis vollendeten 14. Lebensjahr	**666,- €**
vom vollendeten 14. bis vollendeten 18. Lebensjahr	**766,- €**
Der vom DV empfohlene monatliche Pauschalbetrag für Kinder/Jugendliche enthält „Materielle Aufwendungen" (gestaffelt) und „Kosten der Erziehung" (jeweils 196,- €):	

spruch auf Unterhaltsleistungen nach § 39 SGB VIII auch Anspruch auf Kindergeld und vergleichbare Leistungen, Eintragung des Kindes in die Lohnsteuerkarte, Baukindergeld und Wohngeld.

(Siehe hierzu auch unter:
- Kindergeld, Kinderzulage, Kinderzuschuss, Kinderzuschlag
- Lohnsteuerkarte
- Wohngeld)

Allerdings sind Kindergeld, Kinderzuschläge und vergleichbare Rentenbestandteile, bei deren Festsetzung das Kind oder der Jugendliche berücksichtigt wird, in der Höhe des Betrages, der sich bei entsprechender Anwendung des § 54 (4) Satz 2 des Sozialgesetzbuches ergibt, auf die laufenden Leistungen anzurechnen (§ 39 (6) SGB VIII).

Rechtliche Grundlagen

§§ 27ff SGB VIII (Hilfe zur Erziehung/Hilfe für junge Volljährige)
§ 33 SGB VIII (Vollzeitpflege)
§ 36 SGB VIII (Hilfeplan)
§ 37 SGB VIII (Hilfen außerhalb der eigenen Familie)
§ 39 SGB VIII (Leistungen zum Unterhalt des Kindes oder Jugendlichen)

Frühkindliche Entwicklung / Entwicklungsrückstände durch Deprivation (Hospitalismus)

Pflege- und Adoptivkinder sind bei ihrer Aufnahme in die Pflege-/Adoptivfamilie von ihrer Geschichte geprägt. Um den Einfluss der frühkindlichen Entwicklung des Kindes auf sein späteres Verhalten und auf seine Persönlichkeit nachvollziehen zu können, ist das Wissen um den Verlauf der Entwicklung und um Entwicklungsstörungen im Säuglings- und Kleinkindalter hilfreich.

I. Frühkindliche Entwicklung

In den ersten Lebenswochen befindet sich der Säugling im Zustand vollkommener Abhängigkeit von seinen Betreuungspersonen. Während dieses Zeitraums ist es für das Kind primär wichtig, dass seine elementaren Bedürfnisse (Nahrungsaufnahme, Schlaf, Zuwendung, Versorgung) befriedigt werden.

In dieser Phase, die die Psychoanalyse als „dyadische Phase" bezeichnet, ist der Säugling hauptsächlich auf sich selbst fixiert und zeigt doch sichtbares Interesse an seinen Bezugspersonen.

Parallel zum physiologischen Reifungsprozess entwickeln sich beim Säugling von Beginn an auch die kognitiven und sozialen Fähigkeiten. Erstes Zeichen hierfür ist das Lächeln, mit dem das Baby plötzlich auf Menschen und Ereignisse zu reagieren beginnt: Dieses Lächeln ist ein Versuch der Kontaktaufnahme.

Die ersten Kontaktbemühungen gelten einem konkreten Objekt, der Bezugsperson. Diese dem Kind vertraute Person reagiert im Normalfall auf die Signale des Kindes; damit findet ein Austausch statt - eine Beziehung zwischen der Bezugsperson und dem Kind entsteht. Werden die Kontaktversuche des Kindes nicht zur Kenntnis genommen und gefördert, sind die Bemühungen des Kindes gescheitert; es wird auf sich selbst zurückgeworfen.

Je besser der Säugling die Bezugsperson kennen lernt, je mehr er sich auf deren Verfügbarkeit und Zuneigung verlassen kann, desto eher kann sich in den folgenden Monaten seine Liebesfähigkeit entwickeln, die sich auf dem Urvertrauen (innere Sicherheit) aufbaut.

Hat das Kind die Erfahrung gemacht, dass seine elementaren Bedürfnisse durch die Bezugsperson befriedigt werden, lernt es auch, Bedürfnisse aufzuschieben und mit Frustrationen umzugehen.

Am Ende dieser „Phase der Objektfindung“ (orale Phase) gibt es für das Kind neben dem Ich auch ein Du, das als „Hilfs-Ich“ fungiert (meistens die weibliche Bezugsperson).

Einhergehend mit dieser Objektfindung entwickeln sich auch Verlust- und Trennungsängste. Das Kind empfindet jede Trennung von seiner Bezugsperson als bedrohlich, da es Du und Ich noch nicht trennen kann, und es reagiert entsprechend verstört.

Je weiter die kognitive Entwicklung fortgeschritten ist, desto bewusster nimmt das Kind seine Bezugsperson wahr.

Während der Phase der Objektfindung (die zwischen dem sechsten und achten Lebensmonat beginnt) zeigt das Kind zunehmend Interesse an seiner Umwelt. Es lernt zu begreifen, es beginnt, seine Fähigkeiten zu erproben, es fängt an, Dinge voneinander zu unterscheiden. Jetzt ist das Kind besonders auf seine Bezugsperson als „Hilfs-Ich“ angewiesen, denn diese dient dem Kind als Modell zur Nachahmung; zudem erfährt das Kind durch die Bezugsperson Hilfe, Unterstützung und Verstärkung bei seinen Unternehmungen.

Die sichere „Objektbeziehung“, also die Bindung des Kindes an seine Bezugsperson, bildet für das Kind die verlässliche Grundlage zur Entwicklung eigener Aktivitäten. Es spürt, dass es geborgen ist und diese Geborgenheit nicht verliert - deshalb kann es sich nun stärker nach außen hin orientieren.

Etwa ab dem 18. Lebensmonat beginnt das Kind, sich selbst als Subjekt wahrzunehmen. Die Sicherheit, die ihm die enge Bindung an die Bezugsperson gibt, ermöglicht es ihm, sich als „Ich“ zu erfahren und seine Eigenständigkeit auch gegenüber anderen Personen auszuprobieren (z.B. durch Trotzverhalten). Das Kind lernt in dieser „Phase der Subjektbildung“ (anale Phase) zunehmend, seinen eigenen Körper zu beherrschen, Bewegungsabläufe zu koordinieren und sein Verhalten einzuschätzen. Der kontinuierliche Kontakt zu der Bezugsperson bleibt auch in dieser Phase unverzichtbar.

Die frühkindliche Entwicklung ist abhängig von der Qualität der Betreuung und Versorgung des Kindes: Grundbedingungen für die optimale Entwicklung des Kindes sind Zuneigung, Zuwendung und Förderung.

Hierfür ist die kontinuierliche Betreuung des Kindes durch eine Bezugsperson unerlässlich, die enge Beziehung zwischen Kind und Bezugsperson ermöglicht ja erst das Entstehen von Urvertrauen: Die Verlässlichkeit dieser Beziehung bildet somit die Grundlage für die gesunde Entwicklung des Kindes und die volle Entfaltung seiner Persönlichkeit. Ein Wechsel der Bezugsperson könnte diese Entwicklung stark behindern und wäre deshalb für das Kind schädlich.

II. Deprivation (= Entzug von Liebe und Zuwendung) / Hospitalismus
„Pioniere" der Deprivationsforschung wie Pfaundler, Spitz, Bowlby u.a. haben schon vor Jahrzehnten den prägenden Einfluss der Bezugsperson auf die kindliche Entwicklung nachgewiesen.

Kinder brauchen - wie erwähnt - emotionale Zuwendung, liebevolle Pflege und die Erfahrung einer kontinuierlichen, verlässlichen Beziehung. Nur so können sie sich sicher und geborgen fühlen, Ur-Vertrauen entwickeln und damit die Grundlage für ein glückliches Leben erwerben (Optimale hygienische Versorgung allein reicht nicht aus).

Wenn Kinder diese grundlegenden Erfahrungen nicht machen können, besteht die Gefahr der Deprivation, des „emotionalen Verhungerns", wie René Spitz dieses Phänomen bezeichnet hat. Er erkannte, dass das Fehlen von der „affektiven Zufuhr" mütterlicher Emotionen im Säuglings- und Kleinkindalter nachhaltige negative Folgen hat.

Aus der Deprivation resultierende Entwicklungsrückstände (körperlicher, geistiger und seelischer Art) sind sehr häufig bei Kindern zu beobachten, die über einen längeren Zeitraum eine Bezugsperson entbehren müssen.

Die Schäden verschärfen sich, je länger und massiver das Kind unter diesen Mangelbedingungen leben muss. Entwicklungsrückstände und Auffälligkeiten psychischer und physischer Art nehmen zu und verfestigen sich.

Allgemeine Entwicklungsrückstände zeigen sich besonders im Bereich der differenzierten Lernfunktionen (Sprache, Sozialverhalten), der statomotorischen Entwicklung (Erlernen des Gehens, Sprechens), der Verarbeitung von Sinneseindrücken (Reagieren auf Reize wie Kälte, Wärme, Schmerz etc.) und in einer verzögerten körperlichen Entwicklung (Verzögertes Wachstum, größere Anfälligkeit für Krankheiten).

Hiermit korrespondieren allgemeine Verhaltensauffälligkeiten der betroffenen Kinder, die sich über ständige Unruhe, Essstörungen, Haareausreißen, Einnässen (neurotische Symptome), Kontaktstörungen (übergroße Anhänglichkeit, Distanzlosigkeit, Kontaktarmut) bis hin zu Depressionen und psychosomatischen Störungen erstrecken.

Besonders schwer wiegend für die Entwicklung des Kindes sind die Nachwirkungen der mangelnden Identifikationsmöglichkeiten; sie behindern den Aufbau einer stabilen Identität und Ich-Stärke.

Matejcek hat auf der Grundlage seiner Untersuchungen eine grobe Typologisierung von deprivationsabhängigen Verhaltensweisen von Kindern erstellt (Alter der Kinder: über ein Jahr):

Das verhältnismäßig gut angepasste Kind (Flucht in Dinge)
Dieses Kind vermittelt einen guten, gesunden Eindruck. Es scheint unauffällig und ausgeglichen. Dem Gefühlsmangel begegnet es, indem es seinen Gefühlsanspruch herabsetzt. Die Folge davon ist eine Gefühlsverarmung.
Häufig verlagert ein derart geschädigtes Kind seine Beziehungsbedürfnisse: Es zeigt ein größeres Interesse an der „Welt der Sachen" als an der „Welt der Menschen".

Das passive, gehemmte, repressive Kind (Flucht in die Innerlichkeit)
Ein solches Kind ist als still, gehemmt, passiv und apathisch zu charakterisieren. Es zeigt auffallend kindliche Verhaltensweisen. Der Gefühlsmangel führt zu einer Hemmung der Bedürfnisse nach Umweltkontakten. Durch seinen Rückzug ist es häufig in der Entwicklung seiner Intelligenz benachteiligt.
Sein Interesse richtet sich mehr auf Materielles als auf Menschen aus.

Das hyperaktive Kind (Flucht nach außen)
Das hyperaktive Kind wirkt extrem unruhig und getrieben. Aufgrund seiner inneren Unruhe ist sein Interesse an allen Dingen meist oberflächlich und von sehr kurzer Dauer.
Sein Bedürfnis nach emotionaler Zuwendung und Anerkennung ist außerordentlich groß.

Das sozial provokative Kind (Flucht in die Provokation)
Das Kind versucht, sein Bedürfnis nach Zuwendung und Liebe durch Provokation und mit Gewalt zu erzwingen. Es ist in seinem Verhalten oft sehr aggressiv, gleichzeitig aber auch sehr ängstlich und verletzlich.

Das Ersatz suchende Kind (Flucht in Ersatz)
Ein solches Kind versucht, auf exzessive Weise Befriedigung zu erlangen (z.B. durch gieriges Essen, unkontrolliertes Ausleben von Aggressionen oder auch durch grausames Verhalten gegenüber schwächeren Kindern und Tieren). Diese Art exzessiver Befriedigung hat eine Ersatzfunktion für das Kind, dessen elementare Bedürfnisse unbefriedigt bleiben.

Pflege- und Adoptiveltern müssen bei der Aufnahme von Kindern, gleich welchen Alters, mit Deprivationsschäden rechnen. Das Wissen um die Entstehungsbedingungen und die unterschiedlichen kindlichen Abwehrreaktionen kann jedoch den Sinnzusammenhang und damit das Verständnis dafür herstellen, warum Kinder in der Pflege- und Adoptivfamilie in einer Weise reagieren und agieren, die für Pflege- und Adoptiveltern auf den ersten Blick unverständlich, beängstigend oder unbegründet erscheinen kann.

Die Auswirkungen der Deprivation zeigen sich oft noch Jahre nach der Aufnahme in die Pflege- und Adoptivfamilie. Viele der Kinder leiden unter einer eingeschränkten Kontaktfähigkeit, sind besonders furchtsam oder fallen auf andere Weise in ihrem Sozialverhalten auf. Diese Verhaltensstörungen verschwinden nicht mit der Zeit von selbst, die Kinder benötigen hierzu die gezielte Hilfe der Pflege- und Adoptiveltern und/oder fachliche Hilfestellung.

Von Pflege- und Adoptiveltern verlangt der Umgang mit derart geschädigten Kindern ein Höchstmaß an Geduld und Verständnis sowie die Bereitschaft, die Kinder emotional anzunehmen. Es ist notwendig, dass sich die Pflege- und Adoptiveltern hierbei auf das Entwicklungsalter der Kinder einstellen, das oft nicht dem Lebensalter entspricht. Sie müssen also die momentane Bedürfnislage der Kinder erkennen und berücksichtigen. Selbst wenn die Kinder aggressiv oder feindselig reagieren (z.B. in der „Heilphase"), müssen Pflege- und Adoptiveltern dies ertragen können und die Kinder akzeptieren, so wie sie sind.

Kinder dürfen nicht überfordert werden, vielmehr muss ihnen Zeit gegeben werden, in Ruhe die notwendigen Entwicklungsschritte zu machen. In diesem Zusammenhang ist es sehr hilfreich, wenn Pflege- und Adoptiveltern die Initiativen der Kinder positiv verstärken und für ein familiäres Klima sorgen, das den Kindern sehr viel Sicherheit vermittelt (so beispielsweise durch das Wahrnehmen von Möglichkeiten, die Ängste der Kinder abzubauen, etwa mittels behutsamen körperlichen Kontakts.)

In jeder Phase ihrer Entwicklung sollten die Kinder das Gefühl haben, von ihren Pflege- oder Adoptiveltern gewollt und geliebt zu werden, denn erst damit ist die Voraussetzung dafür gegeben, dass sie sich gesund entwickeln können.

Geschwisterbeziehungen

Sowohl die Existenz als auch die Konstellation von Geschwisterbeziehungen haben großen Einfluss auf das Gelingen der Familienbeziehung. Dabei müssen zwei unterschiedliche Ausgangspositionen berücksichtigt werden:

- **die gemeinsame Aufnahme von Geschwistern als Pflege- oder Adoptivkinder,**
- **die Aufnahme eines Pflege- oder Adoptivkindes zu bereits in der Familie lebenden Kindern.**

Aufnahme von Geschwistern

Die Aufnahme von Geschwistern in die Pflege- oder Adoptivfamilie kann eine Reihe von Schwierigkeiten mit sich bringen. Der Grad der möglichen Schwierigkeiten hängt von der Art der Beziehung der Geschwisterkinder zueinander ab. Zu unterscheiden sind:

1. Die intensive Geschwisterliebe:
Exzessive Art der Bindung aufgrund einer vorangegangenen Notsituation (wechselseitige Abhängigkeit und Fixierung).

2. Die Geschwisterrivalität:
Das Rivalitätsverhalten kann zwischen den Geschwistern bestehende Abhängigkeiten (Unterlegenheit/Überlegenheit) zur Ursache haben. Bleiben diese unerkannt, wirkt sich das destruktiv auf die Psyche der Kinder aus.

3. Die Geschwistersolidarität:
Verhalten, das gekennzeichnet ist durch wechselseitige Bindungen unter gleichzeitiger Wahrung der jeweiligen Individualität. Eine Beziehung dieser Art ist ausgesprochen befruchtend.

Die letztgenannte Form der Geschwisterbeziehung ist bei den durch ihre Vorgeschichte meist beziehungsgeschädigten Pflege- und Adoptivkindern nur selten vorzufinden. Geschwistersolidarität würde jedoch eine gute Grundlage für eine gemeinsame Aufnahme darstellen, da sich die Kinder gegenseitig unterstützen und Sicherheit geben können, ohne sich dadurch in ihrer persönlichen Entwicklung oder bei der Aufnahme von neuen Beziehungen zu behindern.
Häufig ist die Beziehung dieser Kinder zueinander jedoch aufgrund der Umstände zur Notgemeinschaft geworden: Die große wechselseitige Abhängigkeit baut eine „Mauer" gegenüber der noch fremden Pflege- oder Adoptivfa-

milie auf; es entsteht eine Gruppe in der (Familien-)Gruppe und damit die Gefahr der Frontenbildung.

Innerhalb der Geschwisterbeziehung sind die Rollen des einzelnen Kindes bereits so festgeschrieben, dass dem einzelnen Kind kaum die Möglichkeit der Öffnung gegenüber der neuen Familiensituation gegeben ist. Das Festhalten an der alten Geschwisterrolle hindert das Kind daran, sich auf die neue Situation und auf neue Beziehungen einzulassen und neue Erfahrungen zu machen. Alte Ängste und Konflikte können nicht gelöst werden, sondern bleiben bestehen; alte Reaktionsmuster (die oft im krassen Gegensatz zu denen der Zweitfamilie stehen) verfestigen sich.
Oft ist auch zu beobachten, dass sich die intensive Geschwisterliebe nun in massive Geschwisterrivalität verwandelt. In dem Bemühen, die Liebe der Pflege- und Adoptiveltern zu gewinnen, wird auf das alte Repertoire von Abhängigkeiten zurückgegriffen, um den Konkurrenten, als welcher das Geschwisterkind nun erlebt wird, zu überrunden.

Die Aufnahme von Geschwisterkindern stellt folglich erhöhte Anforderungen an die Pflege- und Adoptiveltern. In dem Versuch, beiden Kindern gerecht zu werden, bleiben den Bezugspersonen kaum Freiräume. Die daraus resultierende Überforderung kann zu einem Abbruch der Beziehung führen. Notwendig wäre hier, sich befristete Hilfen im Haushalt genehmigen zu lassen.

Um eine Entlastung in Krisensituationen herbeizuführen, trennen sich Pflege- und Adoptiveltern oft von nur einem Kind. Dieses erfährt die Abweisung, die mit der Bevorzugung der Schwester oder des Bruders einhergeht, als Katastrophe, durch die starke Minderwertigkeitsgefühle ausgelöst werden; das Kind fühlt sich in seinem Innersten zutiefst verletzt und erschüttert.

Dieser Schwierigkeiten sollten sich Pflege- und Adoptiveltern vor der Aufnahme von Geschwisterkindern bewusst sein. Von der Aufnahme von Geschwistern sollte in der Regel dann abgesehen werden, wenn bereits eigene Familienkinder vorhanden sind, denn die mögliche Bildung zweier konkurrierender Geschwistergruppen birgt kaum überwindbare Belastungen in sich.

Aufnahme eines Pflege- und Adoptivkindes zu bereits vorhandenen Kindern

Die biologische Reihenfolge bestimmt auch die soziale Reihenfolge bei Geschwisterbeziehungen. Im Falle der Aufnahme eines Pflege- oder Adoptivkindes zu bereits vorhandenen Familienkindern (leiblichen, Adoptiv- oder Pflegekindern) ist die Rangfolge in der Geschwisterreihe für die Akzeptanz des Neulings durch die Familienkinder sehr wichtig. Es sollte darauf geachtet werden, dass die vorhandene Geschwisterreihe nicht gestört wird, also kein Kind um seinen Platz zu bangen braucht. Aus diesem Grund ist es sinnvoll, ein Pflege- oder Adoptivkind aufzunehmen, das deutlich jünger ist als die bereits in der Familie lebenden Kinder. Das birgt mehrere Vorteile in sich:

- Das Pflege- oder Adoptivkind kann in Ruhe die notwendigen Entwicklungsschritte nachholen, es wird ihm genügend Zeit für die Eingliederung in die neue Familie gelassen.

Vor allem, wenn das Pflege- oder Adoptivkind Entwicklungsrückstände aufweist, besteht sonst die Gefahr, dass es - weil es sich mit einem Familienkind vergleicht, das jünger ist aber auf der gleichen Entwicklungsstufe steht - Minderwertigkeitsgefühle entwickelt.

- Jedes der bereits in der Familie lebenden Kinder behält seinen angestammten Platz bei, braucht keine „Entthronung" durch den Neuling zu befürchten. Dadurch wird es möglich, diesem angstfrei(er) zu begegnen. Ein Kind, das jünger ist, weckt bei dem Familienkind/den Familienkindern den Beschützerinstinkt, denn es wirkt schutzbedürftig. Besonders in der betreuungsintensiven ersten Zeit nach der Aufnahme kann das Familienkind daher besser nachvollziehen, weshalb das kleinere Kind so viel Aufmerksamkeit und Zuwendung benötigt.

Besonders günstig hat sich in der Praxis erwiesen:

- **ein Altersabstand zwischen den Kindern von mindestens drei Jahren,**
- **die Aufnahme eines Kindes, das jünger ist als die bereits in der Familie lebenden Kinder (die Aufnahme gleichaltriger oder älterer Kinder sollte möglichst vermieden werden).**

Neben der Berücksichtigung der Altersstruktur sollten noch folgende Aspekte beachtet werden:

- **Während der Eingewöhnungsphase und der Phase des Beziehungsaufbaus sollten keine weiteren Pflege- oder Adoptivkinder in die Familie aufgenommen werden. Das würde auch das neu aufgenom-**

mene Pflege- oder Adoptivkind verunsichern. In diesen Phasen braucht es die volle Aufmerksamkeit der Pflege- oder Adoptiveltern.

- **Die Bedürfnisse der anderen Kinder müssen berücksichtigt werden. Die Aufnahme eines Pflege- oder Adoptivkindes sollte nur dann erfolgen, wenn die bereits in der Familie lebenden Kinder sich sowohl der Liebe ihrer Eltern als auch ihrer eigenen Position innerhalb der Familie sicher sind. Dann erst sind sie dazu in der Lage, zu verkraften, dass ihnen die Zuneigung der Eltern nicht mehr alleine gilt.**

Sind diese Bedingungen erfüllt, die Familienmitglieder gut auf die Aufnahme vorbereitet und in den Entscheidungsprozess miteinbezogen worden, dann kann der Umstand, dass bereits Kinder in der Pflege- oder Adoptivfamilie leben, durchaus positive Auswirkungen auf die neue Familiensituation haben: Kinder können sehr einfühlsam und verständnisvoll sein und damit zur rascheren Integration der Pflege- oder Adoptivkinder beitragen.

Gesundheitszustand der Adoptionsbewerber

Einer der häufigsten Ablehnungsgründe von Adoptionsbewerbern ist ihr Gesundheitszustand. Hierbei sollte allerdings beachtet werden, dass eine Verweigerung der Adoptionspflegeerlaubnis aufgrund von Krankheit nur dann ausreichend begründet ist, wenn die Krankheit

- **extrem lebensverkürzend ist,**
- **schweres Siechtum oder Gebrechlichkeit nach sich zieht,**
- **wesentlich zur Herabsetzung der Erziehungs- und Erwerbstätigkeit beiträgt,**
- **schwer ansteckend ist.**

Fehlt eine detaillierte Begründung oder ist nur von gesundheitlichen Mängeln die Rede, so sollte vom Recht auf Akteneinsicht Gebrauch gemacht und gegebenenfalls Rechtsmittel gegen den Verwaltungsakt (der Ablehnung) eingelegt werden.

Eine körperliche Behinderung schließt nicht grundsätzlich die Adoptionseignung aus: Entscheidend ist die seelische und geistige Gesundheit eines Bewerbers und seine Fähigkeit, im Sinne des Kindeswohls den Erziehungsaufgaben nachzukommen.

Leitende Frage muss also immer sein, inwieweit die Art der Behinderung den Kindesinteressen entgegensteht.

Die Fähigkeiten und das Leistungsvermögen von Behinderten werden in unserer Gesellschaft oft falsch eingeschätzt bzw. unterschätzt. Ein Querschnittsgelähmter z.B. kann erstaunliche erzieherische Fähigkeiten haben und somit ein guter (Adoptiv-)Vater sein. Es ist nicht einzusehen, warum eine körperliche Beeinträchtigung, die nicht unter die oben angeführten Ausschließungsgründe fällt, einen Bewerber von der Annahme eines Kindes ausschließen sollte.

Die Praxis zeigt aber, dass aufgrund der großen Zahl der Adoptionswilligen behinderte Adoptionsbewerber äußerst selten berücksichtigt werden.

Rechtliche Grundlagen

§§ 61-68 SGB VIII (Schutz personenbezogener Daten)

Getrennt lebende Pflegeeltern

Die Trennung oder Scheidung der Ehe von Pflegeeltern begründet keinen Widerruf der Pflegeerlaubnis bzw. nicht die Herausnahme eines Kindes aus einer erlaubnisfreien Pflegestelle. Prinzipiell gilt, dass die Hürde für die Rücknahme der Pflegeerlaubnis sehr hoch ist, weil nach dem SGB VIII die Gewährleistung des Kindeswohls bereits vor Erteilung einer Pflegeerlaubnis eindeutig (nach eingehender Prüfung) festgestellt wurde.

Jeder Widerruf der Pflegeerlaubnis aus Gründen, die in der Person der Pflegeeltern liegen, muss sorgfältig dahingehend geprüft werden, ob die Bindung zwischen Eltern und Kind nicht bereits so eng geworden ist, dass ein Widerruf das Kindeswohl stark gefährden würde: Bei längerer Pflegedauer kann im Regelfall von einem solch engen Eltern-Kind-Verhältnis ausgegangen werden.

Durch die Trennung/Scheidung wird das Kind stark in seiner Beziehung zu dem weggehenden Pflegeelternteil erschüttert, eine erzwungene Trennung von dem verbleibenden Elternteil würde das Kind jedoch auch seiner verbliebenen Beziehungsgrundlage berauben.

Im Hinblick auf den Grundsatz der „am wenigsten schädlichen Alternative" im Sinne des Kindeswohls ist folglich der Verbleib des Kindes in der Teilpflegefamilie - auch unter erschwerten Umständen - unstrittig. Das Jugendamt ist bei Trennung oder Scheidung der Pflegeeltern umgehend zu informieren.

Betreut der getrennt lebende Ehegatte das vor der Trennung gemeinsam aufgenommene Pflegekind, so genießt dieses Betreuungsverhältnis den gleichen Schutz wie die Betreuung leiblicher Kinder. Das bedeutet, dass der betreuende Elternteil solange nicht darauf verwiesen werden kann, seinen Unterhalt durch eine Erwerbstätigkeit sicherzustellen, wie das Pflegekind die ganz- oder halbtägige Betreuung (abhängig von seinem Alter und Entwicklungsstand) benötigt.

Rechtliche Grundlagen

§ 44 (3) SGB VIII (Rücknahme der Pflegeerlaubnis)
§ 37 (3) SGB VIII (Zusammenarbeit bei Hilfen außerhalb der eigenen Familie/ Mitteilungspflicht)
§ 1361 BGB (Unterhalt bei Getrenntleben)
§ 1570 BGB (Unterhalt wegen Betreuung eines Kindes)

Gewalt gegen Kinder

Gewalt gegen Kinder ist kein Phänomen unserer heutigen Gesellschaft: Vom Altertum bis zur Neuzeit waren Kinder Opfer der Gewalt von Erwachsenen, wurden ausgepeitscht, verprügelt, eingesperrt oder auf andere Weise gequält - und das alles im Namen von „Erziehung".

Auch heute noch wird in der Öffentlichkeit Gewalt gegen Kinder nicht prinzipiell verurteilt. Es herrscht zwar einhellige Empörung, wenn Fälle extremer physischer Gewaltanwendungen, brutaler Aktionen gegenüber Kindern bekannt werden, auf der anderen Seite aber - das sollte nicht übersehen werden - gehört für viele Eltern Gewaltanwendung zur alltäglichen Erziehungspraxis. Denn, so ist auch heute noch gängige Meinung, Kinder brauchten mitunter eine „starke" Hand, müssten Grenzen gesetzt bekommen - sei es mit einer Ohrfeige („Ein Klaps hat noch keinem geschadet"), sei es mit Liebesentzug, sei es durch das Ignorieren der kindlichen Bedürfnisse oder mittels anderer Strafen. Das Wort „Gewalt" wird in diesem Zusammenhang strikt abgelehnt.

Ein Grund dafür, dass diese Formen von Gewalt gegen Kinder verharmlost werden, ist sicher darin zu sehen, dass Kinder als unmündige und unfertige Wesen gelten, die mit vielen Fehlern und Mängeln behaftet sind. Diese Anschauung gestattet es Eltern, ihre Kinder nach ihren Vorstellungen zu erziehen und zu formen, sie zu disziplinieren und sie - notfalls mit Gewalt - zu „tüchtigen" Menschen zu machen. Bei diesen Disziplinierungsmaßnahmen handelt es sich um traditionelle, gesellschaftlich legitimierte Umgangsrituale mit Kindern: Eltern handeln in dem Bewusstsein, damit einem wichtigen gesellschaftlichen Auftrag Genüge zu tun.

Sicherlich hat sich die gesellschaftliche Stellung des Kindes heute - verglichen mit den Jahrhunderten vorher - verbessert. Aber: obgleich es die Aufmerksamkeit seiner Eltern genießt - auf der anderen Seite wird es doch von ihnen nicht in seiner Persönlichkeit voll und ganz akzeptiert. Dies ist wahrscheinlich ein Grund dafür, dass Kinder noch immer in Gesetzgebung, Rechtsprechung und Politik eine recht unbedeutende Rolle spielen.
Gewalt gegen Kinder fußt nicht nur in den akuten Erziehungsproblemen von Eltern, steht aber oft in direktem Zusammenhang mit deren schwierigen sozialen Lebensverhältnissen: Je unerträglicher die Eltern ihre Lebensbedingungen empfinden, desto größer wird der Druck, der auf ihnen lastet. Oft wird dieser permanente Druck dann mittels Anwendung von Gewalt gegenüber den eigenen Kindern kanalisiert.

Gewalt gegen Kinder ist auch verursacht durch die unreflektierte Übernahme von alten Erziehungsprinzipien (Erwachsene, die als Kinder geschlagen wurden, schlagen später auch ihre Kinder häufig und legitimieren das mit der Begründung: „Mir hat es schließlich auch nicht geschadet.") und durch die schwache Position des Kindes in unserer Gesellschaft, die in kinderfeindlichen Strukturen ihren Ausdruck findet.

Arbeit, die den Schutz und das Wohl des Kindes fördern will, kann nur dann erfolgreich sein, wenn sowohl die persönlichen und familiären Probleme als auch die gesellschaftlichen Strukturverhältnisse, die zu Gewaltanwendung führen, erkannt werden.

Dafür, dass die Rechte der Kinder nicht weiter eingeschränkt oder missachtet werden, sondern dass Kindern Achtung zukommt und dass ihre Belange ernst genommen werden, kann jeder Einzelne im Rahmen seiner Möglichkeiten etwas tun.

Durch Misshandlungen jeglicher Art werden Kinder entwürdigt. Jede Misshandlung hinterlässt Spuren nicht nur am Körper, sondern erst recht in der Seele des betroffenen Kindes. Das hat oft zur Folge, dass sich Gewalterfahrungen später wieder in Gewaltverhältnissen niederschlagen und reproduzieren (Siehe hierzu auch unter: Kindermisshandlung).

Gewaltfreie Erziehung

Gerade im Umgang mit Kindern, die in ihrem bisherigen Leben schon viel Gewalt erfahren haben, wie das bei Pflege- und Adoptivkindern häufig der Fall ist, stellt sich die Frage besonders dringlich, wie gewaltfreie Erziehung vonstatten gehen kann.

Wie sollen Pflege- und Adoptiveltern mit ihren Kindern umgehen, damit alte seelische Verletzungen heilen können? Wie kann eine positive Beziehung zwischen dem Kind und den Erziehenden aufgebaut werden?
In unserer Vorstellung von „Erziehung" ist meist Gewalt enthalten: Der Begriff der „Elterlichen Gewalt" macht dies deutlich. Damit wird Erziehung zum Herrschaftsverhältnis.
Was aber kann im Idealfall Erziehung sein? Der bekannte Schweizer Pädagoge Pestalozzi definierte Erziehung als „positive Beziehung und Identifikationsangebot". Er war der Meinung, dass immer da, wo Gewalt im Sinne von Zwang Anwendung findet, nicht mehr von Erziehung, sondern nur noch von Dressur die Rede sein kann.

Wie kann gewaltfreie Erziehung aussehen? Was sind die Voraussetzungen dafür?
Entscheidend ist die Einsicht, dass man ein Kind nicht zu einem besseren Menschen erziehen kann, als man selber ist: Erziehen heißt Vorbild sein!

Wichtig ist auch, sich klarzumachen, dass man selbst ein Leben lang erziehungsbedürftig bleibt, ein Leben lang lernt und dies speziell von und durch Kinder.

Um einem Missverständnis vorzubeugen: Gewaltfreie Erziehung meint nicht Erziehung ohne Regeln. Kinder wollen und müssen Grenzen erfahren. Bestimmte Regeln im Umgang miteinander sind einzuhalten, damit das Zusammenleben zwischen Erwachsenen und Kindern funktioniert. Die Gefühle des Kindes müssen ebenso ernst genommen werden wie die Gefühle des Erwachsenen. Macht das Verhalten des Kindes den Erwachsenen traurig, wütend oder enttäuscht es ihn, so sollte er dies dem Kind deutlich machen. Auf der Basis von Gleichberechtigung wird es möglich, Auseinandersetzungen ohne den Einsatz von Gewalt auszutragen. Statt Strafen zu verhängen, kann man von dem Kind Wiedergutmachung verlangen.
Grundlegend wichtig ist es, dass Erwachsene Kinder ernst nehmen: Kinder gehören nicht uns – sie gehören, als eigene Persönlichkeiten, zu uns.

Gutachten

Im Rahmen vormundschafts- und familiengerichtlicher Auseinandersetzungen, bei Fragen des Umgangsrechts, der Herausnahme etc. ist es meist erforderlich, ein Gutachten zu der Frage der Gefährdung des Kindeswohls einzuholen.

Das Gutachten soll dem Richter die ihm fehlende psychologische Sachkunde vermitteln und ihm so bei der Urteilsfindung helfen. Das Gutachten hat die Aufgabe, ein möglichst differenziertes Bild von der Persönlichkeit, der Entwicklung und den Beziehungen des Kindes herzustellen. Es darf nicht lediglich Wertungen und Vermutungen beinhalten, sondern muss für das Gericht in Hinsicht auf den Untersuchungsaufbau und die Erstellung der Diagnose nachvollziehbar sein. Die Würdigung der gutachterlichen Empfehlungen bleibt dem Gericht vorbehalten. Da in Fragen des Kindeswohls die Einholung eines Gutachtens zur Klärung des Sachverhaltes regelmäßig geboten ist, kann die Unterlassung ein gravierender Verfahrensfehler sein. Wenn das Gericht ein Gutachten anfordert, zahlt es dieses normalerweise auch.

Gutachten, die im privaten Auftrag eingeholt werden, müssen von den Auftraggebern bezahlt werden. Sie gelten bei gerichtlichen Auseinandersetzungen als Parteiengutachten und müssen vom Gericht nicht anerkannt werden.

Rechtliche Grundlagen

§ 15 FGG (Beweisaufnahme; Glaubhaftmachung)
§ 12 FGG (Ermittlungen von Amts wegen)

Haager Minderjährigenschutzabkommen

Das Haager Minderjährigenschutzabkommen (MSA) vom 5.10.1961 regelt die Belange ausländischer Minderjähriger in den Mitgliedsstaaten des MSA, wenn sie dort ihren gewöhnlichen Aufenthalt haben.

Die Bundesrepublik ist dem Abkommen 1971 beigetreten. Frankreich, Luxemburg, die Niederlande, Österreich, Portugal und die Türkei sind ebenfalls Mitglieder. Italien und und das frühere Jugoslawien haben das MSA gezeichnet.

Ziel des Haager MSA ist der schnelle und effektive Schutz von Minderjährigen an ihrem gewöhnlichen Aufenthaltsort, ungeachtet ihrer Staatsangehörigkeit.

Zum Inhalt hat das Haager Minderjährigenschutzabkommen:

- **Das Verfahrenskollisionsrecht, d.h. die internationale Zuständigkeit und Anerkennung ausländischer Maßnahmen,**
- **das materielle Kollisionsrecht**
- **die Kooperation auf dem Gebiet des Minderjährigenschutzes.**

Für die Bundesrepublik bedeutet dies, dass deutsche Behörden und Gerichte auch international zuständig sind und die Anwendung deutschen Rechts international anerkannt wird.

Bei Gefährdung eines ausländischen Minderjährigen, der in der Bundesrepublik seinen gewöhnlichen Aufenthaltsort hat, treten - ungeachtet dessen, ob sein Heimatland das MSA ratifiziert hat oder nicht - Minderjährigenschutzmaßnahmen ein. Die Schutzmaßnahmen für den Minderjährigen brauchen nicht dem Gesetz des Heimatlandes zu entsprechen.

Die Schutzmaßnahmen von Minderjährigen beziehen sich sowohl auf seine Person als auch auf sein Vermögen. Deshalb sind Regelungen zur Anordnung von Fremderziehung, Regelungen zur Bestellung eines Vormunds, Regelungen der elterlichen Sorge, Erziehungsleistungen nach dem SGB VIII etc. auf ausländische Minderjährige anzuwenden, die ihren gewöhnlichen Aufenthalt in Deutschland haben.

Um der Schutzintention dieses Abkommens nicht entgegenzuwirken, muss für ausländische Jugendliche auch Erziehungshilfe nach § 27 SGB VIII gewährt werden.

Neben dem MSA gibt es noch andere internationale Rechtsabkommen im Bereich der Jugendhilfe:

- **das Haager Vormundschaftsabkommen von 1902 (zwischen Deutschland, Belgien, Italien und Spanien),**
- **das binationale Abkommen, z.B. zwischen Deutschland und Österreich und Deutschland und dem Iran,**
- **das Europäische Fürsorgeabkommen (EFA) von 1953, welches von fast allen europäischen Ländern ratifiziert wurde und die Übernahme von zu erstattenden Kosten im Rahmen der Minderjährigenfürsorge regelt.**

Im Zuge der ständig wachsenden Zahl von ausländischen Minderjährigen wird die Jugendhilfe immer häufiger mit diesen internationalen Rechtsabkommen konfrontiert werden. Da es sich hierbei um eine recht weitläufige und komplizierte Rechtsmaterie handelt, ist es ratsam, sich in Konfliktfällen an den auf internationales Recht spezialisierten Internationalen Sozialdienst in Frankfurt zu wenden.

Rechtliche Grundlagen

Art. 8 MSA (Maßnahmen des Aufenthaltslandes, auch entgegen den Gesetzen des Heimatlandes)
Art. 13 MSA (Gültigkeit des MSA für alle ausländischen Minderjährigen, die im Vertragsland ihren gewöhnlichen Aufenthalt haben)
§ 8 SGB I (Erziehungshilfeanspruch für alle Minderjährigen)
§ 27 SGB VIII (Hilfe zur Erziehung)

Haftpflichtversicherung

Mit der Inpflegenahme eines Kindes haben Pflegeeltern auch die Aufsichtspflicht für das Pflegekind übernommen. Sie sind zunächst voll für alle Personen- und Sachschäden haftbar, die das Kind sich oder Dritten zufügt.

In der Regel schließen die Jugendämter pauschal für alle Pflegekinder eine Haftpflichtversicherung ab, die auch Schäden reguliert, die den Pflegeeltern durch das Kind entstehen.

Da leider noch nicht alle Jugendämter eine derartige Versicherung abgeschlossen haben, sollten sich Pflegeeltern gezielt danach erkundigen. Besteht kein Haftpflichtversicherungsschutz, so empfiehlt sich der Abschluss einer privaten Haftpflichtversicherung.

Besteht kein pauschaler Versicherungsschutz durch das Jugendamt, so ist es ratsam und möglich, bei einigen Versicherungsunternehmen eine preisgünstige Sammelversicherung durch einen eingetragenen Verein von Pflegeeltern abzuschließen.
(Vergleichbares gilt für Adoptiveltern.)

Rechtliche Grundlagen
§ 828 BGB (Minderjährige; Taubstumme)

Haushaltshilfe bei Erkrankung der Pflege- / Adoptiveltern

Wenn die Pflegeperson/Adoptiveltern wegen einer Erkrankung oder eines Kuraufenthaltes den Haushalt nicht versorgen und kein anderer Haushaltsangehöriger diese Aufgaben übernehmen kann, besteht die Möglichkeit der vorübergehenden Versorgung der „Restfamilie" durch eine Haus- und Familienpflegerin. Voraussetzung hierfür ist:

- **ein Kind unter 12 Jahren gehört dem Haushalt an;**
- **ein behindertes älteres, hilfsbedürftiges Kind muss versorgt werden.**

Der Kinderbegriff umfasst auch im Haushalt befindliche Pflegekinder. Genauere Informationen erteilen die zuständigen Krankenkassen.

Rechtliche Grundlagen

§ 70 BSHG (Hilfe zur Weiterführung des Haushalts; Inhalt und Aufgabe)

Heilpädagogische / Sozialpädagogische Pflegestellen

Bei heilpädagogischen/sozialpädagogischen Pflegestellen handelt es sich um eine Sonderform der Familienpflege gemäß § 33 SGB VIII Satz 2: Für besonders entwicklungsbeeinträchtigte Kinder und Jugendliche sind geeignete Formen der Familienpflege zu schaffen und auszubauen.
Von diesen Pflegepersonen wird oft eine pädagogische oder pflegerische Ausbildung erwartet, die aber auch „begleitend" erworben werden kann (beispielsweise in Pflegeelternseminaren oder -schulen).

Die Vermittlung von heil- und sozialpädagogischen Pflegestellen sollte heute fester Bestandteil des Pflegekinderwesens sein. Die mit diesem Aufgabengebiet betrauten Fachkräfte müssen eine Zusatzausbildung (z.B. Heilpädagogik) zu ihrer Ausbildung als Sozialarbeiter/-pädagoge absolviert haben. Ihre Aufgabe besteht darin, geeignete Pflegeeltern für schwer zu vermittelnde Kinder zu finden und auch nach Inpflegegabe dem Kind und seiner Pflegefamilie Beratung, Hilfe und Unterstützung zu gewähren.

Welche Kinder brauchen diese speziellen Pflegestellen?

a) Behinderte Kinder

- Kinder mit körperlichen und/oder geistigen Behinderungen (aller Altersstufen und jeglichen Schweregrads der Behinderung)

b) Risikokinder

- Kinder im Säuglings- und Kleinkindalter, bei denen, sei es aufgrund einer Problemschwangerschaft, aufgrund von Zwischenfällen bei der Geburt oder aufgrund von Erkrankungen der Mutter, ein hohes Risiko bezüglich der normalen Entwicklung besteht.

c) Kinder mit einer extrem negativen Lebensgeschichte

- Kleinkinder mit schweren traumatischen Vorerfahrungen (aufgrund großer psychischer und physischer Vernachlässigung)
- seit ihrer frühesten Kindheit massiv psychisch und physisch misshandelte oder sexuell missbrauchte Kinder
- Kinder, die bereits wiederholt einem Wechsel der Bezugspersonen ausgesetzt waren (Heimaufenthalte/Abbruch von Pflegeverhältnissen)
- Kinder mit großen Entwicklungsdefiziten
- Kinder mit schweren Verhaltensstörungen

Das Ausmaß der Störungen und Schädigungen ist vor der Vermittlung oft nur schwer abzuschätzen.

Pflegeeltern, die sich bereit erklären, eines dieser Kinder aufzunehmen, sollten sich klarmachen, dass die Informationen, die Ihnen die Fachkraft gibt, keine genauen Vorhersagen über die zukünftige Entwicklung des Kindes enthalten kann (selbst wenn ärztliche Gutachten und Befunde vorliegen).

In der Anbahnungsphase ist es wichtig, dass das Kind bei den ersten Kontakten mit den Pflegeeltern von der - ihm vertrauten - Fachkraft begleitet wird, denn aufgrund seiner früheren negativen familiären Erfahrungen treten bei diesen Kindern anfangs oft Ängste bezüglich einer endgültigen Übersiedlung in die Pflegefamilie auf.

Die Vermittlung selbst sollte immer erst dann stattfinden, wenn das Kind schon familien- bzw. beziehungsfähig ist.

Die hier von den Pflegeeltern zu erbringende pädagogische-pflegerische Leistung wird mittels eines Pflegegeldes, das auch ein gesteigertes Entgelt für die Erziehungsleistung beinhaltet, entlohnt.

Die Höhe dieses Entgelts ist unterschiedlich und wird je nach Einzelfall festgesetzt.

Für die Zukunft steht zu erwarten, dass wegen der Zunahme von Kindern und Jugendlichen, die aufgrund ihrer Schädigungen kaum - oder nur mit einem sehr großen Risiko - in „Normalpflegestellen" vermittelt werden können, der Bedarf an heilpädagogischen Pflegestellen immer größer werden wird.
Schwierigkeiten gibt es manchmal dann, wenn sich die örtliche Zuständigkeit ändert:

- Herkunftseltern ziehen um
- Pflegeeltern ziehen um
- Zuständigkeitswechsel nach 2 Jahren an den Wohnort der Pflegeeltern

Rechtliche Grundlagen

§ 33, Satz 2 SGB VIII (Vollzeitpflege)
§ 86 (6) SGB VIII (Örtliche Zuständigkeit)

Heimerziehung

Das Wort „Heim" ist negativ besetzt. Kindern, die nicht „artig" sind, wurde früher - und wird auch jetzt noch - mit der Einweisung in ein Heim gedroht.

Heimkinder sind demnach „böse", schwererziehbare Kinder - dieses Vorurteil hält sich bis heute.

Aus diesen Gründen war es wohl den Verfassern des SGB VIII ein Anliegen, den Begriff „Heimerziehung" durch einen neutralen, weniger vorbelasteten Begriff zu ersetzen.

Vermutlich in Ermangelung eines ebenso griffigen anderen Begriffs taucht nun das Wort „Heimerziehung" zwar noch in der Überschrift von Paragraph 34 des Gesetzes auf, im Gesetzestext selbst wird es aber durch die Formulierung: „Erziehung in einer Einrichtung über Tag und Nacht" ersetzt.

„Jedes Kind hat ein Recht auf Familie. Kinder, die nicht in ihrer biologischen Familie verbleiben können, sollten im Vorzug hinsichtlich Institutionen in einer Pflege- oder Adoptivfamilie untergebracht werden, es sei denn, daß die besonderen Bedürfnisse des Kindes besser in einer spezialisierten Einrichtung befriedigt werden können." (UN-Resolution vom 3.2.1982)

Heimerziehung kann und soll die Erziehung des Kindes in einer Pflege- oder Adoptivfamilie nicht ersetzen. Gleichzeitig ist es jedoch notwendig zu erkennen, und dies kommt in der UN-Resolution deutlich zum Ausdruck, dass es auch Fälle gibt, in denen Heimerziehung den Bedürfnissen des Kindes besser Rechnung tragen kann als die Erziehung in der Pflegefamilie.

Wann und unter welchen Umständen kann Heimerziehung für das Kind/ den Jugendlichen sinnvoll sein?

Entscheidend für die Beantwortung dieser Frage muss allein das Wohl und der Wille des Kindes sein. Die Bevorzugung von Heimerziehung (als Unterbringung an einem neutralen Ort) vor der Erziehung in der Pflegefamilie darf nicht elternzentrierte Gründe haben. Heimerziehung Vorrang zu geben vor der Familienpflege, um der Entstehung von Eltern-Kind-Beziehungen in der Pflegefamilie entgegenzuwirken und damit die Möglichkeit der Rückführung in die Herkunftsfamilie (selbst nach sehr langer Fremdunterbringung) offen zu halten, widerspricht - aufgrund der zu erwartenden Schädigung des Kindes - eindeutig dessen Wohl.

Im Gegensatz zu Vorgenanntem kann die Heimerziehung jedoch dann durchaus sinnvoll sein, wenn das Kind durch traumatische Familienerfahrungen geprägt ist und eine sofortige Unterbringung in einer Pflegefamilie die Gefahr der Traumatawiederholung heraufbeschwören würde.

Heimerziehung und therapeutisches Milieu - als bewusster Gegensatz zum „Gefahrenort Familie" - können für ein derart vorbelastetes Kind einen notwendigen Schutz- und Freiraum zur Verarbeitung der Traumata bieten. Im Heim werden dem Kind die einfachsten aller persönlichen Beziehungen angeboten; es ist nicht verpflichtet, Zuneigung zurückzugeben, kann sich zurückziehen, ist keinem Anpassungsdruck an familiäre Strukturen ausgesetzt. Gezielte pädagogische und therapeutische Hilfen können langsam das tiefe emotionale Misstrauen des Kindes abbauen und es für neue (familiäre) Beziehungen öffnen. Die bewusste Distanz zu emotional belastenden und überfordernden familiären Bezügen ermöglicht dem Kind die Auseinandersetzung mit den traumatischen Familienerfahrungen und den Abbau negativer Elternbilder.

Schwer traumatisch geschädigten Kindern und Jugendlichen kann das Heim als therapeutische Übergangssituation helfen, sich für neue familiäre Beziehungen zu öffnen.

Für Pflege- oder Adoptivkinder, die nach der Familienphase in einer Einrichtung leben, ist es meist wichtig, weiterhin Kontakt zu ihren bisherigen Bezugspersonen zu halten.
Für Pflegeeltern, die Vormund oder Pfleger „ihres" Pflegekindes sind, ist dies unproblematisch.

Rechtliche Grundlagen
§ 34 SGB VIII (Heimerziehung, sonstige betreute Wohnform)

Heranziehung zu den Kosten

Die Heranziehung zu den Kosten (Kostenbeteiligung durch Teilnahmebeträge/ Heranziehungsregelungen/Überleitung von Ansprüchen gegen Dritte) ist im SGB VIII umfassend geregelt (s. §§ 90-96 SGB VIII).

Die Heranziehung des Kindes oder Jugendlichen und seiner Eltern zu den Kosten der Vollzeitpflege wird gemäß der Bestimmungen von § 91 (1), Nr. 5 SGB VIII, § 92 (3) SGB VIII und den §§ 93ff SGB VIII durchgeführt.

Die Bestimmungen des Bundessozialhilfegesetzes (BSHG) wurden hier teilweise wörtlich übernommen.

Für die Ermittlung des Einkommens und Vermögens und die Ermessung des Kostenbeitrags finden die §§ 76-79, 84, 85, 88 und 89 des BSHG Anwendung.

(Siehe hierzu auch: Empfehlungen des Deutschen Vereins zur Heranziehung zu den Kosten und zur Überleitung von Ansprüchen nach dem KJHG in Nachrichtendienst des Deutschen Vereins für öffentliche und private Fürsorge, Heft 2, 1993, Seite 46 - 52)

Nähere Auskünfte können bei den zuständigen kommunalen Trägern der öffentlichen Jugendhilfe eingeholt werden.

Rechtliche Grundlagen

§§ 90-96 SGB VIII (= Achtes Kapitel: Heranziehung zu den Kosten, Kostenerstattung)
§§ 76-79 BSHG (Allgemeine Bestimmungen über den Einsatz des Einkommens)
§§ 84, 85 BSHG (Einsatz des Einkommens über/unter der Einkommensgrenze)
§ 88 BSHG (Einzusetzendes Vermögen,Ausnahmen)
§ 89 BSHG (Darlehen)

Herausnahmeforderung

Sorgeberechtigte leibliche Eltern können nach § 1632 (1) BGB die Herausgabe des Kindes aus der Pflegefamilie verlangen. Voraussetzungen für den Anspruch auf dieses Verlangen sind:

- **das Innehaben des Aufenthaltsbestimmungsrechts und**
- **die Widerrechtlichkeit des Vorenthaltens des Kindes.**

Die mögliche Herausnahmeforderung leiblicher Eltern, aber auch von Vormündern und Pflegern, soweit diese das Aufenthaltsbestimmungsrecht innehaben, stellt für Pflegeeltern eine latente psychische Belastung dar.

An der Möglichkeit der Herausnahmeforderung wird das Grunddilemma von „auf Dauer angelegten" Pflegefamilien deutlich: Der Erziehungsauftrag, dem Kind ein richtiges Zuhause zu geben und tragfähige Beziehungen aufzubauen, auf der einen Seite - und die Vorstellung einer abrufbaren (Pflege-) „Elternschaft auf Zeit" auf der anderen Seite.

Probleme ergeben sich aus einer Herausgabeforderung der Sorgeberechtigten in dem Moment, wo die Forderung den sozialen und psychologischen Bindungen zwischen Kind und Pflegeeltern widerspricht und diese sich dem Herausgabeverlangen verweigern.

Das Herausgabeverlangen der Personensorgeberechtigten darf das Wohl des Kindes nicht gefährden. In Streitfällen muss das Vormundschaftsgericht in Zusammenarbeit mit dem Jugendamt und allen Beteiligten überprüfen und entscheiden, ob die Herausnahme dem Kindeswohl widerspricht (§§ 1632, 1666 BGB).

Mit der Neuregelung der elterlichen Sorge hat der Gesetzgeber in den Fällen des Herausgabeverlangens der Sorgeberechtigten auch ein spezielles Antragsrecht der Pflegeeltern auf Verbleib des Kindes geschaffen (§ 1632 (4) BGB).

Lebt das Kind seit längerer Zeit in Familienpflege und wollen die Eltern das Kind von den Pflegepersonen wegnehmen, so kann das Vormundschaftsgericht von Amts wegen oder auf Antrag der Pflegepersonen anordnen, dass das Kind bei der Pflegeperson verbleibt, wenn und solange die Voraussetzungen des § 1666 (1) S.1 insbesondere im Hinblick auf Anlass oder Dauer der Familienpflege gegeben sind (§ 1632 (4) BGB).

Sowohl die Regelnorm des § 1632 (1) (Widerrechtlichkeit) als auch die Spezialnorm des § 1632 (4) BGB (Antrag der Pflegeeltern) machen eine Herausgabe des Kindes von der Überprüfung des Kindeswohls abhängig.
Folgende Fragen sind zwingend zu klären:

- **Was beeinträchtigt die weitere Entwicklung des Kindes am wenigsten? (Was ist die bessere Alternative)?**
- **Wo bestehen wechselseitige Beziehungen und Bindungen (psychische Elternschaft)?**
- **Wo besteht die Möglichkeit der dauerhaften Bindung und der Kontinuität des Erziehungsprozesses?**
- **Wie ist das Kind mit seinem gegenwärtigen Umfeld verbunden?**
- **In welchem Alter ist das Kind in die Pflegefamilie gekommen, seit wann lebt es in der Pflegefamilie? (Zeitbegriff des Kindes)**

Das Vormundschaftsgericht muss im Rahmen seiner Sachverhaltsermittlung versuchen, diese Fragen zu klären. Hierbei ist es auf Anhörungen der leiblichen Eltern, Pflegeeltern, des Kindes, des Jugendamtes und im Bedarfsfall auch auf psychologische Gutachten angewiesen.

Bindungsaspekt
Zentraler Punkt der Ermittlung des Kindeswohls ist die vorhandene Bindung des Kindes an die Pflegeeltern. Die Grundlagen für eine gesunde Entwicklung erwirbt das Kind durch den täglichen Umgang mit Erwachsenen, denen es sich innerlich verbunden fühlt und zu denen es Vertrauen entwickeln kann.

Forschungsergebnisse belegen, dass sich zwischen Kind und Bezugsperson - unabhängig von leiblicher Verwandtschaft - starke gefühlsmäßige Bindungen entwickeln. Die so entstandene faktische oder psychologische Elternschaft hat für das Kind und die Pflegeeltern die gleiche Qualität wie Beziehungen zwischen leiblichen Eltern und ihren Kindern.

Je früher das Kind in die Pflegefamilie kommt und je länger es dort bleibt, desto intensiver wird die Beziehung, desto stärker werden die Bindungen. Eine Herausnahme aus dem vertrauten und Sicherheit gebenden Lebensraum bringt für das Kind einen erheblichen Einbruch in seiner Persönlichkeitsentwicklung mit sich. Es wird in seiner existenziellen Sicherheit und in seinem Vertrauen in seinen Beziehungen grundlegend erschüttert. Diese Gefährdung ist bei dem Pflegekind umso ausgeprägter und schwer wiegender, als es bereits durch die der Pflege vorausgegangene Trennung von den Herkunftseltern schmerzhafte Verlusterfahrungen machen musste, die es nur durch einen mühsamen Prozess (der Eingliederung in die Pflegefamilie) verarbeiten und durch neue Bindungen zu den Pflegeeltern überwinden konnte.

Jeden Beziehungsabbruch (auch die Androhung) erlebt das Kind als Katastrophe. Ist für viele Erwachsene eine Trennung bereits der Auslöser für Krisen, so sind Kinder noch leichter zu verletzen (weil existenziell abhängiger). Trennung, ein erneuter Beziehungsabbruch also, kann bei diesen Kindern traumatische Schäden nach sich ziehen.

Bestehende Bindungen des Kindes sind absolut schützenswert. Die Trennung des Kindes von seinen Bezugspersonen darf nur dann in Betracht kommen, wenn das Kindeswohl gefährdet ist.

Dieser Grundsatz gilt sowohl für Herkunftseltern (zum Zeitpunkt der ursprünglichen Herausnahme) als auch für Pflegeeltern (bei faktischer Elternschaft).

Kindlicher Zeitbegriff/Dauer der Pflege
Ein ganz entscheidender Faktor beim Aufbau der Bindungen zwischen Kind und Pflegeeltern ist die Dauer der Pflege und der Zeitbegriff des Kindes.

Ein Jahr wiegt im Erleben eines Kindes weitaus mehr als im Erleben eines Erwachsenen.

Können Erwachsene Bindungen zum Teil gefühlsmäßig aufrechterhalten, auch wenn das Kind nicht anwesend ist, so ist diese Möglichkeit dem Kind nur sehr begrenzt gegeben. Der Prozess der Entfremdung geht beim Kind oft recht unmerklich vor sich - geht aber viel rascher vonstatten als dies bei den Eltern der Fall ist.

Um überhaupt eine neue (lebensnotwendige) Bindung eingehen zu können, muss das Kind die alten Beziehungen aufgeben, die Trennung wird vom Kind sehr viel schneller als dauerhaft empfunden. Der Zeitbegriff des Kindes ändert sich mit dem jeweiligen Entwicklungsstand. (Vgl. hierzu: Goldstein/Freud/Solnit, Diesseits des Kindeswohls, Frankfurt/M. 1982, S. 33ff)

Goldstein und andere Wissenschaftler haben in ihren Untersuchungen Maximalzeiträume festgestellt, in denen das Kind dauerhafte Bindungen zu seinen Pflegeeltern herstellt (faktische Elternschaft):

- **Bei einem Kind, welches zum Zeitpunkt der Unterbringung bis zu drei Jahre alt war, einen Maximalzeitraum von 12 Monaten.**
- **Bei einem Kind, welches zum Zeitpunkt der Unterbringung über drei Jahre alt war, einen Maximalzeitraum von 24 Monaten.**

Diese Maximalzeiträume bedeuten, dass nach dieser Zeit nicht mehr von weiter bestehenden Bindungen des Kindes zu den Herkunftseltern ausgegangen werden kann, sondern dass - unabhängig von deren eventuellen Besuchen - zwischen Kind und Pflegeeltern eine schützenswerte faktische Eltern-Kind-Beziehung eingetreten ist.

Die Erkenntnisse der Psychologie bezüglich der Herausnahme von Kindern aus Pflegefamilien haben mittlerweile auch Eingang in die Rechtsprechung gehalten (Rechtsprechung des Bundesverfassungsgerichtes zum Herausgabeverlangen leiblicher Eltern bei Pflegekindern in Dauerpflege).

Das Kind ist nach Artikel 1 und 2 des Grundgesetzes Grundrechtsträger und hat ein eigenes Recht auf Entfaltung seiner Persönlichkeit und den Schutz seiner (psychologischen) Bindungen.

In seinem Grundsatzurteil vom 17.10.84 hat das Bundesverfassungsgericht grundsätzlich deutlich gemacht, dass bei einer Interessenkollision von Eltern, Pflegeeltern und Kind letztlich einzig das Kindeswohl bestimmend für die Entscheidung der Herausgabe ist.
„Es ist mit dem Grundgesetz vereinbar, daß ohne Vorliegen der Voraussetzungen des § 1666 (1) BGB bei der Weggabe des Kindes in Familienpflege allein die Dauer des Pflegeverhältnisses zu einer Verbleibensanordnung nach § 1632 (4) BGB führen kann, wenn eine schwere und nachhaltige Schädigung des körperlichen oder seelischen Wohlbefindens des Kindes bei der Herausgabe an die Eltern zu erwarten ist."
(Bundesverfassungsgericht: Leitsatz zum Beschluss des Ersten Senats vom 17.10.84 - 1 BvR 284/84)

Mit diesem Urteil hat das Bundesverfassungsgericht deutlich zu verstehen gegeben, dass, unabhängig vom ursprünglichen Anlass der Inpflegegabe, allein die Dauer der Pflege - und die damit einhergehenden Bindungen des Kindes zur Pflegefamilie - Kriterium der Entscheidung im Bereich der Herausgabe sein kann.
Zwar hat das Bundesverfassungsgericht (BVerfG) generell das grundgesetzlich geschützte „natürliche" Elternrecht (Art 6 (3) GG) bejaht, es hat aber gleichzei-

tig deutlich gemacht, dass dieses Elternrecht ein pflichtgebundenes Recht ist. Der Verzicht auf dieses Recht muss Eltern immer dann zugemutet werden, wenn die Wahrnehmung (z.B. Herausnahmeforderung) eine erhebliche Gefährdung des Kindeswohls erwarten lässt. Eine erhebliche Gefährdung sieht das Bundesverfassungsgericht, sich stützend auf die genannten psychologischen Erkenntnisse, immer dann gegeben, wenn als Folge lange andauernder Pflegeverhältnisse Bindungen im Sinne einer faktischen Elternschaft entstanden sind.

Auch die bestehende Pflegefamilie ist durch Artikel 6 (1) des Grundgesetzes geschützt, so dass Artikel 6 (3) GG bei der Entscheidung über die Herausgabe des Kindes aus seiner Pflegefamilie Anwendung finden muss.

Die Verbleibensanordnung ist nicht an ein Verschulden oder Versagen der Eltern gebunden, sondern orientiert sich einzig und allein am Kindeswohl. Kindeswohlentscheidungen können ohne eine Schuldzuweisung getroffen werden.

Bei faktischen Eltern-Kind-Beziehungen stellt die Herausnahmeforderung meist eine Gefährdung des Kindeswohls dar.

Der notwendige erhöhte Schutz der Bindungen des Pflegekindes und seiner faktischen (Pflege-)Familie muss in jedem Fall Vorrang haben (§ 1632 (4) BGB).

„Wer leiblichen Eltern wirklich helfen will, muß keineswegs den Herausgabeanspruch ohne Rücksicht auf Bindungen an die Pflegeeltern durchsetzen, sondern den leiblichen Eltern im Vorfeld die Möglichkeit verschaffen, eine Unterbrechung der Beziehung zu ihrem Kind zu vermeiden." (Simitis: Kindeswohl - eine Diskussion ohne Ende in: Goldstein u.a.: Diesseits des Kindeswohls 1982, S. 189)

Sofortmaßnahmen bei drohender Herausnahme des Pflegekindes

Trotz der oben erwähnten Rechtslage und den psychologischen Erkenntnissen kommt es immer wieder vor, dass versucht wird, das langjährige Pflegekind in „Überraschungsaktionen" aus der Wohnung der Pflegeeltern zu holen.

Hierbei sind einige Verhaltensmaßregeln zu beachten:

- Die Pflegeeltern sollten trotz der verständlichen Nervosität sachlich und ruhig überlegen, was für das Kind von Vorteil ist.
- Jugendamt und Vormund sollten sofort um eine Aussprache gebeten werden, um die Entscheidungsgründe zu ermitteln.
- Es sollte umgehend Kontakt mit Verbänden und Interessensvertretungen (Bundesverband der Pflege- und Adoptivfamilien, Kinderschutzbund, Anwalt des Kindes) aufgenommen werden.
- Es sollte möglichst frühzeitig ein auf Familien- und Sorgerecht spezialisierter Anwalt eingeschaltet werden.
- Alle verfügbaren Unterlagen über die Pflege wie Beschlüsse, Urteile, Gutachten, Schriftverkehr mit Behörden, über die Besuchskontakte der Eltern und Sozialarbeiter sollten zusammengestellt werden.

Sofortmaßnahmen, wenn die Herausnahme unmittelbar bevorsteht:

- Polizei und Gerichtsvollzieher dürfen nicht unaufgefordert in die Wohnung der Pflegeeltern kommen. Die Unverletzlichkeit der Wohnung wird nur aufgehoben, wenn die Herausgabe
  - nachts und
  - bei Gefahr im Verzuge

  erfolgt. Sie muss explizit im Beschluss angeordnet sein. Das Grundrecht der Unverletzlichkeit der Wohnung darf auch nicht von Mitarbeitern des Jugendamtes eingeschränkt werden. Auch diese haben nur bei Gefahr im Verzuge (d.h.: dem Kindeswohl droht Schaden) ein Zutrittsrecht!
- Es muss umgehend ein Antrag gemäß § 1632 (4) BGB (Verbleibensanordnung) beim zuständigen Amts-/Vormundschaftsgericht gestellt werden.Mit dem Antrag auf Verbleib des Kindes sollte gleichzeitig ein Antrag auf einstweilige Anordnung gestellt werden, in der die Aussetzung der Vollziehung der angeordneten Verfügung (falls ein Beschluss vorliegt) beantragt wird. Dies muss umgehend erfolgen, in Notfällen über den Eildienst des Amtsgerichtes (Form: vgl. Rechtsmittel und gerichtliche Entscheidungen/FGG).

- Ist die Herausnahme bereits erfolgt, so ist trotzdem ein Antrag gemäß § 1632 (4) BGB möglich. In diesen Fällen sollte von den Pflegeeltern zusätzlich ein Besuchsantrag gestellt werden.
- Ist das Kind gewaltsam mit Hilfe von Polizei, Gerichtsvollzieher oder Jugendamt aus der Pflegefamilie geholt worden, sollte ein Disziplinarverfahren gegen die Verantwortlichen eingeleitet werden.
- In jedem Fall ist ein Anwalt einzuschalten; dieser sollte im „Ernstfall" umgehend - auch nachts - als Beistand gerufen werden.
- Vorstehendes gilt auch als Schutzmaßnahme gegen Herausnahmeverlangen von Vormündern, Jugendämtern etc.

Rechtliche Grundlagen

§ 1632 (1) BGB (Herausgabeverlangen/-recht leiblicher Eltern)
§ 1632 (3) BGB (Überprüfung durch Vormundschaftsgericht)
§ 1632 (4) BGB (Antragsrecht Pflegeeltern/Verbleibensanordnung)
§ 1666 BGB (Gefährdung des Kindeswohls)
Art. 6 GG (Schutz der Familie)
§ 50 a,b,c FGG (persönliche Anhörung von Eltern, Kind, Pflegeperson in Sorgerechtsverfahren)
Art. 13 GG (Unverletzlichkeit der Wohnung)
§ 49 e FGG (Anhörung des JA durch das Vormundschaftsgericht/Herausgabe des Kindes, Bestimmung des Umgangs, Wegnahme von der Pflegeperson)
§ 43 SGB VIII (Herausnahme des Kindes oder des Jugendlichen ohne Zustimmung des Personensorgeberechtigten)

Herkunftsfamilien

Das Wissen um die Situation der Herkunftsfamilie, um die Ursachen und den Anlass der Fremdplatzierung, ist für die Integration des Kindes in die Pflege- oder Adoptivfamilie von großer Bedeutung: Es trägt dazu bei, die Ursachen für seine mitunter befremdlichen und unnachvollziehbaren Verhaltensweisen zu erkennen. Dadurch wird es Pflege- und Adoptiveltern möglich, das Kind besser zu verstehen.

Zudem eröffnet das Wissen um die soziale Situation der Herkunftseltern die Möglichkeit, diesen verständnisvoller zu begegnen.

Zur Situation von Herkunftsfamilien/Ursachen der Fremdunterbringung
Pflege- und Adoptiveltern haben oft Schwierigkeiten zu verstehen, warum leibliche Eltern bzw. Mütter ihr Kind „fortgeben" (Rabenmütter). Darum wissen sie oft nicht, wie sie dies ihren Kindern erklären können.

Es ist wichtig, die Gründe für die Fremdplatzierung zu kennen und die Herkunftseltern in ihrer Lebenssituation anzunehmen. Dies bedeutet nicht, sie in ihrem Verhalten zu akzeptieren.

Die Zahl der zur Adoption gegebenen Kinder ist in den vergangenen Jahrzehnten immer geringer geworden. Empfängnisverhütung und Schwangerschaftsunterbrechungen führen dazu, dass immer weniger ungewollte Kinder ausgetragen werden. Außerdem haben allein stehende Frauen durch Hilfen und Betreuungsangebote heute eher die Möglichkeit, ihr Kind alleine großzuziehen. Gleich geblieben ist jedoch die Tatsache, dass nur Frauen in Notsituationen ihr Kind zur Adoption geben und dass diese Entscheidung in der Regel nicht leichtfertig getroffen wird, sondern am Ende einer schwierigen, konfliktreichen Auseinandersetzung steht. Frauen, die ihrem Kind neue Eltern geben, wollen ihm Lebensbedingungen schaffen, die sie ihm in ihrer Lebenssituation nicht bieten können. Dies ist ein Ringen um eine verantwortungsvolle Entscheidung, verbunden mit dem Wunsch, für sich und das Kind eindeutige und klare Verhältnisse zu schaffen.

Die Mütter (Eltern) von Pflegekindern befinden sich in ähnlich bedrückenden Lebenssituationen. Sie sind jedoch nicht bereit, endgültig auf ihr Kind zu verzichten, zumal dies in der Regel schon einige Monate oder Jahre bei ihnen gelebt hat.

Neben psychischen Erkrankungen oder anderen gravierenden Schicksalsschlägen befindet sich die weitaus größte Zahl der Herkunftseltern nicht nur vorübergehend, sondern permanent in schwierigen Lebenssituationen, deren Ursache in Sozialisationsdefiziten der eigenen Kindheit liegt. Gleichgültigkeit der Bezugspersonen, gestörte Beziehungen, mangelnde Geborgenheit, Fürsorge und Förderung wie auch Gewalterfahrungen führen zu Verhaltensweisen und Beeinträchtigungen, die wiederum oft eine mangelhafte Bildung, eingeschränkte Berufsmöglichkeiten, Arbeitslosigkeit und Abhängigkeit von Sozialhilfe zur Folge haben. So entsteht ein Kreislauf, der an die nächste Generation weitergegeben wird.

Alkohol, Tabletten und Drogen spielen im Leben dieser Herkunftseltern oft eine große Rolle; weil Trennungen, Versagen und mangelndes Selbstwertgefühl nicht zu verkraften sind. Auch Herkunftseltern leben in der Hoffnung, ihre Probleme zu meistern und ein „normales" Familienleben zu führen. Nur - sie schaffen es nicht. Und weil sie es nicht schaffen, haben sie ein schlechtes Gewissen. Weil sie aber mit dem schlechten Gewissen und dem Gefühl versagt zu haben nicht leben können, verdrängen sie ihre Probleme und konfrontieren Pflegeeltern manchmal mit Verhaltensweisen, die eine positive Zusammenarbeit behindern können.

Pflegeeltern befinden sich meistens in der stärkeren Position. Bei Schwierigkeiten mit den Herkunftseltern sollten sie im Interesse des Kindes und einer positiven Zusammenarbeit mit den leiblichen Eltern ihr eigenes Verhalten sorgfältig reflektieren und eine entsprechende Beratung oder Supervision in Anspruch nehmen.

Situation der Herkunftsfamilien nach der Fremdplatzierung des Kindes
Leibliche Eltern bleiben nach der Herausnahme oder Inpflegegabe ihres Kindes oft mit dem Gefühl zurück, versagt zu haben.

Diese Versagens- und Schuldgefühle können, gepaart mit offenen oder unterschwelligen Vorwürfen von Seiten der Umwelt, bei den betroffenen Herkunftseltern sowohl Ohnmachts- als auch Konkurrenzgefühle gegenüber den Pflege- oder Adoptiveltern auslösen.

Besonders bei einem Sorgerechtsentzug oder dem Entzug des Aufenthaltsbestimmungsrechts kommt es vor, dass sich das Gefühl von Ohnmacht und Zorn gegenüber dem Jugendamt auch auf die Pflegeeltern (als dessen „verlängerter Arm") überträgt. Diese konfrontieren die Herkunftsfamilie mit ihrem eigenen

Versagen. Die Pflegefamilie wird als Provokation empfunden, da sie all das kann, was der Herkunftsfamilie nicht möglich war. Der große Konflikt, in dem die Herkunftseltern stehen, bringt diese manchmal dazu, den Alltag der Pflegefamilie massiv zu stören (z.B. indem sie „Besitzansprüche" geltend machen wollen).

Da hier ein großes Konfliktpotenzial gegeben ist, sollten Pflege- und Adoptiveltern versuchen, diese Konflikte nicht durch eine ablehnende Haltung gegenüber den Herkunftseltern noch zu verstärken.

Es kann in dieser Situation sehr hilfreich sein, sich in die emotionale Situation der Herkunftseltern hineinzuversetzen - was jedoch nicht bedeutet, dass deren Verhaltensweisen gebilligt werden müssen.

Pflege- und Adoptiveltern müssen auch ihre eigenen Bedürfnisse und Werthaltungen gegenüber den Herkunftseltern behaupten. Widersprüche können offen zutage treten, nur: Die daraus resultierenden Probleme müssen auf der „Erwachsenenebene" bleiben, sie dürfen nicht über das Kind ausgetragen werden.

Herkunftswissen

Häufig bestehen bei Adoptiveltern Ängste und Unsicherheiten bezüglich der Frage, ob und wie sie ihr Kind über seine Herkunft aufklären sollen.

Unstrittig ist, dass jedes Kind ein Recht auf dieses Herkunftswissen hat und deshalb über seinen Adoptionsstatus informiert werden muss. Dies dem Kind zu verschweigen oder ihm gar vorzutäuschen, es wäre ein leibliches Kind, ist aus mehreren Gründen höchst problematisch. Zum einen, weil fehlende Offenheit das familiäre Klima in hohem Maße belastet (auch ahnt das im Unklaren gelassene Kind, dass „irgendetwas" nicht stimmt!); zum anderen, weil das Kind, wenn es - auf welche Weise auch immer - von Dritten etwas von seinem Adoptivkind-Status erfährt, das als Vertrauensbruch seitens seiner (Adoptiv-)Eltern erleben muss.

Dieser Vertrauensbruch hat gravierende Folgen, weil das Kind auf eben dieser Täuschung sein ganzes Leben, seine ganzen Beziehungen aufgebaut hat.

Welche Möglichkeiten der kindgemäßen Aufklärung gibt es?
Wichtig ist, dass die Eltern dem Kind als Gesprächspartner zur Verfügung stehen, und die Aufklärung nicht Dritten überlassen wird. Die Formen der „offenen" und „halb offenen" Adoption haben sich mittlerweile bewährt.

Das Warten der Eltern auf den ersten Schritt des Kindes birgt die Gefahr, dass die „Eröffnung" unnötig lange verzögert wird. Die Eltern müssen den ersten behutsamen Schritt also selbst tun.

Mit der Erklärung vom „Wachsen im Bauch einer anderen Frau" geben sich Kinder nur kurzfristig zufrieden. Das Kind interessiert nicht nur, wer es weggegeben hat, sondern vor allem, warum es von seinen Eltern weggegeben wurde. Kennt es auch das „Warum", hat es die Möglichkeit, sich mit dem „guten Teil" der Eltern anzufreunden und sich selbst vor Schuldzuweisungen/-übernahmen zu schützen.

Das Wissen um die Gründe für seine Freigabe zur Adoption kann dem Kind auch ein größeres Selbstwertgefühl geben, wenn es z.B. erfährt, dass seine leibliche Mutter einer Adoption nur zugestimmt hat, damit es unter besseren Bedingungen aufwachsen kann, als sie ihm bieten konnte.

Es ist jedoch auch notwendig, dass die Adoptiveltern akzeptieren können, dass das Kind noch andere (leibliche) Eltern hat. Das Wissen um die Gründe der

Einwilligung in die Adoption sowie die Akzeptanz der Motive, die die leiblichen Eltern zur Adoption bewogen haben, erweisen sich in dieser Situation als große Hilfe für die Adoptiveltern und das Kind. Wie Erfahrungen zeigen, ist das Klima zwischen Adoptiveltern und Kind weitaus entspannter, wenn die Auseinandersetzung mit dem Thema „Herkunft" möglichst frühzeitig erfolgt (keine Lügen!).

Es gibt keine Patentrezepte für die Aufklärung über die Herkunft. Sie sollte jedoch sanft und kontinuierlich, dem jeweiligen Entwicklungsstand des Kindes entsprechend erfolgen.

Mit dem Alter und der Entwicklung des Kindes ändert sich auch die Art des Umgangs mit dem Sonderstatus „Adoptivkind". Zeigen sich die Kinder in jüngeren Jahren relativ uninteressiert, so wird in der Zeit der Pubertät häufig ein verstärktes Interesse an den leiblichen Eltern bekundet. Bei den meisten Kindern entsteht der Wunsch, diese auch kennen zu lernen. Vor der Äußerung dieses Wunsches fürchten sich viele Adoptiveltern, denn sie werden dann wieder mit alten Ängsten konfrontiert, fühlen ihre Eltern- und Familiennormalität durch den Wunsch des Kindes in Frage gestellt.

Die Phase der Pubertät ist bei allen Jugendlichen durch die Suche nach der eigenen Identität, dem Bestreben nach Selbständigkeit und dem Bemühen, eine adäquate Position in der Gesellschaft zu finden, gekennzeichnet.
In dieser durch Selbstfindungsbemühungen gekennzeichneten Zeit ist es dem Jugendlichen auch wichtig, seine biologische Zugehörigkeit zu erforschen.

Der jugendliche Adoptierte sucht das Wissen um seinen biologischen Ursprung unabhängig von der zwischen ihm und seinen (Adoptiv-)Eltern entstandenen Beziehungsqualität.

Adoptiveltern sollten sich also klar machen, dass diese Suche nach dem eigenen Ursprung in der Regel nicht in der Unzufriedenheit des Heranwachsenden mit der bestehenden (Adoptiv-)Familie begründet ist.

Unter dieser Suche wird die in langen Jahren erreichte Beziehungsqualität und gegenseitige Bindung nicht - zumindest nicht langfristig - leiden. Die Begegnung mit den biologischen Eltern wirkt auf den Jugendlichen oft ziemlich ernüchternd, der Bann der „anderen Eltern" erfährt eine Entmystifizierung. Letztendlich kann der Adoptierte durch diese Begegnung mit seiner Vergangenheit die Adoptiveltern als die wirklichen Eltern vorbehaltloser akzeptieren und erfährt die Bedeutung dieser Beziehung.

Hilfe zur Erziehung

„Hilfe zur Erziehung" spielt im SGB VIII eine zentrale Rolle. Sie ist Grundlage und Richtschnur für den individuellen Anspruch auf erzieherische Hilfen.

Ist eine dem Wohl des Minderjährigen entsprechende Erziehung nicht gewährleistet, besteht ein Rechtsanspruch auf „Hilfe zur Erziehung", wenn diese für die Entwicklung des Minderjährigen geeignet und notwendig ist. (§ 27 (1) SGB VIII). Von einer Gefährdung des Wohls des Minderjährigen ist immer dann zu sprechen, wenn dessen soziale, psychosoziale oder individuelle Lebenssituation durch Mangel und Benachteiligung gekennzeichnet ist und zu befürchten steht, dass daraus Schaden für das Kind erwächst.

Art und Umfang der Hilfe haben sich - unter Miteinbeziehung des sozialen Umfeldes des Kindes/Jugendlichen - nach dem erzieherischen Bedarf zu richten (§ 27 (2) SGB VIII).

Hilfen zur Erziehung müssen immer pädagogische oder damit verbundene therapeutische Hilfen sein. Es darf sich nicht um rein materielle Hilfen handeln.

Auch Maßnahmen der Eingliederungshilfe nach dem Bundessozialhilfegesetz (vgl. §§ 40, 47 BSHG) sind Hilfen zur Erziehung, soweit sie mit pädagogischer bzw. sozialpädagogischer Begleitung verbunden sind (§ 27 (4) SGB VIII).

Konkrete Hilfen können erst erfolgen, wenn der Mangel bzw. die Beeinträchtigung für die Entwicklung diagnostiziert und der erzieherische Bedarf festgestellt wurde. Aus diesem Grund kommt der Entwicklung eines Hilfeplans (§ 36 SGB VIII) große Bedeutung zu.

Eine Rangfolge zwischen den verschiedenen Hilfen zur Erziehung besteht nicht. Entscheidend ist ausschließlich, ob die Hilfe geeignet und notwendig ist.

So gilt beispielsweise eine Erziehung außerhalb der Familie als geeignete und notwendige Hilfe, wenn festgestellt wurde, dass eine Verbesserung der familiären Situation, die das Wohl des Minderjährigen wirklich gewährleisten könnte, auch nicht durch sozialpädagogische Hilfe zu erreichen ist.
Da die Wirkung erzieherischer Hilfen von der Akzeptanz derer abhängt, die davon betroffen sind, haben alle Beteiligten, also auch das Kind oder der Jugendliche, ein Mitwirkungs-, Wunsch- und Wahlrecht, sind also an der Auswahl der konkreten „Hilfe zur Erziehung" beteiligt (vgl. § 36 SGB VIII).

Inhaber des Rechtsanspruchs auf „Hilfe zur Erziehung" ist der Personensorgeberechtigte, Minderjährige werden als Anspruchsinhaber nicht ausdrücklich genannt. Es wird davon ausgegangen, dass die Interessen von Personensorgeberechtigten und Minderjährigen identisch sind. Dies mag häufig der Fall sein, Probleme rechtlicher Art werden jedoch dann auftauchen, wenn zwischen Personensorgeberechtigten und Minderjährigen ein Interessenkonflikt besteht (wenn ein Minderjähriger gegen den Willen der Personensorgeberechtigten „Hilfe zur Erziehung" in Anspruch nehmen will, muss ein Verfahrenspfleger bestellt werden).

Rechtliche Grundlagen

§ 27 SGB VIII (Hilfe zur Erziehung)
§ 36 SGB VIII (Mitwirkung, Hilfeplan)

Hilfeformen

Nach dem SGB VIII besteht ein Anspruch auf „Hilfe zur Erziehung" (§ 27 SGB VIII), wenn eine dem Wohl des Minderjährigen entsprechende Erziehung nicht gewährleistet ist.

Im Gesetz werden verschiedene Arten erzieherischer Hilfen aufgeführt:

- Erziehungsberatung (§ 28 SGB VIII)
- Soziale Gruppenarbeit (§ 29 SGB VIII)
- Erziehungsbeistandsschaft, Betreuungshelfer (§ 30 SGB VIII)
- Sozialpädagogische Familienhilfe (§ 31 SGB VIII)
- Erziehung in der Tagesgruppe (§ 32 SGB VIII)
- Vollzeitpflege (§ 33 SGB VIII)
- Heimerziehung, sonstige betreute Wohnform (§ 34 SGB VIII)
- Intensive sozialpädagogische Einzelbetreuung (§ 35 SGB VIII)

Im Bereich des Pflegekinderwesens sind die Aspekte der sozialpädagogisch qualifizierten Vermittlung des Kindes in eine geeignete Familie, der erziehungsbegleitenden Maßnahmen, der Beratung der Pflegepersonen während der Zeit der Pflege und - gegebenenfalls - der Vorbereitung einer Rückführung des Kindes in die Herkunftsfamilie, in den Vordergrund getreten.

Im Bereich der Familienpflege nennt das Gesetz neben der Tagespflege (§ 23 SGB VIII) die Vollzeitpflege (§ 33 SGB VIII).

Je nach Dauer und Zielsetzung wird die Vollzeitpflege unterschieden in:

- Vollzeitpflege, befristete Erziehungshilfe
- Vollzeitpflege, auf Dauer angelegte Lebensform
- (auch Wochenpflege ist Vollzeitpflege, ebenso Großeltern- und Verwandtenpflege)
- Heilpädagogische oder Sonderpädagogische Pflegestelle, Erziehungsstelle

Zu diesen unterschiedlichen Formen der Familienpflege gibt es klar umrissene Voraussetzungen und Bedingungen; denn Pflegeeltern bewerben sich für eine bestimmte Form der Familienpflege. Da sich der Bedarf des Kindes und damit die tatsächlich notwendige Hilfeform aus unterschiedlichen Gründen verändern kann, kommt es aber relativ häufig zu einer Neubestimmung der Pflegestelle. So kann sich z.B. eine Kurzzeitpflege zu einer langfristigen Unterbringung oder eine Wochenpflege zu einer Vollzeitpflege entwickeln. Auch die Umwandlung in eine heilpädagogische Pflegestelle ist manchmal unter bestimmten Bedingungen erforderlich. Die Voraussetzungen dafür sind in den einzelnen Bundesländern und Kommunen unterschiedlich.

Rechtliche Grundlagen

§§ 28 - 35 SGB VIII (Formen erzieherischer Hilfen)
§§ 36, 37 SGB VIII (Mitwirkung, Hilfeplan; Zusammenarbeit bei Hilfen außerhalb der eigenen Familie)

Hilfeplan

Eine zentrale Rolle im SGB VIII nimmt der Hilfeplan ein. Er dient als Instrument

- einer planvollen, fachlich qualifizierten Hilfe
- der zeitlichen und fachlichen Festlegung und Fortschreibung der Erziehungshilfe
- der Selbstkontrolle für das verantwortliche Jugendamt
- der Koordinierung zwischen dem Jugendamt und der Einrichtung/Pflegestelle
- der Transparenz im Jugendhilfeverfahren

Die Entscheidung über die im Einzelfall notwendige Hilfeart soll bei längerfristigen Unterbringungen im Zusammenwirken mehrerer Fachkräfte, den Personensorgeberechtigten und dem Kind oder Jugendlichen getroffen werden.

Im § 36 SGB VIII heißt es:
„Der Personensorgeberechtigte und das Kind oder der Jugendliche sind vor der Entscheidung über die Inanspruchnahme einer Hilfe und vor einer notwendigen Änderung von Art und Umfang der Hilfe zu beraten und auf die möglichen Folgen für die Entwicklung des Kindes oder des Jugendlichen hinzuweisen. ... Ist Hilfe außerhalb der eigenen Familie erforderlich, so sind die in Satz 1 genannten Personen bei der Auswahl der Einrichtung oder der Pflegestelle zu beteiligen."
Die Mitwirkung aller Beteiligten am Hilfeplanverfahren erfordert ein hohes Maß an Kooperation und Kompromissbereitschaft. Es geht einerseits darum, die für das Kind und seine Entwicklung bestmögliche Erziehungshilfe festzulegen. Diese Hilfe muss andererseits vom Kind und seinen Personensorgeberechtigten akzeptiert und unterstützt werden können.
Ist die „Hilfe zur Erziehung" außerhalb der eigenen Familie erforderlich und wird die Unterbringung in einer Pflegefamilie als angezeigte Hilfeform gesehen, dann fällt den potenziellen Pflegeeltern die Mitgestaltung des Hilfeplanes zu. D.h. sie sind in alle weiteren Hilfeplanungen einzubeziehen und an allen weiteren Entscheidungsprozessen zu beteiligen wie z.B. der Gestaltung und dem Umfang von Besuchskontakten mit den leiblichen Eltern.
Antrags- und Anhörungsrechte für Pflegeeltern sind somit im SGB VIII gesetzlich verankert.

Rechtliche Grundlagen:
§ 36 SGB VIII (Mitwirkung, Hilfeplan)

Historische Entwicklung des Pflegekinderwesens

Um die heutigen Vorschriften und Bedingungen im Pflegekinderwesen besser verstehen zu können, lohnt sich ein kurzer geschichtlicher Rückblick.

Die Familienpflege ist keine Errungenschaft unseres Jahrhunderts, sondern lässt sich bis in das Mittelalter zurückverfolgen. Im Zuge der christlichen Armenfürsorge existierten Findel- und Waisenhäuser, in denen Kinder versorgt, aber nicht erzogen wurden. Die hohe Säuglingssterblichkeit in diesen Anstalten machte es notwendig, dass kleine Kinder Ammen und Ziehmüttern anvertraut wurden. Im Alter von 5 - 7 Jahren wurden diese Kinder dann allerdings wieder den Anstalten zugeführt.

Mit dem Beginn des 16. Jahrhunderts stieg die Zahl der Arbeitslosen rapide an, ein Heer von Bettlern überschwemmte das Land. Armut war mit dem Makel des eigenen Verschuldens besetzt und so forderten große Teile der Bevölkerung die Einführung einer Arbeitspflicht für die Bettler.

Die Kinder der Bettler wurden in Arbeits-, Zucht-, Werk- und Armenhäusern untergebracht, um dort unter vielen Zwängen und Strafen zur Arbeit erzogen zu werden. Auch in den Pflegestellen wurden die Kinder schamlos ausgebeutet, pädagogische Aspekte und Aspekte der Fürsorge waren unwichtig.

Mit der Hamburgischen Armenreform von 1788 wurde versucht, die Kinder- und Jugendfürsorge aus dem System der allgemeinen Armenpflege herauszulösen. Neben der Arbeitserziehung sollte den Kindern auch eine Bindung vermittelt werden, die diesen Kindern eine spätere Lebensperspektive eröffnen konnte. Das Projekt scheiterte an wirtschaftlichen Schwierigkeiten.

Die Bevölkerungsexplosion ließ immer breitere Kreise verelenden, die Zahl der verwahrlosten Kinder stieg drastisch an.

Ende des 18. Jahrhunderts entflammte eine heftige Kritik an den Zuständen in den Waisenhäusern. Die Sterblichkeitsrate war extrem hoch. Es kam zur Gründung zahlreicher privater und kirchlicher Vereinigungen zum Zweck der Kinderfürsorge - den Vorläufern unserer heutigen freien Wohlfahrtsverbände.

Besonders Philanthropen (= Menschenfreunde) wie Salzmann und Rochow propagierten die natürliche Erziehung im Schoße von Pflegefamilien. Im Zuge dieser Kritik wurden viele Anstalten aufgelöst und in Einrichtungen der Familienpflege umgewandelt. Viele Kinder wurden in Familien untergebracht, in denen sie als so genannte „Hütekinder" hart arbeiten mussten. Pflegegelder wurden nur vereinzelt gezahlt.

Zu Beginn des 19. Jahrhunderts bekam die Kinderfürsorge neue Impulse. Neben der reinen Versorgung spielten nun erzieherische Überlegungen bei der Fremdunterbringung von Kindern eine wichtige Rolle.

Erste gesetzliche Regelungen zum Pflegekinderschutz wurden 1840 in Preußen mit einer Verordnung zur Einführung der staatlichen Pflegestellenerlaubnis und -beaufsichtigung und einem Kinderarbeitsschutzgesetz eingeführt.

Bis zur Jahrhundertwende waren alle Pflegekinder (auch Zieh-, Halte- oder Kostkinder genannt) durch Landesgesetze und Verordnungen bis zur Schulpflicht unter Polizeiaufsicht gestellt.

Trotz zunehmender staatlicher Aktivitäten wurde der Hauptteil der Armenpflege jedoch durch private Wohlfahrtsverbände getragen.

Zu Beginn des 20. Jahrhunderts verstärkten sich die Forderungen nach einer besseren staatlichen Fürsorge: Forderungen nach landesrechtlichen Regelungen, behördlicher Aufsicht bei Fremdunterbringung, ärztlichen Hilfen, besoldeten Pflegerinnen u.a. wurden laut (z.B. Deutscher Verein für Armenpflege 1902).

Zu einer grundlegenden Reform kam es mit der Verabschiedung des Reichsjugendwohlfahrtsgesetzes (RJWG) im Jahr 1922. Dieses Gesetz blieb in modifizierter Form (als Jugendwohlfahrtsgesetz/JWG), noch bis Ende 1990 gültig.

Die wichtigsten Reformpunkte waren:
- **das Recht des Kindes auf Erziehung,**
- **Gründung von Jugendämtern,**
- **Festlegung des Verhältnisses von öffentlicher und privater Fürsorge,**
- **Amtsvormundschaft für alle nicht ehelichen Kinder.**

Ergänzt wurde RJWG im Jahre 1923 durch das Reichsjugendgerichtsgesetz, in dem der alte Strafgedanke vom Erziehungsgedanken abgelöst werden sollte.

Zwischenzeitlich hatte sich durch medizinische Fortschritte die Säuglingssterblichkeit in den Heimen reduziert, die Familienpflege erfuhr eine vollkommene Unterbewertung.

Erst Anfang der 70er-Jahre kam es zu einer Rückbesinnung auf die Familienpflege. Im Rahmen der so genannten „Heimkampagne" wurden die Zustände in den Heimen öffentlich gemacht und die Pflegefamilien als pädagogische Alternative der Fremderziehung wiederentdeckt.

Hatte der Staat auf der Grundlage des Jugendwohlfahrtsgesetzes das „Wächteramt" inne und demzufolge seine primären Aufgaben - auch im Bereich des Pflegekinderwesens - in Aufsicht und Kontrolle gesehen, so haben sich mit Inkrafttreten des Kinder- und Jugendhilfegesetzes am 1.1.91 die Aufgaben gewandelt.

Im Bereich des Pflegekinderwesens bedeutet dies:

- **Ausbau differenzierter „Hilfe zur Erziehung", die sich allein am Kindeswohl zu orientieren hat,**
- **Förderung präventiver Maßnahmen, die Familien zur Hilfe gereichen sollen (ergänzende Hilfen),**
- **Beratung und Betreuung kommt nun dem Jugendamt als vorrangige Aufgabe zu,**
- **das Instrument des Pflegeverhältnisses erhält im Hilfesystem dieses Gesetzes einen großen Stellenwert.**

Identität

Identität, ursprünglich ein Begriff der Logik und der Philosophie, gewinnt eine immer größere Bedeutung in der (sozial-) psychologischen Diskussion.

In der Psychologie wird unter „Identität" das Verhältnis von dem individuellen Anspruch auf ein bestimmtes Selbstkonzept und dessen soziale Anerkennung bzw. Realisierung verstanden (Persönliche Identität/Soziale Identität).

Identitätsfindung meint also sowohl die aktive Entwicklung von Selbstbewusstsein als auch die Entwicklung von Handlungssicherheit in sozialen Bezügen.

„Identität beinhaltet Individualität. Das „Sich-Abheben" aus der das Individuum umgebenden Masse, die Autonomie des Individuums ist ein wichtiger Aspekt, den Identität für den Menschen erfüllt." (Gottstein: Zum Problem der Identitätsfindung von Kindern in Pflegefamilien, Münster 1992; S.10)

Die Entwicklung einer gefestigten Identität (Ich-Entwicklung) hat entscheidenden Einfluss auf das ganze spätere Leben. Eine stabile Identität ist Voraussetzung für das Gelingen zwischenmenschlicher Beziehungen und einer angemessenen Teilnahme am sozialen Leben.

Identität ist eine nicht abschließbare, immer wieder von neuem zu erbringende Leistung, was den Prozesscharakter der Identität verdeutlicht.

Identitätsfindung ist die Voraussetzung dafür:
a) die eigenen Bedürfnisse und Interessen in die Beziehung zur Umwelt miteinzubringen,
b) die Erwartungen und Vorstellungen anderer angemessen wahrzunehmen und auf diese in adäquater Weise einzugehen.
c) die widersprüchlichen Erwartungen und Anforderungen anderer zu verstehen und miteinander in Einklang zu bringen.

Soziale und persönliche Identität stehen somit immer in einem Verhältnis zueinander. Ist die persönliche Identität durch vorangegangene Erfahrungen, z.B. Kontinuitätsbrüche, sehr labil oder geschädigt und/oder stehen die Fremdbilder und Erwartungen der sozialen Identität dem Selbstbildnis des Menschen entgegen, so kann diese wichtige Übereinstimmung von Fremd- und Selbstwahrnehmung nicht erreicht werden und muss zu einer tief greifenden Identitätskrise führen.

Die Identitätsentwicklung von Pflege- und Adoptivkindern ist häufig durch typische Konfliktpotenziale bedroht. Der Mangel an Zuneigung und Vertrauen, der oft die frühkindliche Erfahrung kennzeichnete, wirkt sich äußerst negativ aus. Werden diese Mangelerfahrungen nicht aufgearbeitet, fehlen dem Kind die wichtigsten Grundlagen, um in seinem Selbstfindungsprozess weiterzukommen und Selbstwertgefühl entwickeln zu können.

Trennungserfahrungen sind für ein Kind immer höchst bedrohlich: Die Trennung wird als Ablehnung und Zurückweisung der eigenen Person erfahren, das Selbstwertgefühl wird negativ geprägt.

Durch den Abbruch von Beziehungen ist das Kind dem Gefühl von Ohnmacht/ Orientierungslosigkeit und Selbstzweifeln ausgesetzt, was eine starke Verunsicherung der persönlichen Identität bedeutet. Schuldgefühle treten auf, die sich verstärken, wenn sich Trennungen - aus für Kinder oft nicht nachvollziehbaren Gründen - wiederholen: Das Kind sucht dann die Ursache in den eigenen Fehlern, sieht sich selbst als nicht liebenswert.

Zudem wird der Selbstfindungsprozess des Kindes durch Loyalitätskonflikte behindert. Diese entstehen, wenn das Kind sich mit unterschiedlichen Erwartungen von Pflege- oder Adoptiveltern und Herkunftsfamilie konfrontiert sieht. In Extremfällen kann dies zur Handlungsunfähigkeit des Kindes führen, nämlich dann, wenn jede Entscheidung für das eine Elternpaar eine Entscheidung gegen das andere Elternpaar zu sein scheint (oder ist). Dieses Gefühl von Zerrissenheit macht es dem Kind unmöglich, eine eigene Identität zu entwickeln.

Mangelnde oder verfälschte Informationen über die eigene Herkunft wirken sich auf die Identitätsentwicklung äußerst nachteilig aus: Aus diesem Grund ist es ungemein wichtig, das Kind in ausreichendem Maße über seine leiblichen Eltern zu informieren - eine einseitig negative Darstellung der Herkunftsfamilie ist unbedingt zu vermeiden, da sie die Gefahr der Frontenbildung in sich birgt und zudem das Kind in weitere Konflikte stürzt.

Pflege- und Adoptiveltern sollten darauf achten, dem Kind die Suche nach dem „eigenen Selbst" zu ermöglichen. Das Wissen um die Herkunftseltern und um die Gründe der Inpflegegabe/Einwilligung der leiblichen Eltern in die Adoption ist hierbei von großer Bedeutung. Damit geben sie dem Kind das „Gerüst" zur Selbstorientierung, tragen mit dazu bei, dass der Prozess der Identitätsfindung glücken kann.

Inkognitoadoption

Eine bis heute noch häufig praktizierte Form der Adoption ist die Inkognitoadoption. Sie soll das angenommene Kind vor einem Aufdecken der Annahme und Nachforschungen ehemaliger Verwandter schützen und so das „störungsfreie" Aufwachsen und die vollständige Integration in die neue Familie ermöglichen.
Die Adoptiveltern bleiben bei der Inkognitoadoption den abgebenden Eltern unbekannt. Diese erfahren nur einige allgemeine Daten über die Verhältnisse der Adoptiveltern und das zukünftige soziale Umfeld des Kindes.
Die Adoptiveltern erfahren hingegen auch den Namen der abgebenden Eltern. Seit der Adoptionsrechtsreform 1977 bedarf es keiner speziell zu beantragenden Sperrvermerke mehr.

Mit der Inkognitoadoption tritt kraft Gesetz automatisch die Auskunftbeschränkung ein. Einsicht in Geburtsregister, Personenstandsbücher und Familienbücher haben nur Behörden, die Annehmenden und deren Eltern, die gesetzlichen Vertreter des Kindes und das angenommene Kind, wenn es das 16. Lebensjahr vollendet hat.

Neben diesem generellen Sperrschutz im Personenstandsgesetz hat der Gesetzgeber auch im BGB einen weiteren Schutz vor grundloser Aufdeckung installiert. Nur wenn ein besonderes öffentliches Interesse vorliegt, dürfen Aufdeckungstatsachen ohne die Zustimmung des Annehmenden und des Kindes offenbart werden. Der Schutz setzt bereits mit der erfolgten elterlichen Einwilligung bzw. dem Antrag auf Ersetzung der Einwilligung ein.

Die Gefahr liegt bei Inkognitoadoptionen darin, dass sie es den Adoptiveltern leichter machen, zu verdrängen, dass ihr Kind kein „unbeschriebenes Blatt" mehr ist, also seine Geschichte in die neue Familie mitbringt, und dass diesem Umstand gebührend Rechnung getragen werden muss.

Wie mag sich ein Kind fühlen, dessen Herkunftsfamilie als „störend" empfunden wird? Wie wird es fühlen, wenn seine Adoptiveltern Angst vor Kontakten haben, wenn sie sich nicht bemühten, Fotos und andere Informationen zu erhalten?

Rechtliche Grundlagen

§ 61II PStG (= Personenstandsgesetz)
§ 1758 BGB (Offenbarungs- und Ausforschungsverbot)

Inobhutnahme von Kindern und Jugendlichen

Unter Inobhutnahme wird im SGB VIII die vorläufige Unterbringung eines Kindes oder Jugendlichen bei einer geeigneten Person, in einer Einrichtung oder in einer betreuten Wohnform verstanden.
Die Inobhutnahme ist Teil einer umfassenden Krisenintervention. Sie muss vom Jugendamt unverzüglich geleistet werden, wenn eine unmittelbare Gefahr für das Kindeswohl dies erfordert.

Die Gefährdung des Wohls von Minderjährigen ist vornehmlich begründet in:
- **Familienkrisen**
- **Vernachlässigungen**
- **Misshandlungen**
- **sexuellem Missbrauch**
- **Suizidgefährdung (Selbstmordgefahr)**

Die Inobhutnahme kann aufgrund von Selbstmeldung (der Minderjährige selbst wendet sich an das Jugendamt) oder aufgrund von Informationen über die Gefährdung eines Minderjährigen durch einen Dritten erfolgen (Zuführung).
Für das Jugendamt besteht die Verpflichtung, das Kind oder den Jugendlichen in Obhut zu nehmen, wenn das Kind/der Jugendliche darum bittet.
Die Personensorge-/Erziehungsberechtigten müssen vom Jugendamt unverzüglich über die Inobhutnahme informiert werden.

Bei einem Widerspruch der Personensorge-/Erziehungsberechtigten hat das Jugendamt:
* **das Kind/den Jugendlichen diesen zu übergeben oder**
* **das Vormundschaftsgericht einzuschalten, damit dieses über die zum Wohl des Kindes/Jugendlichen erforderlichen Maßnahmen eine Entscheidung treffen kann.**

Ist die Gefährdung des Kindeswohls so groß, dass berechtigte Sorge um das Leben des Kindes/Jugendlichen oder eine Gefahr für das Leben Dritter besteht, sind freiheitsentziehende Maßnahmen zulässig. Ohne richterliche Entscheidung ist der Freiheitsentzug spätestens mit Ablauf des Tages nach dessen Beginn zu beenden.

Rechtliche Grundlagen

§ 42 SGB VIII (Inobhutnahme von Kindern und Jugendlichen)

Integration

Als Integrationsprozess bezeichnet man das Hineinwachsen des Kindes in die neue Familie. Das Kind kommt in der Regel aus einer Familie mit anderen Werten und Normen, oft mit einer erheblich anderen Alltagskultur.

Um in der Pflegefamilie dazuzugehören, muss es deren Lebensweise übernehmen. Diese Anpassung ist eine große Leistung, die je nach den Erfahrungen und der Vorgeschichte des Kindes unterschiedlich lange dauern kann.

Die Voraussetzung für eine gelungene Integration ist die emotionale Annahme des Kindes. Es kann sich nur integrieren, wenn ihm durch Zuwendung und Fürsorge signalisiert wird, dass es als neues Familienmitglied erwünscht ist. Der Integrationsprozess geschieht von beiden Seiten, als Aktion und Reaktion: „Wir möchten, dass du zu uns gehörst" und „ich möchte zu euch gehören."

Für die Integration ist wichtig, dass Pflege- und Adoptiveltern nicht nur das Kind, sondern auch seine Herkunftsfamilie akzeptieren. Gelingt ihnen dies nicht, muss das Kind entweder einen Teil seiner Identität verdrängen (die Herkunftsfamilie) oder es wird auf die Integration in die Pflegefamilie verzichten. Es wird nicht in sie hineinwachsen, die Lebensweise nicht annehmen, fremd bleiben, nicht dazugehören.

Pflege- und Adoptiveltern können mit Einfühlungsvermögen den Prozess der Integration fördern und begleiten.

Dazu kann beispielsweise ein so genanntes „Lebensbuch" beitragen, das gemeinsam mit dem Kind hergestellt wird. Das Buch beginnt mit den Fotos oder Zeichnungen der leiblichen Eltern. Danach kommen die Fotos der annehmenden Eltern. Für kleinere Kinder kann man die dazugehörigen Geschichten aufschreiben, größere können selbst schreiben. Danach werden abwechselnd möglichst viele Familienmitglieder aus beiden „Großfamilien" vorgestellt, beschrieben und gemalt, einschließlich der Familientiere und weiterer Bezugspersonen. So entsteht ein „Lebensbuch", das bei Bedarf für Freunde und Bekannte, die das Kind im Laufe der Zeit kennen lernt, erweitert werden kann. In ihm sind beide Familien vereint.

Jugendliche aus Pflege- und Adoptivfamilien, einschließlich der leiblichen Kinder dieser Familien

Am 30.11.1996 wurde in Oberwesel der Verein „NEW" - Noch Ein Weg - eine Organisation für Jugendliche aus Pflege- und Adoptivfamilien gegründet. Die Mitglieder sind mindestens 14 Jahre alt und leben oder lebten in Pflege- und/ oder Adoptivfamilien. Sie treffen sich regelmäßig, meist an Wochenenden, zu bestimmten Themen.

Sie wollen in Zusammenarbeit mit verschiedenen Behörden, Institutionen sowie Pflege- und Adoptivelternverbänden die Sichtweise junger betroffener Menschen darlegen und an Fortbildungen für Pflege-, Adoptivfamilien und Fachkräfte teilnehmen.

Informationen und Kontaktadressen über die Geschäftsstelle des Bundesverbandes (Umschlag mit Rückporto).

Kindererziehungszeiten für Adoptiv- und Pflegeeltern

Die Bestimmungen des Rentenreformgesetzes sehen für Pflege- und Adoptiveltern keine Änderungen vor, soweit es sich um die Zugehörigkeit zum Personenkreis handelt, dem Kindererziehungszeiten/Berücksichtigungszeiten wegen Kindererziehung angerechnet werden kann.
Für die Anerkennung von Kindererziehungszeiten für Pflegekinder ist es weiterhin erforderlich, dass das Pflegekind mit dem Berechtigten durch ein auf längere Dauer angelegtes Pflegeverhältnis in häuslicher Gemeinschaft wie ein Kind mit seinen Eltern verbunden ist. Häusliche Gemeinschaft im Rahmen eines Pflegekindschaftsverhältnisses setzt grundsätzlich voraus, dass das Kind aus dem Haushalt der Eltern - und damit aus dem Obhuts-, Betreuungs- und Erziehungsverhältnis - völlig ausgeschieden und in den Haushalt der Pflegeeltern übergetreten ist (Siehe auch unter: Rente für Pflegemütter)
Bei Eltern, die das Kind zwecks späterer Annahme in Adoptionspflege nehmen, handelt es sich stets um Pflegemütter und -väter im Sinne dieses Gesetzes (§ 56 SGB VI i.V.m. § 56 (2) Nr. 2 und (3) Nr. 3 SGB I).

Die Anerkennung einer Kindererziehungszeit kann im Höchstfall für die Dauer von 36 Kalendermonaten erfolgen (§ 56 (1) SGB VI). Bei Geburten bis zum 31.12.91 verbleibt es bei der Dauer von 12 Monaten (§ 249 (1) SGB VI).
Grundsätzlich beginnt die Versicherungspflicht mit dem auf den Geburtsmonat des Kindes folgenden Kalendermonat. Der tatsächliche Beginn der Versicherungspflicht kann auch später liegen, wenn die Erziehung später aufgenommen oder unterbrochen wird, wie z.B. in Fällen der Annahme des Kindes. Die Folge ist die Anrechnung einer kürzeren Versicherungszeit statt der vollen 36 Kalendermonate.

In jedem Fall aber gilt, dass Versicherungspflicht nur für die Dauer der tatsächlichen Erziehung des Kindes innerhalb des 36-Monatszeitraumes anerkannt werden kann, gerechnet ab dem auf den Geburtsmonat des Kindes folgenden Kalendermonat.

Weitere Informationen erteilen kostenlos die Auskunfts- und Beratungsstellen der Bundes- und Landesversicherungsanstalten.

Rechtliche Grundlagen

§ 56 SGB I (Sonderrechtsnachfolge)
§ 56 SGB VI (Kindererziehungszeiten)
§ 249 SGB VI (Beitragszeiten und Berücksichtigungszeiten wegen Kindererziehung)

Kindergartenbeiträge für Pflegekinder

Die Übernahme der monatlichen Kindergartenbeiträge kann (lt. § 39 (3) SGB VIII) auf Antrag erfolgen.

Die Regelungen können - je nach Landesrecht - unterschiedlich sein. Entweder werden diese Kosten direkt vom Jugendamt bezahlt oder der Kindergartenbeitrag wird bei den Leistungen zum Unterhalt des Kindes als Kostenfaktor berücksichtigt.

Pflegeeltern sollten sich an ihr Jugendamt wenden, um sich über den ortsüblichen Verfahrensmodus informieren zu lassen.

„Der gesamte regelmäßig wiederkehrende Bedarf soll durch laufende Leistungen gedeckt werden." (VG Gelsenkirchen, 26.5.1993, AZ.: K 2604/92)
Hierzu zählen nicht die Kosten, die für die Betreuung eines Kindes im Kindergarten anfallen, wenn das Pflegegeld entsprechend § 39 SGB VIII als Pauschalbetrag geleistet wird.

Rechtliche Grundlagen

§ 39 SGB VIII (Leistungen zum Unterhalt des Kindes oder Jugendlichen)

Kindergeld / Kinderzuschuss (Kinderzulage)

Kindergeld

Seit 1.1.1996 haben unbeschränkt steuerpflichtige Eltern Anspruch auf Kindergeld als Steuervergütung, andere haben Anspruch auf Kindergeld als Sozialleistung.

Nach dem Bundeskindergeldgesetz haben Pflegeeltern Anspruch auf das Kindergeld für ihr Pflegekind, wenn dieses „auf längere Dauer" bei ihnen lebt. Dies gilt auch, wenn Anspruch auf Berufsunfähigkeits-, Erwerbsunfähigkeits- und Hinterbliebenenrente sowie Altersruhegeld besteht.

Der Kindergeldantrag ist an die Kindergeldkasse des zuständigen Arbeitsamtes zu richten. Angestellte des öffentlichen Dienstes richten ihren Antrag an ihren Arbeitgeber.

Nach § 39 (6) SGB VIII erfolgt eine anteilige Anrechnung des Kindergeldes auf das Pflegegeld. Ist das Pflegekind das älteste Kind in der Familie, so muss die Hälfte des für das erste Kind zu zahlenden Kindergeldes angerechnet werden. Ist es nicht das älteste Kind, so ermäßigt sich der Anrechnungsbetrag auf ein Viertel des Betrages, der für ein erstes Kind zu zahlen ist.

Kinderzulage/Kinderzuschuss

Ein dem Kindergeld vergleichbares Anwendungsverfahren gilt für weitere Kinderzuschläge und vergleichbare Rentenbestandteile: Sie werden nach § 39 (6) SGB VIII berücksichtigt und somit anteilig auf die Leistungen angerechnet.

Rechtliche Grundlagen

§ 39 SGB VIII (Leistungen zum Unterhalt des Kindes oder Jugendlichen)
§ 2 BKGG § 32 EStG

Kinderpflege-Krankengeld

Ab 1.1.1992 ist durch das Inkrafttreten einer gesetzlichen Neuregelung (Änderung des § 45 SGB V) der Anspruch auf Krankengeld bei einer Erkrankung des Kindes in mehrfacher Hinsicht erweitert worden.

So wird auf der einen Seite der anspruchsberechtigte Personenkreis aufgrund der Heraufsetzung der Altersgrenze von acht auf zwölf Jahre ausgedehnt. Auf der anderen Seite verlängert sich nun auch der Anspruchszeitraum.

Seit Anfang 1992 kann ein Anspruch auf Krankengeld und damit ein Freistellungsanspruch gegenüber dem Arbeitgeber geltend gemacht werden, wenn ein dem Haushalt zugehöriges Kind unter 12 Jahren erkrankt und es nach ärztlichem Zeugnis erforderlich ist, dass der Versicherte zur Beaufsichtigung, Betreuung und Pflege dieses kranken Kindes der Arbeit fernbleiben muss.

Zehn Tage pro Jahr werden jedem arbeitenden Elternteil für die Pflege eines kranken Kindes zugestanden, bei zwei Kindern sind es 20, ab drei Kindern 25 Tage.

Allein Erziehenden wird die gleiche Zeit gewährt wie Vater und Mutter zusammen. 20 Tage bei einem, 40 Tage bei zwei und 50 Tage ab drei Kindern. Das alleinige Personensorgerecht ist hierbei im Einzelfall durch Vorlage entsprechender Unterlagen bei der zuständigen Krankenkasse nachzuweisen.

Diese Neuregelungen haben auch Gültigkeit bei der Betreuung eines erkrankten Pflegekindes.

Rechtliche Grundlagen
§ 45 SGB V (Krankengeld bei Erkrankung des Kindes)

Kindesmisshandlung

Kindesmisshandlung ist auch in Deutschland ein weit verbreitetes Delikt, selbst wenn dies nicht auf den ersten Blick so scheint. Die Kriminalstatistik weist nur relativ wenige Fälle im Sinne des Strafgesetzbuches als Kindesmisshandlung aus, die Dunkelziffer wird allerdings von Fachleuten extrem hoch eingeschätzt (mehr als 170 000 Misshandlungen pro Jahr). Sicher ist, dass die Zahl der gerichtlichen oder polizeilich registrierten Fälle weit unter der realen Häufigkeit liegt.

Die Dunkelziffer ist u.a. deshalb so hoch, weil die Aufdeckung von Misshandlungen durch den Umstand, dass sie am häufigsten abgeschirmt von der Öffentlichkeit innerhalb der Familie geschehen, erschwert wird.

Oft werden Misshandlungen bei Arztbesuchen als Unfälle deklariert. Die Ursachen von ca. 70 % aller lebensbedrohlichen Hirnverletzungen bei Säuglingen bleiben ungeklärt. Gerade Verletzungen dieser Art können aber ein Hinweis auf Misshandlung sein.

Körperliche Gewalt gegen Kinder wird immer noch bagatellisiert und seelische Misshandlungen sind kaum nachzuweisen. Die Grenzen zwischen strenger Erziehung und Misshandlung sind fließend.

Kindesmisshandlung setzt nicht erst bei den aus den Medien bekannten Extremfällen ein; der Wille des Kindes und die Integrität seiner Persönlichkeit wird auch dann gebrochen und langfristig geschädigt, wenn die Spuren der Gewalt weniger offensichtlich sind.

Die Arbeitsgemeinschaft Kinderschutz hat in ihrer Misshandlungsdefinition das breite Spektrum von Gewalt gegen Kinder beschrieben (vgl. hierzu: AG Kinderschutz: Gewalt gegen Kinder: Hamburg 1975).

Kindesmisshandlung ist eine nicht zufällige, bewusste oder unbewusste gewaltsame seelische und/oder körperliche Beeinträchtigung oder Vernachlässigung des Kindes durch die Eltern oder andere Erziehungspersonen, die das Kind schädigt, verletzt, in seiner Entwicklung hemmt oder sogar zum Tode führt.

Kinder aller gesellschaftlichen Schichten sind Opfer dieser Gewalt: Aufgrund neuerer wissenschaftlicher Untersuchungen muss angenommen werden, dass sich auch die Formen der Gewaltanwendung (körperliche/seelische Misshandlung) nicht so stark schichtspezifisch unterscheiden, wie früher angenommen wurde.

Gewalt gegen Kinder ist kein individuelles Problem Einzelner. Es gibt gesellschaftliche und lebensgeschichtliche Faktoren, die Gewaltanwendung begünstigen. (Siehe hierzu auch unter: Gewalt gegen Kinder)
Zudem spielt die Einstellung der Eltern zu ihren Kindern in diesem Zusammenhang eine wesentliche Rolle.

Hier sind bei misshandelnden/gewalttätigen Eltern drei typische Grundhaltungen festzustellen:

- **Das Kind als Sündenbock und Belastung**
  Die Eltern erleben ihr Kind als Bedrohung, weil es ihnen Nachteile beruflicher und gesellschaftlicher Art beschert - es wird als Ursache für diese Schwierigkeiten betrachtet (und dafür gehasst!).

- **Das Kind als Herrschaftsobjekt**
  Die Eltern benutzen das Kind als „Objekt", an dem sie die Macht demonstrieren, die sie gegenüber anderen Personen nicht ausüben können. An das Kind werden Leistungsansprüche gestellt, die derart überzogen sind, dass das Kind diese nicht erfüllen kann. Die Fähigkeiten und Bedürfnisse des Kindes werden - häufig aufgrund der eigenen Kindheitserfahrungen - nicht wahrgenommen oder einfach ignoriert.
  Häufig werden Kinder auch zum Opfer eines Konkurrenzkampfes zwischen den Eltern, indem sie Grund für Neid und Eifersucht sind. Der sich benachteiligt fühlende Elternteil lässt die so entstandenden Aggressionen an dem Kind aus.

- **Das Kind als Liebesquelle**
  Eltern, die in ihrer Kindheit keine oder nicht genügend Liebe erfahren haben, erwarten von ihrem Kind, dass es sie dafür entschädigt: Das Kind soll nun das Bedürfnis nach Liebe ersatzweise befriedigen. Solche Anforderungen überfordern jedes Kind. Die Enttäuschung der Eltern darüber, dass das Kind ihre Erwartungen nicht erfüllt, führt dann dazu, dass die Gefühle umschlagen in Hass und Feindseligkeit.

Dazu kommt, dass Eltern dieser Art ihre erzieherische Leistung so hoch einschätzen, dass das Kind diese gar nicht mit seiner Liebe „bezahlen" kann.

Oft wird das Kind aber auch sowohl als Sündenbock und Belastung als auch als Herrschaftsobjekt und Liebesquelle betrachtet.

Besonders betroffen - und damit besonders gefährdet - sind kleine, kränkelnde, behinderte und nicht „pflegeleichte" Kinder.

Neben akuten Verletzungen und/oder bleibenden Gesundheitsschäden stellt die Erfahrung von Gewalt für alle Kinder eine tiefe Verletzung ihrer Würde und ihres Selbstwertgefühles dar.

Als Folge davon wird die Ausbildung einer stabilen Identität des Kindes verhindert. Das Kind macht schon sehr früh die Erfahrung, dass seine Rechte und seine Bedürfnisse permanent missachtet werden, die Umwelt (in Form der Eltern) wird als Bedrohung erlebt.

Um die aus der Gewalterfahrung erwachsene Angst überhaupt abwehren zu können, greift das Kind auf totale Anpassung als Vermeidungsstrategie zurück und lernt, seine Gefühle zu verdrängen. Die damit verbundene Übernahme der elterlichen Normen und Erwartungen, von Freud als Identifikation mit dem Aggressor bezeichnet, bewirkt, dass das Kind bei einer erneuten Misshandlung die Ursache hierfür in sich selbst sieht: „Weil ich böse war, hat Mutter/Vater mich schlagen müssen ..."

Die Schuldübernahme des Kindes bewirkt auch, dass dieses die erfolgte Gewaltanwendung gegenüber Dritten - also auch gegenüber seinen Pflegeeltern - zu verbergen versucht.

Aggressionen, Angst vor Berührungen, fehlende Frustrationstoleranz, Kontaktschwierigkeiten, Misstrauen, Passivität, psychosomatische Störungen, Rohheit, Unsicherheit und andere Verhaltensauffälligkeiten, die aufgrund von Misshandlungen auftreten, können dann von den Pflegeeltern nicht in ihrer Ursache erkannt, eingeordnet und verstanden werden.

Was sollten Pflegeeltern tun, wenn der Verdacht oder gar die Gewissheit besteht, dass das Kind misshandelt wurde?

Es ist sehr wichtig, dem Kind in dieser Situation jede nur erdenkliche Hilfe zu geben. Zum einen muss natürlich das Jugendamt umgehend von diesem Sachverhalt in Kenntnis gesetzt werden (falls es noch keine Kenntnis davon hat), damit schnellstmöglich die notwendigen Schritte zum Schutz des Kindes eingeleitet werden können (Abbruch der Besuchskontakte, Sorgerechtsentzug etc.).

Zum anderen sollten Pflegeeltern dem Kind, auch wenn es ungewohntes und befremdliches Verhalten an den Tag legt, verständnisvoll und freundlich begegnen. Nur so können sie dazu beitragen, dem Kind bei der Verarbeitung der Misshandlungserfahrungen zu helfen.

Es sollten nur sehr minimale Forderungen an das Kind gestellt werden, damit nicht alte Versagensängste reaktiviert werden.

Erst wenn das Kind Selbstwertgefühl entwickelt hat, kann es lernen, mit Forderungen von außen umzugehen. Wenn seine Gefühle von den Pflegeeltern ernst genommen werden, wird es immer besser dazu in der Lage sein, diese zuzulassen, wodurch alte Ängste abgebaut werden. In dieser Phase müssen Pflegeeltern auch die negativen Gefühle des Kindes und Ablehnung durch das Kind ertragen können, ja es sogar beim Ausleben dieser Gefühle unterstützen (z.B. durch behutsame Körperkontakte, durch das Verbalisieren der alten Ängste des Kindes).

Die Überwindung des Gewalttraumas bedeutet für das Kind eine schmerzhafte Auseinandersetzung mit Schuldgefühlen und der erlebten Missachtung seiner Person - leisten kann das Kind diese schwere Aufgabe nur, wenn es seiner selbst und seiner Beziehungen sicher sein kann.

Rechtliche Grundlagen

Art. 2 GG (Recht auf Entfaltung der Persönlichkeit und körperliche Unversehrtheit)
§ 170 d StGB
§ 223 StGB
§ 1666 BGB (Gefährdung des Kindeswohls)

Klassenfahrten

Klassenfahrten sind im pädagogischen Konzept der Schulen fest verankert.

Den Kindern bieten sie die Möglichkeit, ohne den normalen Leistungsdruck des Unterrichts gemeinsame Erfahrungen zu sammeln, sich besser kennen zu lernen und ein für den Schulalltag wichtiges Gruppengefühl zu entwickeln.

Die Kosten der Klassenfahrten sind bei Pflegekindern nicht über das pauschalierte Pflegegeld abgegolten (dieses umfasst nur den regelmäßigen Lebensbedarf). Vor Antritt der Klassenfahrt sollte ein Antrag auf einmalige Beihilfe beim Jugendamt gestellt werden.

Rechtliche Grundlagen

§ 39 (3) SGB VIII (Leistungen zum Unterhalt des Kindes/Jugendlichen)

Krankenhausaufenthalt

Für jedes Kind bedeutet ein Krankenhausaufenthalt eine Ausnahmesituation, die aufgrund der Trennung von der Bezugsperson, gerade bei kleineren Kindern starke Verunsicherungen und Ängste auslösen kann.

Dem Kind ist es oft unverständlich, warum es gerade in einer so schmerzhaften und bedrohlichen Situation von Mutter/Vater in fremde Pflege gegeben wird - es fühlt sich im Stich gelassen.

Je jünger Kinder sind und je länger der Krankenhausaufenthalt andauert, desto häufiger reagieren die Kinder auf diese seelische Notlage mit typischen Deprivationserscheinungen wie Rückzug, Anpassung durch Regression etc.

Ist ein Krankenhausaufenthalt selbst für Kinder mit einer stabilen und störungsfreien Entwicklung belastend, so sind Pflegekinder aufgrund ihrer Vorerfahrungen oft noch schwerer von den Auswirkungen betroffen.

Neben „normalen" Trennungsängsten und Spezifika der Krankheit (Schmerz etc.) kann es zu einer Wiederauflage der vergangenen Trennungserfahrungen kommen. Der Krankenhausaufenthalt wird zu einem weiteren Faktor in einer Kette von traumatischen, die Entwicklung störenden und schädigenden Einflüssen und führt mitunter zu massiven Rückschritten in der Entwicklung des Pflegekindes. (Das gleiche Phänomen kann auch bei Adoptivkindern, die schlimme Trennungserfahrungen hinter sich haben, beobachtet werden.)

Unabhängig vom Alter des Pflegekindes bewirkt ein Krankenhausaufenthalt (vor allem in der Phase der Eingewöhnung) eine Reaktivierung alter Ängste. Das Pflegekind verlernt oft neu erworbene oder noch nicht fest verankerte Fähigkeiten. Die mühsam aufgebaute Beziehung zu den Pflegeeltern wird als unzuverlässig erfahren, das Kind fühlt sich (erneut) enttäuscht und verlassen. Früher als andere Kinder reagiert es somit mit einem Rückzug und der Verdrängung jeglicher Gefühle.

Wird ein Krankenhausaufenthalt des Pflegekindes notwendig, sollten Pflegeeltern versuchen, mit dem Kind über seine Ängste zu sprechen (z.B. in Form von Rollen- oder Puppenspielen) und so dem Kind eine Auseinandersetzung mit dem Thema „Krankenhaus" ermöglichen.

Verlassenheitsängste können reduziert werden, wenn dem Kind ein hohes Maß an Sicherheit gegeben wird (z.B. dadurch, dass die Pflegeeltern - wenn möglich - bei allen Untersuchungen und bei kleineren Eingriffen zugegen sind).

Sehr wichtig ist natürlich auch, das Kind so oft wie möglich im Krankenhaus zu besuchen. Wenn für die Pflegemutter/den Pflegevater die Möglichkeit besteht, sich als Begleitperson mit ins Krankenhaus aufnehmen zu lassen, sollte davon Gebrauch gemacht werden.

Die Krankenkasse übernimmt hierfür die Kosten, wenn ein Attest des Arztes hinsichtlich der zwingenden medizinischen Notwendigkeit (aus psychologischen Gründen) dem - noch vor Beginn des Krankenhausaufenthalts zu stellenden - Antrag beigefügt ist.

Wenn die Krankenkasse nicht zur Kostenübernahme bereit ist, empfiehlt es sich, diesbezüglich einen Antrag beim Jugendamt zu stellen, da die Mitaufnahme einer Begleitperson für das Kind (und seine weitere Entwicklung) extrem wichtig sein kann.

Eine Kostenübernahme - einmalige Beihilfe aus besonderem Anlass - müsste im Rahmen des § 39 SGB VIII möglich sein.

Rechtliche Grundlagen

§ 39 (3) SGB VIII (Leistungen zum Unterhalt des Kindes oder Jugendlichen: einmalige Beihilfen oder Zuschüsse)

Krankenhilfe

Die Krankenversicherung des Pflegekindes erfolgt in der hier beschriebenen Rangfolge:

- Das Pflegekind ist selbst versichert, wenn es entweder eine Rente bezieht (z.B. Waisenrente) oder wenn es sich in der Berufsausbildung befindet bzw. berufstätig ist.

- Das Pflegekind kann bei den Eltern oder bei den Pflegeeltern familienversichert sein. Der Anspruch gegen die Krankenkasse der Pflegeeltern besteht unabhängig davon, ob die Pflegeeltern das Pflegekind ganz oder überwiegend unterhalten. Voraussetzung ist, dass die Pflegekinder mit dem Kassenmitglied durch ein auf längere Dauer angelegtes Pflegeverhältnis mit häuslicher Gemeinschaft, wie Kinder mit Eltern, verbunden sind.

- Sind die Voraussetzungen auf Familienversicherung mehrfach erfüllt, also durch Eltern und Pflegeeltern, wählt das Krankenkassenmitglied (meist der Pflegevater) die Krankenkasse, von der die Leistungen erbracht werden sollen.

- Pflegekinder haben Anspruch auf Krankenhilfe gem. § 40 SGB VIII. Das Jugendamt kann in geeigneten Fällen die Beiträge für eine freiwillige Krankenversicherung übernehmen, soweit sie angemessen sind.

- Pflegeeltern müssen rechtzeitig vor der Inanspruchnahme von zuzahlungspflichtigen Leistungen einen Antrag beim Pflegekinderdienst auf Übernahme zusätzlich anfallender Kosten stellen. Im Falle von ärztlichen Leistungen sind Stellungnahmen derselben einzureichen.
  Falls Anträge abgelehnt werden, sind sie, wenn sie antragsberechtigt sind, auch beschwerdeberechtigt.

Rechtliche Grundlagen

§ 40 SGB VIII (Krankenhilfe)
§§ 36, 37 (2-4) BSHG (Gesundheits- und Krankenhilfe)

Krankenversicherungsschutz für das Adoptivkind

Ist einer der Adoptiveltern bei einer gesetzlichen Krankenkasse versichert, so sind Adoptivkinder im Rahmen der Familienversicherung grundsätzlich beitragsfrei mitversichert. Dies gilt auch für Kinder, die mit dem Ziel der Annahme als Kind in die Obhut des Annehmenden aufgenommen sind (Adoptionspflege) und für die, die zur Annahme erforderliche Einwilligung der Eltern erteilt ist (§ 10 (4) SGB V).

Eine beitragsfreie Familienversicherung des Adoptivkindes bei der gesetzlichen Krankenkasse ist jedoch nicht möglich, wenn einer der Elternteile nicht Mitglied einer gesetzlichen Krankenkasse ist und bestimmte Einkommensgrenzen bei diesem Elternteil überschritten werden (§ 10 (3) SGB V). Auch wenn das Adoptivkind eigenes Einkommen hat, kann dies zum Verlust des Versicherungsschutzes führen (§ 10 (2) Nr. 5 SGB V). In diesen Fällen kann allerdings die Möglichkeit einer freiwilligen Weiterversicherung bestehen (§ 9 (1) Nr. 2 SGB V). Diese Möglichkeit ist vor allem dann gegeben, wenn das Kind vor der Annahme durch die leiblichen Eltern bei einer gesetzlichen Krankenkasse mitversichert war und diese Mitversicherung durch die Annahme endete. Der freiwillige Beitritt ist in diesen Fällen innerhalb von drei Monaten nach dem Ende der Familienversicherung anzuzeigen (§ 9 (2) Nr. 2 SGB V).

Sind die Adoptiveltern nicht gesetzlich, sondern privat versichert, können sie das Adoptivkind in ihrem Krankenversicherungsvertrag mitversichern. Der Verband der privaten Krankenversicherung e.V. hat seinen Mitgliedsunternehmen nahe gelegt, adoptierte Kinder bis zum vollendeten fünften Lebensjahr zu erleichterten Bedingungen aufzunehmen. Die Unternehmen verfahren im Regelfall entsprechend. Dies bedeutet, dass der Krankenversicherungsschutz ohne Wartezeiten mit der Adoption beginnt, wenn zu diesem Zeitpunkt wenigstens ein Adoptivelternteil mindestens drei Monate beim gleichen Krankenversicherer versichert ist und die Anmeldung zur Versicherung spätestens zwei Monate nach dem Tag der Adoption rückwirkend zum Ersten des Adoptionsmonats erfolgt. Der Versicherungsschutz darf nicht höher oder umfassender als der eines versicherten Elternteils sein. Geburtsfehler, angeborene Anomalien und vererbte Krankheiten sind dann ohne Risikozuschlag zum Beitrag in den Versicherungsschutz eingeschlossen. Besteht eine andere Vorerkrankung, die erst nach der Geburt, also vor der Annahme, aufgetreten ist, so kann ein Risikozuschlag zum Beitrag erforderlich sein.

Rechtliche Grundlagen

§§ 9, 10 SGB V

Kurzzeitpflege

Pflegeverhältnisse sind auch eine „befristete Erziehungshilfe". Sie werden daher oft Kurzzeitpflege, Übergangspflege oder Bereitschaftspflege genannt mit der Perspektive: Rückkehr in die Herkunftsfamilie.

Meist ist die Inpflegegabe in Not- und Krisensituationen der Herkunftsfamilie begründet. Kurzzeitige Ausfälle der Eltern oder eines Elternteils (wegen Krankheit, Kuraufenthalt, Haftstrafe etc.) machen dann die vorübergehende Unterbringung bei einer Pflegefamilie nötig.

Die Konfrontation mit ständig wechselnden „neuen" Kindern und deren unterschiedlichen Bedürfnissen und Problemen erfordert von diesen Pflegeeltern ein Höchstmaß an Fexibilität und Einfühlungsvermögen. Die Kinder benötigen dringend die Unterstützung der Pflegeeltern bei der Auseinandersetzung mit ihrer neuen Situation.

Darüber hinaus kommt den Pflegeeltern die Aufgabe zu, durch intensive Kontakte zu Eltern und Verwandten die vorübergehende Trennung des Kindes von seiner Familie abzumildern.

Bei der Kurzzeitpflege ist das Einholen einer Pflegeerlaubnis prinzipiell nicht notwendig, wenn die Dauer der Pflege acht Wochen nicht übersteigt.

Ist abzusehen, dass - aufgrund der Umstände - ein Kind nicht mehr in seine Herkunftsfamilie zurückkehren kann, ist so schnell wie möglich eine auf Dauer angelegte Lebensperspektive zu erarbeiten, damit Entwicklungsschwierigkeiten des Kindes vermieden werden können.

Rechtliche Grundlagen

§ 33 SGB VIII (Vollzeitpflege)
§ 44 (1) SGB VIII (Pflegeerlaubnis)

Leistungen aus besonderen Anlässen / Einmalige Beihilfen oder Zuschüsse

Neben den laufenden Leistungen zum Unterhalt des Pflegekindes werden den Pflegeeltern für besondere Ausgaben, die im Rahmen der Aufnahme und Erziehung des Kindes anfallen, vom Jugendamt auf Antrag auch einmalige Beihilfen und Zuschüsse gewährt.

Beantragt werden können diese einmaligen Beihilfen und Zuschüsse für:

- **Erstausstattung der Pflegestelle**
- **Wichtige persönliche Anlässe (Taufe, Kommunion, Konfirmation, Beschneidungsfeiern, Jugendweihe und andere weltanschauliche Initiationsriten)**
- **Ferien- und Urlaubsreisen, Klassenfahrten**
- **Kindergartengebühren**
- **Privatschulbeiträge**

Während die Kosten für Kleidung, Wäsche, Schuhe, Hausrat und deren Reparatur durch die laufenden Unterhaltsleistungen abgedeckt werden müssen, beziehen sich einmalige Leistungen auf nicht im vornherein berechenbare Bedarfsfälle. Sicherheitshalber sollten alle zusätzlich erforderlichen Maßnahmen im Hilfeplan festgeschrieben werden.

Einmalige Leistungen sind „Kann-Leistungen". Einige Jugendämter zählen dazu nur die im Gesetzestext angeführten Beihilfen. Andere Jugendämter legen großzügiger aus, welche Ausgaben nicht zu den laufenden Unterhaltsleistungen zählen (Schulranzen, Fahrrad, Berufskleidung u.a.).

Rechtliche Grundlagen

§ 39 (3) SGB VIII (Leistungen zum Unterhalt des Kindes oder Jugendlichen)

Lohnsteuerkarte

Pflegekinder, die sich in Vollzeitpflege auf Dauer angelegt im Haushalt der Pflegeeltern befinden, sind Pflegekinder im Sinne des Einkommensteuergesetzes (§ 32 (4) S. 2 EStG). Sie sind aus diesem Grunde mit dem Kinderfreibetragsfaktor 1 auf der Steuerkarte der Pflegeeltern einzutragen.

Diese Eintragung erfolgt nicht automatisch, sondern muss jährlich neu, unabhängig vom Alter des Pflegekindes, bei dem zuständigen Finanzamt beantragt werden.

Voraussetzungen für die Eintragung sind:

- **Das Bestehen eines familienähnlichen, auf längere Dauer angelegten Bandes zwischen Pflegeeltern und -kind**
- **Der Nachweis, dass die Pflegeeltern das Pflegekind zu einem nicht unwesentlichen Teil auf ihre Kosten unterhalten**

Mit der langfristigen Unterbringung des Kindes außerhalb seines Elternhauses besteht ein natürliches Obhuts- und Pflegeverhältnis zwischen den leiblichen Eltern und dem Pflegekind nicht mehr. Daran ändern auch Besuchskontakte der leiblichen Eltern nichts; die Obhut und Pflege des Kindes obliegt mit seiner Inpflegegabe den Pflegeeltern.

Vollzeitpflegekinder sind keine Kostkinder, sondern Pflegekinder auch im steuerrechtlichen Sinn: Da die Pflegeeltern einen nicht unwesentlichen Teil des Unterhalts durch ihre Erziehungs- und Pflegeleistung erbringen, ist eine Eintragung des Pflegekindes auf der Lohnsteuerkarte zwingend geboten.

Die zuständigen Vermittlungsstellen (Jugendämter und freie Träger) stellen die hierfür erforderlichen Bescheinigungen aus.

Rechtliche Grundlagen

§ 32 (4) 2 EStG
§ 3 Nr. 11 EStG

Meldepflicht der Heime

Im Zuge der Neufassung des Adoptionsvermittlungsgesetzes wurde auch die Meldepflicht der Heime erweitert. Sämtliche Heime oder ähnliche Einrichtungen, die Minderjährige unter 16 Jahren betreuen und der Heimaufsicht unterliegen, sind nunmehr verpflichtet:

- einmal jährlich die belegten Plätze zu melden
- bei Aufnahme Minderjähriger die zuständige Behörde zu benachrichtigen über:

a) den bisherigen Aufenthalt dieses Kindes
b) die einweisende Stelle oder Person
c) die Einschätzung in Bezug auf die Vermittlungsfähigkeit.

Des Weiteren liegt eine selbständige Ermittlungspflicht durch die zentrale Adoptionsstelle des Landesjugendamtes vor.

Rechtliche Grundlagen

§ 12 AdvermiG (Ermittlungen bei Kindern in Heimen)
§ 47,2 SGB VIII (Meldepflichten)

Motivation zur Aufnahme eines Pflegekindes / Adoptivkindes

Die Gründe und Motive, die Familien und Einzelpersonen zur Aufnahme eines fremden Kindes veranlassen, beeinflussen die Art des Umgangs mit dem Pflegekind, bestimmen die Erwartungen, die sie an das Kind stellen werden und kennzeichnen die Lebensumstände, mit denen es in seiner neuen Familie konfrontiert wird.
Aus diesem Grund ist es wenig hilfreich, sich in den Vermittlungsgesprächen beim Jugendamt „Motivationen zurechtzulegen", von denen man glaubt, diese würden besonders positiv bewertet werden.

Um die besten Voraussetzungen für eine Pflege oder Adoption zu schaffen, sollten sich die zukünftigen Eltern schon im Vorfeld der offiziellen Vermittlung sehr selbstkritisch und ehrlich mit ihren Beweggründen auseinander setzen.

Nicht immer sind die Motive bewusst, häufig spielen auch unbewusste Bedürfnisse, Wünsche und Erwartungen eine Rolle.
Um sich Klarheit über die eigene Motivation zu verschaffen, sind Gespräche (mit Freunden, in Pflege-/Adoptivelterngruppen, mit Fachkräften) oft sehr hilfreich.

Wer ein fremdes Kind in seine private Lebensgemeinschaft aufnehmen möchte, sollte sich vor der Entscheidung folgende Fragen stellen:

- **Warum möchte ich/möchten wir ein Kind aufnehmen?**
- **Kann ich mir die Aufnahme auch hinsichtlich der anderen Familienmitglieder, Verwandten und Bekannten vorstellen? (Bedenken Sie: eine so grundlegende wichtige Entscheidung muss von allen mitgetragen werden, die von ihren Auswirkungen und Begleiterscheinungen direkt und unmittelbar betroffen sind.)**
- **Welche Erwartungen stelle ich/stellen wir an das Kind?**
- **Welche Voraussetzungen muss das Kind mitbringen?**
- **Welche Ziele habe ich/haben wir hinsichtlich der Erziehung des Kindes?**
- **Welche Mittel würde ich/würden wir zur Erreichung dieser Ziele anwenden?**
- **Welche Verhaltensweisen/Eigenarten könnte/n ich/wir auf keinen Fall ertragen oder akzeptieren?**
- **Unter welchen Umständen wäre ich/wären wir von dem Kind enttäuscht?**

- **Wie würde ich mich/wie würden wir uns bei solch einer Enttäuschung verhalten?**
- **Wie stelle ich mir/wie stellen wir uns die Integration des Kindes in unsere Familie vor?**
- **Welche Veränderungen im Familienleben/ im Alltag werden sich durch die Aufnahme eines Kindes ergeben?**
- **Kann ich mir/können wir uns vorstellen, einem fremden Kind ebenso viel Liebe, Zuneigung und Geduld zuteil werden zu lassen, wie einem leiblichen Kind?**
- **Fühle ich mich/fühlen wir uns seelisch und körperlich dazu in der Lage, auch Schwierigkeiten zu bewältigen?**
- **Bin ich bereit, mich selbst und mein Verhalten in Frage zu stellen und eventuell zu ändern?**

Motive, die Pflegeeltern/Adoptiveltern-Bewerber häufig angeben, sind: Kinderliebe, Identifikation mit unglücklichen und benachteiligten Kindern, eigene positive Erfahrungen mit einer Großfamilie, gesellschaftliches Engagement und Nächstenliebe.

Obgleich ein späteres Scheitern des Pflege-/Adoptivverhältnisses nie ausgeschlossen werden kann, gibt es doch Motive, die ein solches Scheitern wahrscheinlicher machen. Solche Motive sind: Suche nach einem Spielgefährten für das eigene Kind, Ersatzsuche für ein verstorbenes Kind, Überwindung des Gefühls der Leere oder der Einsamkeit durch die Aufnahme eines Kindes, Beseitigung von Ehekrisen (das Kind soll die Ehe kitten) etc.

Die Hoffnung auf Befriedigung eigener Bedürfnisse durch die Aufnahme eines Kindes ist durchaus legitim, doch müssen das Pflege- oder Adoptivkind und seine Bedürfnisse immer im Mittelpunkt des Interesses stehen. Das Kind darf niemals mit festgelegten Rollenzuweisungen überfordert werden, es darf nicht als Mittel zur Konfliktbewältigung missbraucht werden.

Für einen positiven Verlauf des Pflege-/Adoptivverhältnisses ist es nötig, dass dem Kind offen und liebevoll begegnet wird.

Erst wenn sich BewerberInnen für ein Pflege- oder Adoptivkind ihrer eigenen Bedürfnisse und Erwartungen, Grenzen und Möglichkeiten wirklich bewusst geworden sind, sollte eine endgültige Entscheidung für oder gegen die Aufnahme eines Pflegekindes getroffen werden. (Siehe auch unter „Auswahlverfahren“, Kriterien der GZA.)

Namensänderung / Adoptiveltern

Mit der rechtsgültigen Adoption erhält das Kind auch den Familiennamen der Annehmenden. (§ 1758 Abs. 4 Satz 2): Das Vormundschaftsgericht kann auf Antrag der / des Annehmenden dem neuen Familiennamen den bisherigen Familiennamen voranstellen oder anfügen.

Während der Zeit der Adoptionspflege gibt es jedoch keine besonderen Vorschriften für die Namensführung von Adoptivpflegekindern. Hier wird das Gesetz zur Änderung von Familien- und Vornamen wirksam. Ein entsprechender Antrag ist bei der Gemeinde zu stellen. Wichtig kann diese vorgezogene Änderung dann sein, wenn in diesen Zeitraum vor der Adoption z.B. die Einschulung fällt. In diesem Fall würde eine Änderung des Familiennamens zweifelsohne dem Wohl des Kindes dienen.

Der neue Familienname ist für das Kind von großer Bedeutung. Er signalisiert die Zugehörigkeit des Kindes zur Familie, macht es dem Kind möglich, sich als vollwertiges Familienmitglied zu fühlen und auch nach außen zu demonstrieren: „Ich gehöre jetzt dazu!" Der neue Doppelfamilienname signalisiert: „Ich habe zwei Eltern, beide sind mir wichtig. Meine Adoptiveltern akzeptieren meine Herkunft.

Die leiblichen Eltern sollten dem Kind einen Vornamen geben, die Adoptiveltern sollten einen zweiten Namen (auf Wunsch vieler Adoptierter) hinzufügen.

Während die Änderung des Familien(doppel)namens dem Kind Zugehörigkeit verleiht, sollte der Vorname des Kindes erhalten bleiben. Ist der Familienname wichtig zum Aufbau des „Wir-Gefühls", so verknüpft das Kind mit seinem Vornamen ein wichtiges Moment des „Ich-Gefühls".

Eine Änderung des Vornamens darf nur erfolgen, wenn schwer wiegende Gründe dies zum Wohl des Kindes erforderlich machen. Die Einwilligung des Kindes ist hierzu notwendig. Über den Antrag wird mit dem Ausspruch der Adoption durch das Vormundschaftsgericht entschieden.

Rechtliche Grundlagen

§ 1757,1 und 2 BGB (Nachname und Vorname des Kindes)
§ 1706,1 BGB (Aufgaben des Pflegers für das Kind)
§ 1746,1 BGB (Einwilligung des Kindes)

Namensänderung / Pflegeeltern

Ein Familienname darf nur geändert werden, wenn ein wichtiger Grund die Änderung rechtfertigt.
Möglich ist die Annahme des Namens der Pflegeeltern oder ein Doppel-Familienname.
Pflegeeltern sollten ihrem Pflegekind helfen, den Herkunftsnamen als Teil seiner Selbst zu akzeptieren. Indem das Kind seinen Herkunftsnamen anerkennt und anerkennen darf, erkennt es auch seinen Sonderstatus – Pflegekind – an. Der Name ist ein Teil der Identität des Kindes. Tatsächlich zeigt die Praxis aber, dass relativ viele Pflegekinder inoffiziell den Namen ihrer Pflegeeltern führen. Auf amtlichen Dokumenten muss jedoch der Geburtsname stehen (Schulzeugnis).
Bei Vorliegen eines wichtigen Grundes kann das Interesse des Kindes an einer Änderung so schutzwürdig sein, dass der Änderung zuzustimmen ist. Hierfür ist ein Antrag auf Genehmigung der Änderung des Familiennamens beim Amtsgericht zu stellen.

Die Namensänderung kann nur auf Antrag des Kindes erfolgen. Ein minderjähriges Kind bedarf der Zustimmung des gesetzlichen Vertreters. Ein Vormund oder Pfleger muss die Genehmigung des Vormundschaftsgerichts einholen. Dieses hat das minderjährige Pflegekind über 16 Jahre dazu zu hören.
Die Namensänderung wird auf Antrag im Ordnungsamt entschieden. Sie bedarf einer qualifizierten Begründung. Es reicht nicht aus, dass sie im Interesse des Kindes ist, sondern sie muss „dem Wohl des Kindes" dienen. Wann ein wichtiger Grund vorliegt, wie ihn das Gesetz vorschreibt, kann nicht allgemein beantwortet werden.
Die Namensänderung ist generell gebührenpflichtig. Gemäß § 6 des Verwaltungskostengesetzes (VerwKoG) kann jedoch für bestimmte Arten von Amtshandlungen aus Gründen der Billigkeit oder des öffentlichen Interesses eine Befreiung oder Ermäßigung von den Gebühren des Verwaltungsaktes erfolgen. Bei der Namensänderung von Pflegekindern liegt ein öffentliches Interesse vor, welches eine Ermäßigung der Gebühr zulässt.
Sollte die Ermäßigung wider Erwarten nicht erfolgen, so liegt die Festsetzung der Gebühr im Ermessen der Verwaltungsstelle. Sie muss sich jedoch an der wirtschaftlichen Situation und dem Verwaltungsaufwand orientieren.

Rechtliche Grundlagen

§ 3 (1) NamÄnG
§ 6 VerwkoG

Offene Adoption

„Offene Adoption" ist ein Sammelbegriff für eine Vielzahl von Adoptionsformen, die sich hinsichtlich des Grades und der Intensität von Kontakten zwischen leiblichen Eltern und Adoptivfamilien unterscheiden." (Dr. Martin Textor, offene Adoptionsformen in: Nachrichtendienst des Deutschen Vereins für öffentliche und private Fürsorge, Heft 4, 1991, S. 107)

Jahrzehntelang wurden in der Regel „Inkognitoadoptionen" durchgeführt (Siehe: Inkognitoadoptionen). Die aus der Inkognitoadoption resultierenden Probleme wurden erst ab Beginn der 80er-Jahre gesehen. Die Situation der leiblichen Mütter kam erst ab diesem Zeitpunkt ins Blickfeld: Die psychische Belastung, die Trauer und die Schuldgefühle, die daraus resultierten, dass sie ihr Kind abgegeben hatten.

Zudem wurde nun auch erst die in der Inkognitoadoption liegende Gefahr erkannt, die darin besteht, dass sie Adoptiveltern ermöglicht, das Kind als ihren alleinigen „Besitz" anzusehen. Die Tabuisierung der Adoption und die daraus erwachsende Atmosphäre der Heimlichkeit führt auch zu einer Verunsicherung des Kindes. Inkognitoadoptionen können bei den Kindern zu massiven Identitätskonflikten führen: Sie müssen mit der Tatsache fertig werden, Kinder mit zwei Elternpaaren zu sein und damit, über ihre Herkunft nicht Bescheid zu wissen.

Aufgrund dieser Erkenntnisse veränderte sich in den 80er-Jahren langsam die Vermittlungspraxis: die offene Adoption gewann an Bedeutung. Zugrunde lag dem die Auffassung, dass die Möglichkeit besteht, dass die leiblichen Eltern ebenso wie die Adoptiveltern Interesse am Gedeihen ihres Kindes haben und aus diesem Grund auch zu dessen Wohl zusammenarbeiten können.

Die Bedürfnisse der leiblichen Eltern fanden nun mehr Berücksichtigung. Zudem wurde dem Umstand Rechnung getragen, dass die offene Adoption es den Eltern mitunter erleichtert, einer Adoption zuzustimmen.

Somit bietet die offene Adoption eine Alternative zur Inkognitoadoption (ohne sich von dieser in ihrer Rechtswirkung zu unterscheiden). Für den Identitätsfindungsprozess des Kindes ist sie sicher von Vorteil.

Von Adoptiveltern verlangt die offene Adoption die Bereitschaft, sich der Vorgeschichte des Kindes zu stellen. Notwendig ist hierbei eine intensive Zusammenarbeit zwischen Vermittlungsstelle, Herkunfts- und Adoptiveltern.

Vorteile für:

a) **Leibliche Eltern:** Erleichterung der Freigabeentscheidung, Miterleben der weiteren Entwicklung des Kindes

b) **Adoptiveltern**: Mehr Informationen über das Kind, eventuell Unterstützung durch die leiblichen Eltern bei der Erziehung, bewusstes Leben der „Zweitelternschaft"

c) **Adoptivkinder**: Weniger Identitätsfindungsprobleme, Abnahme von Ängsten und Fantasien - Entwicklung eines postiveren Selbstbildes. „Elternbild" bleibt erhalten / wird aufgebaut, die oft ergebnislose „Suche nach der Herkunftsfamilie" entfällt.

Nachteile für:

a) **Leibliche Eltern:** Längerer und intensiverer Trauerprozess, negative Umwelterfahrungen.

b) **Adoptiveltern:** Belastende Informationen über die leiblichen Eltern können zu einer negativen Einstellung gegenüber dem Kind führen.

c) **Adoptivkinder:** Erschwerte Integration in die Adoptivfamilie, Loyalitätskonflikte, Gefährdung des Bindungsprozesses.

Untersuchungen haben gezeigt, dass offene Adoptionen zu einem Großteil positiv verlaufen. Die Risiken, die eine offene Adoption in sich birgt, sollten dennoch den Adoptionsbewerbern bekannt sein.

Deshalb gilt für die Adoptionsvermittlung: Die Fachkräfte müssen die Bewerber über mögliche positive und negative Folgen der offenen Adoption aufklären und ihnen beratend zur Seite stehen.

Leider ist die heute schon praktizierte Form offener und halb offener Adoption gesetzlich noch nicht abgesichert, worauf abgebende Eltern ausdrücklich hingewiesen werden müssen.

Obwohl viele Erwachsene Adoptierte und abgebende Eltern nur noch die offenen Adoptionsformen akzeptieren, sollte die offene Adoption nicht zu einer neuen Norm gemacht werden, sondern bei jeder Vermittlung soll mit beiden Seiten die für die jeweilige Situation beste Lösung gesucht werden.

Offene Adoptionsformen (nach Textor)

Der Begriff der „offenen Adoption" beinhaltet eine Vielzahl von Adoptionsformen, die nach dem Grad der Offenheit unterschieden werden. Diese sollen im Folgenden kurz dargestellt werden

1) Einbeziehung der leiblichen Eltern in die Auswahl der Adoptiveltern;

2) einmaliges Zusammentreffen von leiblichen Eltern und Adoptiveltern, etwa zum Zeitpunkt der Übergabe des Kindes (unter Umständen bei Wahrung des Inkognitos);

3) fortlaufende wechselseitige Information von leiblichen Eltern und Adoptiveltern über ihr Leben via die Adoptionsvermittlungsstelle, wobei die Anonymität der Adoptiveltern gewährleistet werden kann;

4) regelmäßiger Austausch von Briefen, Fotos und/oder Videotapes zwischen den leiblichen Eltern und der Adoptivfamilie, der entweder direkt oder über die Adoptionsvermittlungsstelle (unter Wahrung des Inkognitos) erfolgen kann;

5) fortlaufender persönlicher Kontakt zwischen leiblichen Eltern und Adoptivfamilie, der sich nach dem Grad der Intensität weiter differenzieren ließe. (Dr. Martin Textor: a.a.O., S. 108)

Wie schon eingangs erwähnt, birgt die offene Adoption Vorteile in sich. Auf der anderen Seite dürfen auch die möglichen Gefahren bei offenen Adoptionen nicht übersehen werden.

Operationen

Operative Eingriffe bedürfen der Zustimmung der Personensorgeberechtigten (Eltern/Vormund).

Pflegeeltern können eine rechtswirksame Einwilligung nur geben, wenn sie Vormund des Kindes sind oder im Rahmen der Teilübertragung von Angelegenheiten der elterlichen Sorge auch ein Vertretungsrecht im Operationsfall haben (nach § 1630 BGB haben die leiblichen Eltern die Möglichkeit, Teile der elterlichen Sorge auf die Pflegeeltern zu übertragen, sich von diesen in der Ausübung der elterlichen Sorge vertreten zu lassen).

Eine versagte Einwilligung kann von dem Vormundschaftsgericht ersetzt werden, wenn es das Wohl des Kindes erforderlich macht.

Eine lebensnotwendige Operation kann auch ohne ausdrückliche Einwilligung der Personensorgeberechtigten vorgenommen werden, da bei Lebensgefahr von einem vermuteten Einverständnis ausgegangen werden kann.

Rechtliche Grundlagen

§ 38 (5) SGB VIII (Ausübung der Personensorge; Gefahr im Verzuge)
§ 1630 (3) BGB Übertragung der elterlichen Sorge

Örtliche Zuständigkeit für Leistungen und andere Aufgaben des Jugendamtes

In den Paragraphen 85 ff des SGB VIII ist die Zuständigkeit der verschiedenen Träger der öffentlichen Jugendhilfe neu geregelt.

Für die Bestimmung der örtlichen Zuständigkeit - und damit der Leistungspflicht - ist der gewöhnliche Aufenthalt der Eltern entscheidend.

Das heißt, dass auch bei einer notwendigen Fremdunterbringung des Kindes das Jugendamt des gewöhnlichen Aufenthalts der Eltern zuständig bleibt.

Lebt ein Kind oder Jugendlicher zwei Jahre bei einer Pflegeperson und ist sein Verbleib auf Dauer zu erwarten, so wird der örtliche Träger zuständig, in dessen Bereich die Pflegeperson ihren gewöhnlichen Aufenthalt hat.

In diesem Fall muss zwischen dem bislang zuständig gewesenen Jugendamt und dem künftig zuständigen Jugendamt frühzeitig eine enge Zusammenarbeit stattfinden, um die Sicherung des Kindeswohls zu gewährleisten. Zudem können dadurch auch Fragen bezüglich der Kostenübernahme nach dem Ablauf von zwei Jahren besser geklärt werden.

Rechtliche Grundlagen

§ 85 SGB VIII (Örtliche Zuständigkeit für Leistungen und andere Aufgaben)

Personalbögen der leiblichen Eltern

Das Bayerische Landesjugendamt hat für abgebende Eltern Fragebögen entwickelt, in die sie Informationen über sich für ihr Kind eintragen können.

AdoptionsvermittlerInnen sollten in den Beratungsgesprächen mit den Herkunftseltern und Adoptivbewerbern darauf hinwirken, die Wichtigkeit gegenseitiger Informationen zum Wohl des Kindes anzuerkennen.

Die Bögen bestehen aus zwei Teilen:

1. personenbezogene Daten der leiblichen Eltern:
   Familienstand, Vaterschaft, Disposition zu Krankheiten, Großeltern, spätere Kontakte zum Kind / zur Adoptivfamilie

2. persönliche Angaben:
   persönliche Beschreibung und Familienbeschreibung

(Musterbögen können bei der Geschäftsstelle des Bundesverbandes gegen Einsendung von € 2,- in Briefmarken angefordert werden.)

Pflegeerlaubnis

„Wer ein Kind oder einen Jugendlichen außerhalb des Elternhauses in seiner Familie regelmäßig betreuen oder ihm Unterkunft gewähren will (Pflegeperson), bedarf der Erlaubnis." (§ 44 SGB VIII)

Einer Erlaubnis bedarf es in folgenden Fällen nicht:

- im Rahmen von Hilfe zur Erziehung oder von Eingliederungshilfe für seelisch behinderte Kinder und Jugendliche aufgrund von Vermittlung durch das Jugendamt
- als Vormund oder Pfleger im Rahmen seines Wirkungskreises
- als Verwandter oder Verschwägerter bis zum dritten Grad
- bis zur Dauer von acht Wochen
- im Rahmen eines Schüler- oder Jugendaustausches
- bei Kindern und Jugendlichen in Adoptionspflege
- bei einer Betreuung während des Tages, sofern im selben Haushalt nicht mehr als zwei weitere Kinder betreut werden

Die Pflegeerlaubnis wird nicht generell, sondern immer nur für ein bestimmtes Kind, einen bestimmten Jugendlichen erteilt.

Die Erlaubnis ist zu versagen, wenn das Wohl des Kindes oder des Jugendlichen in der Pflegestelle nicht gewährleistet ist. Insofern hat die Pflegeerlaubnis eine sozialpädagogische Funktion. Sie soll gewährleisten, dass die im Rahmen von Jugendhilfe erbrachten Leistungen das Wohl der Kinder und Jugendlichen sichern, die außerhalb ihres Elternhauses aufwachsen müssen.

Ist das Wohl eines Minderjährigen in der Pflegestelle gewährleistet, besteht ein Rechtsanspruch auf die Erteilung einer Pflegeerlaubnis. (Siehe hierzu auch: Johannes Münder u.a., Frankfurter Lehr- und Praxiskommentar zum KJHG, Münster 1991, Seite 230)

Für die Erteilung der Pflegeerlaubnis sowie deren Rücknahme oder Widerruf ist der örtliche Träger zuständig, in dessen Bereich die Pflegeperson ihren gewöhnlichen Aufenthalt hat.

Rechtliche Grundlagen:
§ 44 SGB VIII (Pflegeerlaubnis)

Pflegegeld (Wirtschaftliche Jugendhilfe)

Wird Jugendhilfe in einer Pflegestelle gewährt, so ist der notwendige Unterhalt des Kindes/Jugendlichen sicherzustellen. Er umfasst die Kosten für den Lebensunterhalt und die Kosten der Erziehung.

Die Pauschalbeträge für laufende Leistungen zum Unterhalt des Kindes oder Jugendlichen sind durch die nach Landesrecht dafür zuständigen Behörden festzusetzen.

Durch eine Staffelung der Beträge nach Altersgruppen soll dem unterschiedlichen Unterhaltsbedarf Rechnung getragen werden.

Alles Nähere regelt das Landesrecht.

Umfassende Auskünfte erteilen die wirtschaftlichen Hilfen der Jugendämter und die jeweiligen Landesverbände der Pflegeeltern- und Adoptiveltern-Zusammenschlüsse.

Rechtliche Grundlagen

§ 39 SGB VIII (Leistungen zum Unterhalt des Kindes oder Jugendlichen)

Pflegekinder (Definition)

Im allgemeinen Sprachgebrauch versteht man unter dem Begriff „Pflegekind" ein minderjähriges Kind, das bei einer anderen als seiner leiblichen Familie aufwächst, ohne von ihr adoptiert worden zu sein.

Rechtliche Grundlagen

§ 7 SGB VIII (Begriffsbestimmungen)

Pflegekinderdienste

Im Gegensatz zur Adoptionsvermittlung ist die Vermittlung von Pflegekindern nicht verbindlich gesetzlichen Vorschriften (hinsichtlich fachlicher, personeller Ausstattung, Vermittlungsverbot für Privatpersonen etc.) unterstellt.

Wollen Ehepaare oder Einzelpersonen ein Kind in Pflege nehmen, so gibt es mehrere Anlaufstellen, an die sie sich wenden können:

Das Jugendamt
Ein Großteil der Kreis- und Stadtjugendämter verfügt über spezielle Pflegekinderdienste oder beschäftigt zumindest Sozialarbeiter, deren Hauptaufgaben im Bereich der Familienpflege liegen. Je besser die personelle Ausstattung der Dienste und je geringer die „Fallzahlen" der einzelnen Sozialarbeiter, desto qualifizierter kann die Vermittlung, Beratung und Betreuung ausgestaltet werden.

Die Pflegekinderdienste bleiben auch nach der Inpflegenahme Ansprechpartner und Anlaufstelle für die Pflegeeltern.

Das Landesjugendamt
Kann das örtliche Jugendamt kein Pflegekind vermitteln, so besteht auch die Möglichkeit, sich an Jugendämter anderer Kreise oder Städte zu wenden.

Über die zentrale Adoptionsstelle der Landesjugendämter (zentraler, überregionaler Pflegekindernachweis) können in der Hauptsache „schwer vermittelbare", d.h. behinderte oder ältere Kinder eine geeignete Pflegefamilie finden. Auch die Vermittlung in heil-/sozialpädagogische Pflegestellen läuft in einigen Bundesländern über das Landesjugendamt.

Träger der freien Jugendhilfe
Arbeiterwohlfahrt, Caritas, Diakonisches Werk, der Paritätische Wohlfahrtsverband und andere freie Träger haben mitunter eigene Fachdienste für Pflegekinder eingerichtet, die in enger Kooperation mit den Jugendämtern arbeiten. Diese Träger dürfen vermitteln, die letzte Entscheidung trifft aber das Jugendamt.

Pflegeperson (Definition)

Als Pflegeperson wird im SGB VIII die Person bezeichnet, die im Rahmen der Vollzeitpflege für die Erziehung und Betreuung des Pflegekindes zuständig ist. Das können bei der Familienpflege zwei Personen sein.

Die im SGB VIII gewählte Bezeichnung „Pflegeperson" weist darauf hin, dass auch einzelne Personen und unterschiedliche Formen von Lebensgemeinschaften Kinder in Pflege nehmen können.

Die Bezeichnungen „Pflegemutter/Pflegevater" und „Pflegeeltern" drücken im Gegensatz zur Bezeichnung „Pflegeperson" emotionale Bindungen aus. Sie kennzeichnen den Familiencharakter von Pflegeverhältnissen und sind Ausdruck einer sozialen Elternschaft.

Rechtliche Grundlagen

§ 38 SGB VIII (Ausübung der Personensorge)

Pflegevertrag

Ein Pflegevertrag wurde früher häufig zur Klarstellung der Rechtsbeziehungen zwischen Pflegepersonen und Jugendamt oder zwischen Pflegepersonen und Personensorgeberechtigten (Eltern, Vormund) abgeschlossen.

Heute findet man Pflegeverträge, abgeschlossen zwischen Pflegekinderdiensten in freier Trägerschaft und Pflegepersonen.
Unbefriedigend ist die Vorgehensweise beim Zuständigkeitswechsel, wenn kein neuer Träger in den Vertrag einsteigt.
Im Falle von Wohnortswechseln der Herkunftseltern oder Pflegeeltern ist hier besondere Planung notwendig.

Pflegschaft und Vormundschaft für Kinder und Jugendliche

a) Bestellung eines Pflegers; Familienpflege

Geben Eltern ihr Kind für längere Zeit in Familienpflege, so kann das Familiengericht auf Antrag der Eltern oder der Pflegeperson Angelegenheiten der elterlichen Sorge auf die Pflegeperson übertragen. Hierzu ist die Zustimmung der Eltern erforderlich.
Auf diese Weise können auch Teile der elterlichen Sorge, wie „Schulsorge" oder „Gesundheitssorge" übertragen werden.

Rechtliche Grundlage
§ 1630 (3) BGB

b) Vormundschaft

Im Normalfall üben die leiblichen Eltern die elterliche Sorge für ihr Kind aus. Wenn den leiblichen Eltern das Sorgerecht entzogen worden ist (§ 1666a BGB), die elterliche Sorge ruht (§§ 1673 ff BGB) oder durch den Tod der Eltern kein natürlicher Sorgerechtsinhaber mehr vorhanden ist, wird durch das Vormundschaftsgericht ein Vormund bestellt.

Die Rechte und Pflichten des Vormunds sind weitgehend denen der leiblichen Eltern (Personensorgeberechtigten) nachgebildet. Eine Unterhaltsverpflichtung des Vormunds gegenüber dem Mündel besteht jedoch nicht. Der Vormund ist im vollen Umfang für das Mündel verantwortlich, ihm obliegt sowohl die Personen- als auch die Vermögenssorge und die gesetzliche Vertretung in allen das Kind betreffenden Angelegenheiten. Er hat also für die Betreuung und Erziehung seines Mündels zu sorgen und dessen materielle Interessen wahrzunehmen.
Die Auswahl und Bestellung eines Vormunds erfolgt durch das Vormundschaftsgericht, in dessen Zuständigkeitsbereich das betroffene Kind seinen Wohnsitz hat. Hierbei arbeitet das Gericht eng mit dem Jugendamt zusammen.

Das Jugendamt hat bei Pfleg- und Vormundschaften eigenständige Aufgaben zu übernehmen; Es hat das Recht und die Pflicht, dem Vormundschaftsgericht geeignete Personen und Vereine als Pfleger oder Vormund vorzuschlagen.

Die Eignung dieser Personen hat sich am Wohl des betroffenen Kindes/Jugendlichen zu orientieren, das heißt, sie wird an fachlichen, intellektuellen und charakterlichen Kriterien gemessen (bei Vereinen spielt neben der Fachlichkeit auch deren Organisation und Wirtschaftlichkeit eine entscheidende Rolle).

Die Bestellung geeigneter Personen liegt in der Eigenverantwortung des Vormundschaftsgerichts - dieses ist nicht an den Vorschlag des Jugendamtes gebunden.

Nur wenn das Vormundschaftsgericht eine für das Vormundsamt ungeeignete Person ausgewählt hat und das Vorschlagsrecht an das Jugendamt übergeht, besteht - im Interesse des Minderjährigen - ein Beschwerderecht gemäß § 57 (1) FGG. Das Wohl des Mündels ist durch die kooperative Tätigkeit des Jugendamtes gegenüber dem Pfleger oder Vormund zu sichern.

Vormund kann nur werden, wer voll geschäftsfähig ist. Nicht zum Vormund bestellt werden sollen minderjährige, unter Betreuung stehende oder solche Personen, die in Konkurs gegangen sind.

Die Bestellung erfolgt mittels einer Bestallungsurkunde. Diese dient gleichzeitig als Ausweis für die Tätigkeit als Vormund und muss bei einer Beendigung der Vormundschaft an das Gericht zurückgegeben werden.

Bei der Erfüllung seiner Aufgabe untersteht der Vormund der Aufsicht des Vormundschaftsgerichts. Er muss auf Verlangen des Gerichts jederzeit Auskunft über den Verlauf und den Stand der Vormundschaft geben können. In einigen Sorgerechtsangelegenheiten bedarf es generell einer Genehmigung durch das Vormundschaftsgericht. Hierzu gehören folgende Rechtsgeschäfte:

- **Verfügung über hinterlegte Wertpapiere und Kostbarkeiten**
- **Grundstücksgeschäfte**
- **Sonstige Geschäfte im Sinne des § 1622 BGB (z.B. Abschluss von Lehr- und Arbeitsverträgen, die länger als ein Jahr dauern.)**
- **Antrag auf Namensänderung für den Mündel.**

In besonders komplizierten Vormundschaftsangelegenheiten kann das Vormundschaftsgericht einen Mit- oder Gegenvormund bestellen. Mitvormünder führen die Vormundschaft gemeinschaftlich oder teilen sich, wenn es zweckmäßig erscheint, die Personen- und Vermögenssorge; Gegenvormünder können nur bestellt werden, wenn dies zur Überwachung des Vormunds erforderlich erscheint und so Sorge getragen werden kann, dass die Interessen des Mündels weitgehend gewahrt werden. Ein Gegenvormund kann nicht bestellt werden, wenn das Jugendamt die Amtsvormundschaft innehat.

Die Aufgabe der Vormundschaft kann also durch
- **einen Einzelvormund**
- **einen Vereins-/Verbandsvormund**
- **einen Amtsvormund (Jugendamt) wahrgenommen werden.**

Im Alltag des Kindes und der Pflegeeltern kann dieser Umstand von großer Wichtigkeit sein. Aus diesem Grund sollen im Folgenden sowohl der Stellenwert als auch die Spezifika von Einzel- und Amtsvormundschaften einer näheren Betrachtung unterzogen werden.
Der Gesetzgeber hat klar zum Ausdruck gebracht, dass die Regelform der Vormundschaft die Einzelvormundschaft ist.
In der Regel ist der Amtsvormund kaum präsent im Erleben und Bewusstsein der betroffenen Kinder. Insbesondere in Situationen wie Schulbesuch, Schulwechsel, Ausbildung etc. hat der Amtsvormund kaum tiefere Einblicke in die Situation des Mündels und muss diese so wichtigen Entscheidungen häufig mehr nach Aktenlage als auf der Grundlage des persönlichen Kontaktes treffen. Die Möglichkeit von Fehlentscheidungen, die den realen Bedürfnissen des Kindes widersprechen, wird hierdurch wahrscheinlicher.

Ohne die Verdienste und das Engagement vieler Amtsvormünder schmälern zu wollen, ist ersichtlich, dass die Intensität und Qualität der amtsvormundschaftlichen Betreuung im Regelfall (u.a. aufgrund der hohen Fallzahlen) hinter den Möglichkeiten des Einzelvormunds zurückbleiben. Da die Qualität des Vormunds aufgrund der ihm übertragenen Entscheidungskompetenz den weiteren Lebensweg des Mündels maßgeblich prägt, sollte versucht werden, das gesetzlich verankerte Primat der Einzelvormundschaft auch in die praktische Gesetzesausführung umzusetzen.
Jeder Bürger, der die schon genannten Voraussetzungen erfüllt, kann sich beim zuständigen Vormundschaftsgericht oder beim Jugendamt, Abteilung Vormundschaften für Minderjährige, um eine Einzelvormundschaft bewerben.

Auch wenn bereits eine Amtsvormundschaft besteht, hat der Gesetzgeber zur Bekräftigung des Vorrangs der Einzelvormundschaft die Möglichkeit der Auflösung der Amtsvormundschaft zugunsten des Einzelvormundes in BGB und SGB VIII verankert.

Gemäß den Bestimmungen des Kinder- und Jugendhilfegesetzes (§ 56 (4) SGB VIII) hat das Jugendamt zu prüfen, ob seine Entlassung als Amtspfleger oder Amtsvormund im Interesse des Kindes oder Jugendlichen angezeigt ist.
Die Entlassung des Jugendamts aus der Amtsvormundschaft und die Bestellung einer Einzelperson (oder eines Vereins) ist angezeigt, wenn die Führung

der Vormundschaft oder Pflegschaft durch die in Aussicht gestellte Einzelpersönlichkeit für das Wohl des Kindes von Vorteil ist.

Dem Vormundschaftsgericht ist hiervon Mitteilung zu machen.

Die Ausübung der Einzelvormundschaft beschränkt sich nicht auf „neutrale Dritte" - auch Pflegeeltern können die Einzelvormundschaft für ihr Pflegekind übernehmen. In der Vergangenheit haben Pflegeeltern von dieser Möglichkeit nur sehr selten Gebrauch gemacht. Dabei haben sie - mehr als jeder andere Vormund - Einblick in die aktuelle Entwicklung des Kindes und kennen seine Bedürfnislage.
Wenn Pflegeeltern Entscheidungen bezüglich der Schullaufbahn, bei Erkrankungen und Operationen zu treffen haben, müssen sie auf die Einwilligung des Vormunds warten. Die aus dieser Rechtsunsicherheit resultierenden Probleme können sich auf die Kinder nachteilig auswirken.
Es ist diesen schwer verständlich zu machen, weshalb die Personen, die sie - nach oft langjähriger Beziehung - als ihre faktischen Eltern ansehen, nicht die Entscheidungen treffen dürfen, die ihr Wohlergehen und ihre Zukunft betreffen.

Die Personalunion von Pflegeeltern und Vormund birgt somit eine Chance in sich, sie kann zu mehr Sicherheit im täglichen Erziehungsgeschehen führen.

Die Übernahme der Vormundschaft durch die Pflegeeltern sollte jedoch nur dann erfolgen, wenn bestimmte Voraussetzungen für den Verbleib des Kindes in der Pflegefamilie gegeben sind.
Viele Pflegeeltern verzichten auf die Übernahme einer Vormundschaft, da sie die (unbegründete) Befürchtung haben, dass damit auch die Zahlungen der wirtschaftlichen Jugendhilfe für das Pflegekind eingestellt würden.
Das ist jedoch nicht der Fall.

Rechtliche Grundlagen

§§ 1773-1895 BGB (Vormundschaft)
§ 53 SGB VIII (Beratung und Unterstützung von Pflegern und Vormündern)
§ 54 SGB VIII (Erlaubnis der Übernahme von Vereinsvormundschaften)
§ 55 SGB VIII (Amtspflegschaft und Amtsvormundschaft)
§ 56 SGB VIII (Führung der Amtspflegschaft und der Amtsvormundschaft)
§ 58 SGB VIII (Beistandschaft und Gegenvormundschaft des Jugendamtes).

Polizeiliche Anmeldung

Langzeitpflegekinder müssen innerhalb einer Woche nach der Inpflegenahme bei der Meldebehörde (dem Einwohnermeldeamt) des Wohnsitzes der Pflegeeltern polizeilich angemeldet werden.

Für die Anmeldung ist die Abmeldebescheinigung vom vorherigen Wohnsitz erforderlich.

Polizeiliches Führungszeugnis

Bewerber müssen ein polizeiliches Führungszeugnis vorlegen. Dieses wird auf Antrag vom Einwohnermeldeamt ausgestellt.

Prozesskostenbeihilfe

Pflegekinder und Pflegeeltern können als Beteiligte in einem Rechtsverfahren zur Wahrung ihrer Rechte Prozesskostenbeihilfe in Anspruch nehmen.

Entgegen dem alten Armenrecht wird seit 1981 auch Prozesskostenbeihilfe in den Instanzen der Sozialgerichte gewährt. Der Antrag ist beim zuständigen Gericht schriftlich zu stellen oder dort zu Protokoll zu geben. Eine kurze Beschreibung des Sachverhalts, der Beweismittel, sowie Nachweise über die Einkommens- und Vermögensverhältnisse müssen dem Antrag beigefügt werden.

Prozesskostenbeihilfe wird nur gewährt, wenn bei der Klage Aussicht auf Erfolg besteht. Sie ist abhängig von bestimmten Einkommensgrenzen.

Für jeden Rechtszug (Instanz) ist ein besonderer, neuer Antrag zu stellen.

Neben der Prozesskostenbeihilfe im Verfahren besteht auch die Möglichkeit der Beratungshilfe. Diese kann durch das Amtsgericht oder einen Rechtsanwalt erfolgen. Auch hier gelten Einkommensgrenzen.

Die Beratungshilfe soll zu einer Abklärung der rechtlichen Situation im Vorfeld dienen, der entsprechende Berechtigungsschein muss bei der Rechtsberatungsstelle des Amtsgerichts beantragt werden.

Von der Beratung sind Arbeits-, Steuer- und Sozialrecht ausgeschlossen.

Eine Beratung über Sozialleistungen muss von den Sozialleistungsträgern, ihren Verbänden und Sozialbehörden unentgeltlich im Rahmen ihrer allgemeinen Aufklärungspflicht über Sozialleistungen erfolgen.

Rechtliche Grundlagen

§§ 114-127 a ZPO
§ 14 FFG (Prozesskostenbeihilfe)
§ 13 SGB I(Aufklärungspflicht über Sozialleistungen)

Pubertät

Etwa ab dem 12. Lebensjahr beginnt beim Kind die Phase der Pubertät (Adoleszenz). Sie ist gekennzeichnet durch körperliche Veränderungen, die sexuelle Reifung und durch die Suche nach neuen Orientierungsmöglichkeiten außerhalb der eigenen Familie.

Letzteres bringt zwangsläufig die Abgrenzung von den zu Hause herrschenden Wertvorstellungen und Grundsätzen mit sich.
Dieser Prozess der Ablösung vom Elternhaus, der nun stattfindet, bringt für die meisten Eltern (das gilt natürlich auch für Adoptiv- und Pflegeeltern) oft große Schwierigkeiten mit sich.

Sie müssen erleben, dass ihre Kinder die in der Familie geltenden Werte nicht übernehmen wollen, diese Werte sogar entwerten, sich diese bewusst von ihnen (und damit von den Eltern) abgrenzen wollen.

Indem sich der Pubertierende andere Vorbilder sucht, andere Personen plötzlich weitaus mehr Einfluss auf ihn haben als seine Eltern, erzeugt er bei diesen Misstrauen und Angst. Denn das „Kind" lebt ihnen eigene Anteile vor, die sie selber nicht leben durften, verdrängt haben und die wohl deshalb auch nicht zu ihrem Idealbild von Familie passen.

Verena Kast beschreibt in ihrem Buch: „Loslassen und sich selber finden" (Freiburg 1991) die Chancen des Ablösungsprozesses folgendermaßen:

„Eigentlich wäre dies (die Phase der Adoleszenz) *eine wunderbare Gelegenheit, über sich selbst mehr zu lernen, sich bewußt zu werden darüber, was man gelebt, was man verdrängt hat, sich auch zu überlegen, ob denn nicht die eine oder andere Überzeugung zu eng ist, ob die eine oder andere Lebenslüge nicht doch aufgegeben werden könnte, ob man sich nicht doch im Namen eines Ideals zuviel versagt und das dann bei anderen - unter anderem auch bei den eigenen Kindern - neidet.*
... Meistens aber wird jedoch nicht eingesehen, sondern gekämpft und geneidet.
... man entwertet den Neiderreger und die Neiderregerin, man kritisiert."
(a.a.O., S. 39/40)

So ist dieser Lebensabschnitt dann durch Machtkämpfe und Krisen in der Familie gekennzeichnet: Die Eltern wollen nicht wahrhaben, dass sich ihre Kinder von ihnen ablösen und in die Welt hinausgehen wollen.

Es ist schmerzhaft, zu erkennen, dass man als Eltern zurückbleiben muss, man fühlt sich allein gelassen und spürt zudem überaus deutlich, dass man älter wird, dass man - im Gegensatz zu seinem Kind - das Leben nicht mehr vor sich hat. Erkennt man diese Tatsache an, kommt ein Lernprozess in Gang, der es ermöglicht, in konstruktiver Auseinandersetzung mit dem Heranwachsenden eine neue Basis für den Umgang miteinander zu finden.

Mehr noch als andere Heranwachsende sind Pflege- und Adoptivkinder in dieser Zeit der Neuorientierung verunsichert. Die Auseinandersetzung mit der eigenen Herkunft wird, neben den allgemeinen Pubertätsproblemen, zu einer zentralen Frage bei dem Versuch, eine stabile Identität aufzubauen. Wurde die Vorgeschichte schon kontinuierlich und realitätsnah vor Einsetzen der Pubertät dem Kind vermittelt, so bewahrt dies den Jugendlichen vor einem „schwarzen Loch" in seiner Geschichte, er kann sich offen und selbstbewusst auch mit diesem Teil seiner Biografie auseinander setzen und aussöhnen.

Beachtenswert ist, dass bei vielen Pflege- und Adoptivkindern die Pubertät (und ihre spezifischen Probleme) später als bei „Familienkindern" einsetzt. Pflege- und Adoptiveltern werden davon oft zu einem Zeitpunkt überrascht, an dem sie - auch aufgrund der Erfahrungen mit eigenen Kindern - die Turbulenzen schon überwunden glauben.
(Siehe hierzu: Broschüre des Landesverbandes Bayern„Pubertät – Familie im Wechselbad der Gefühle")

Rechte von Kindern und Jugendlichen

Der Rechtsanspruch auf „Hilfe zur Erziehung" liegt bei den Personensorgeberechtigten. Kinder und Jugendliche sind jedoch an allen Entscheidungen der Jugendhilfe ihrem Entwicklungsstand entsprechend zu beteiligen. Sie sind auf geeignete Weise auf ihre Rechte hinzuweisen (in Gerichtsverfahren, bei der Wahl einer Jugendhilfeeinrichtung usw.)

Kinder und Jugendliche haben das Recht, sich in allen Angelegenheiten der Erziehung und Entwicklung an das Jugendamt zu wenden. Sie können ohne Kenntnis der Personensorgeberechtigten beraten werden, wenn die Beratung aufgrund einer Not- und Konfliktlage erforderlich ist und solange durch die Mitteilung an den Personensorgeberechtigten der Beratungszweck vereitelt würde.

Rechtliche Grundlagen

§ 5 SGB VIII (Wunsch- und Wahlrecht)
§ 8 SGB VIII (Beteiligung von Kindern und Jugendlichen)
§ 9 SGB VIII (Grundrichtung der Erziehung, Gleichberechtigung von Mädchen und Jungen)

Rechtsgeschäfte

Ein minderjähriges Pflegekind kann keine Rechtsgeschäfte abschließen, ohne dazu die Genehmigung seines gesetzlichen Vertreters (Eltern/Vormund) einzuholen.

Kaufverträge, Versicherungen etc., die durch das Pflegekind oder nicht sorgeberechtigte Pflegeeltern abgeschlossen werden, sind folglich ungültig.

Eine Ausnahme besteht in diesem Zusammenhang nur dann, wenn der Minderjährige bei einem Rechtsgeschäft Mittel verwendet, die ihm von seinem gesetzlichen Vertreter zu diesem Zweck oder zur freien Verfügung überlassen wurden. Wenn der Minderjährige also sein Taschengeld oder ein Geldgeschenk einsetzt, um eine vertragliche Leistung zu erfüllen, bedarf er nicht der Zustimmung seines gesetzlichen Vertreters (Siehe „Taschengeldparagraph" des BGB).

Rechtliche Grundlagen

§§ 104ff BGB (Rechtsgeschäfte, Willenserklärung)
§ 110 BGB („Taschengeldparagraph")

Rechtsmittel und Gerichtsverfahren

Im Bereich von Pflegeverhältnissen kommen zwei Rechtswege in Betracht:

- die Verwaltungsgerichtsbarkeit bei Bescheiden von Jugendämtern und anderen Behörden;
- die Freiwillige Gerichtsbarkeit (Familien- und Vormundschaftsgerichte) bei Sorgerechts- und Vormundschaftsangelegenheiten.

1. Verwaltungsverfahren

Das wichtigste Handlungsinstrument der Verwaltung gegenüber dem Bürger ist der Verwaltungsakt. Jede Maßnahme der Behörde, durch die eine außerhalb der Behörde stehende Person berührt wird und die zu einer Regelung eines Einzelfalls dient, ist ein Verwaltungsakt (§ 31 SGB X). Ein Verwaltungsakt kann schriftlich, mündlich oder in anderer Weise erlassen werden (§ 33 SGB X) und ist grundsätzlich rechtsmittelfähig.
Pflegeeltern werden regelmäßig von Verwaltungsakten des Jugendamtes berührt. Rechtsmittel hiergegen können sie aber nur einlegen, wenn sie im Einzelfall anspruchsberechtigt und beschwert sind.

Folgende Maßnahmen betreffen Pflegeeltern insbesondere:

- Pflegeerlaubnis (Erteilung /Ablehnung/Widerruf);
- Pflegegeld, Beihilfen, Krankenhilfe u.Ä., soweit sie Pflegeeltern, Vormund oder Pfleger für das Kind sind;
- Versicherungs-, Versorgungs- und sonstige Sozialleistungen, soweit das Kind Inhaber der Ansprüche ist;
- Kindergeld etc. .

Ein schriftlicher Verwaltungsakt einer Behörde muss eine Rechtsmittelbelehrung enthalten. Fehlt diese, so kann ohne Einhaltung der normalen Rechtsmittelfrist ein Jahr lang gegen den Verwaltungsakt vorgegangen werden (§ 58 VwGO).
Gegen Entscheidungen von Behörden, z.B. des Jugendamtes, kann **Widerspruch** eingelegt werden. Dies muss entweder schriftlich oder zur Niederschrift beim Jugendamt innerhalb eines Monats eingelegt werden.

Hält die Behörde den Widerspruch für begründet, so ändert sie ihren Bescheid entsprechend ab. Hilft sie dem Widerspruch nicht ab, so ergeht **Widerspruchsbescheid.** Dieser Bescheid ist zu begründen, mit einer Rechtsmittelbelehrung zu versehen und formal zuzustellen.

Gegen den Widerspruchsbescheid können die Betroffenen innerhalb von vier Wochen vor dem Verwaltungsgericht **Klage** erheben.

Wird die Klage vor dem Verwaltungsgericht abgewiesen, so kann von den Beteiligten Berufung eingelegt werden, wenn sie von dem Oberverwaltungsgericht zugelassen wird (§ 124 VwGO). Eine Berufung wird in der Regel nur zugelassen, wenn die Sache besondere tatsächliche oder rechtliche Schwierigkeiten aufweist und die Rechtssache grundsätzliche Bedeutung hat.

2. Freiwillige Gerichtsbarkeit

In der freiwilligen Gerichtsbarkeit sind die isolierten Familiensachen und Vormundschaftssachen geregelt.

Pflegeeltern und -kinder werden regelmäßig in folgenden Bereichen davon berührt:

- elterliche Sorge (Übertragung, Entzug, Teilentzug);
- Besuchsrecht;
- Herausnahmeverfahren;
- Vormundschaft und Pflegschaft.

Die freiwillige Gerichtsbarkeit fällt in die Zuständigkeit der Amts-, Land- und Oberlandesgerichte und des Bundesgerichtshofes. Familiengericht und Vormundschaftsgericht sind dabei Abteilungen des Amtsgerichtes.

Die Zuständigkeitsaufteilung zwischen Familien- und Vormundschaftsgerichten ist seit der Kindschaftsrechtsreform schwierig geworden. Grundsätzlich sind die Familiengerichte zuständig für Sorgerechts- und Umgangsregelungen und die Vormundschaftsgerichte in der Regel zuständig für Vormundschaft, Pflegschaft und Adoptionen.

In allen Sorgerechts- und Umgangsverfahren sowie den Herausnahmeverfahren sind die Pflegeeltern (§ 50 c FGG) und das Kind (§ 50 b FGG) **vom Gericht anzuhören.**

Dem minderjährigen Kind ist in derartigen Verfahren in der Regel ein **Verfahrenspfleger „Anwalt des Kindes"** beizuordnen, wenn das Interesse des Kindes zu dem seiner gesetzlichen Vertreter in erheblichem Gegensatz steht oder Gegenstand des Verfahrens Maßnahmen wegen Gefährdung des Kindeswohls oder die Wegnahme des Kindes von der Pflegeperson sind (§ 50 FGG).

Bei einer drohenden Herausnahme eines Kindes aus einer Pflegefamilie haben die Pflegeeltern ein eigenes Antragsrecht, um mit einer sog. **Verbleibensanordnung** (§ 1632 IV BGB) die Herausnahme des Kindes zu verhindern.

Der Antrag auf Verbleiben des Kindes in der Pflegefamilie kann **bei Eilbedürftigkeit** auch mit dem Antrag auf Erlass einer **einstweiligen Anordnung** verbunden werden. Ein Gericht kann eine einstweilige Anordnung dann erlassen, wenn diese zur Abwendung einer drohenden Gefahr (z.B. Kindeswohlgefährdung) notwendig ist oder das Recht des Antragstellers ohne diese vereitelt oder erschwert würde. Bei einem derartigen Eil-Antrag müssen alle vorgetragenen Tatsachen hierzu glaubhaft gemacht werden.

Der Antrag auf eine Verbleibensanordnung hat dann Aussicht auf Erfolg, wenn sich das Kind bereits längere Zeit in Familienpflege befindet, sich in der Pflegefamilie eingebunden hat und die Wegnahme das Kindeswohl gefährden würde.

Lehnt das Familiengericht den Erlass einer Verbleibensanordnung ab, so können die Pflegeeltern gegen einen derartigen Beschluss (im Hauptsacheverfahren) innerhalb eines Monats eine **Beschwerde beim Oberlandesgericht** einlegen. Diese Beschwerde hat jedoch keine aufschiebende Wirkung, so dass unbedingt gleichzeitig mit dem Rechtsmittel ein Antrag auf **Aussetzung der Vollziehung** (§ 24 III FGG) der Herausnahme gestellt werden sollte.

Gegen die Entscheidung des Oberlandesgerichtes kann **weitere Beschwerde beim Bundesgerichtshof** eingelegt werden, wenn die Beschwerde in dem Beschluss zugelassen wurde.

Nach Ausschöpfung des Rechtswegs kann als außerordentlicher Rechtsbehelf Verfassungsbeschwerde beim Bundesverfassungsgericht eingelegt werden.

Religionserziehung

Die religiöse Erziehung des Kindes ist in der elterlichen Sorge inbegriffen. Wird die elterliche Sorge durch einen Vormund wahrgenommen, hat dieser über die religiöse Erziehung des Kindes zu bestimmen. Entscheidungen des Vormunds im Zusammenhang mit der Religionserziehung bedürfen jedoch immer der Genehmigung des Vormundschaftsgerichts und sollten erst nach der Anhörung der leiblichen Eltern getroffen werden.

Ab dem vollendenten 10. Lebensjahr ist das Kind selbst zu befragen. Nach Vollendung des 12. Lebensjahres kann ein Kind nicht zu einem Konfessionswechsel gezwungen werden. Mit Vollendung des 14. Lebensjahres ist das Kind religionsmündig: Es hat die volle Entscheidungsfreiheit bezüglich der Wahl und/oder Ausübung seiner Religion (Teilnahme an Religionsunterricht etc.).

Diese Bestimmungen haben zur Folge, dass Pflegeeltern der Genehmigung der leiblichen Eltern oder des Vormunds bedürfen, wenn das Kind das Sakrament der Taufe, Kommunion oder der Firmung/Konfirmation empfangen soll. Gleiches gilt auch bezüglich der Teilnahme des Kindes am schulischen Religionsunterricht.

Rechtliche Grundlagen

Art. 7 (2) GG
§ 2 RKEG (=Gesetz über religiöse Kindererziehung)
§ 3 RKEG
§ 5 RKEG
§ 1801 BGB (Religiöse Erziehung)

Rente für Pflegemütter

Anspruch auf eine rentensteigernde Anerkennung von Kindererziehungszeiten haben unter bestimmten Voraussetzungen auch Pflegemütter. Diese Entscheidung traf das Bundessozialgericht in Kassel (AZ 5 RJ 20/91 u. 5 RJ 70/90).

Danach ist die Anrechnung von Kindererziehungszeiten möglich, wenn das Pflegekind mit dem Berechtigten durch ein auf längere Dauer angelegtes Pflegeverhältnis verbunden war. Bei der Begründung eines Pflegeverhältnisses im Säuglingsalter ist dafür ein Zeitraum von drei Jahren ausreichend.

Dies gilt auch in den Fällen, in denen die leiblichen Eltern regelmäßigen Kontakt (z.B. durch Besuche am Wochenende) zu ihrem Kind haben.

Einen Zuschuss zur privaten Altersvorsorge von Pflegepersonen leisten einige Jugendämter, vorzugsweise für „Sonderpflegestellen".
Aber auch für „Standard"-Pflegestellen werden Zuschüsse in Höhe von 50,- bis 75,- Euro monatlich gezahlt.
Anträge sind (möglichst von Pflege-/Adoptiveltern-Zusammenschlüssen) beim jeweiligen Jugendhilfeausschuss zu stellen.

Rechtliche Grundlagen

§ 56 (3) S. 2 SGB VI (Kindererziehungszeiten)

Scheitern von Pflegeverhältnissen / Adoptionen

Es gibt keine klare Definition, wann ein Pflegeverhältnis / eine Adoption als „gescheitert" gilt bzw. wann von einem „Abbruch" gesprochen werden muss.

Scheitern kann u.a. die Ursache haben, dass

- sich zwischen dem Kind und seinen Pflege-/Adoptiveltern keine tragfähige Beziehung entwickelt,
- die Wünsche, Erwartungen und Bedürfnisse der Pflege-/Adoptiveltern in zu geringem Maße erfüllt werden,
- Belastungen, die durch Entwicklungsstörungen und Verhaltensauffälligkeiten des Kindes entstehen, von einzelnen Familienmitgliedern nicht mehr getragen werden können,
- die Pubertät mit ihren Konflikten eine Trennung erfordert bzw. diese von dem Jugendlichen bewusst herbeigeführt wird.

Kinder bringen ihre Eltern an Grenzen. Sie spüren, wann die Grenzen der Eltern erreicht sind. Das gibt ihnen Sicherheit und Orientierung.
Pflege- und Adoptivkindern fehlt diese Sicherheit und Orientierung häufig. Sie sind darauf angewiesen, die Beziehung zu testen, um Sicherheit und Vertrauen zu gewinnen. Das führt zu besonderen Belastungen auf beiden Seiten.
Es ist wichtig, dass Pflege-/Adoptiveltern die Probleme und Konflikte mit fachlicher Hilfe reflektieren und ihre Ursachen erkennen. Nur wer die vorhandenen Schwierigkeiten versteht, kann sie bewusst annehmen, handlungsfähig werden und Veränderung ermöglichen.

Das Scheitern eines Pflegeverhältnisses/einer Adoption dürfte daher in der Regel nicht aus dem spontanen Entschluss getroffen werden: Ich/wir können nicht mehr oder das Kind will nicht mehr. Es muss die Konsequenz aus einem mit fachlicher Hilfe geführten Prozess der Veränderung sein, an dem alle Betroffenen beteiligt waren. Dann ist Scheitern nicht Versagen, sondern die Möglichkeit einer positiven Veränderung im Interesse der Beteiligten.

Die von Laien oft geäußerte Meinung, dass ein Abbruch des Pflegeverhältnisses/einer Adoption nicht vorkommen darf, ist falsch und unrealistisch; denn Veränderung und Neuanfang können eher im Interesse des Kindes sein als eine Zwangsgemeinschaft, die niemandem mehr nützt.

Es liegt auf der Hand, dass eine sorgfältige, qualifizierte Vorbereitung, Vermittlung und Begleitung von Pflegeverhältnissen/Adoptionen ihr Scheitern deutlich verringern kann und damit Kindern und allen Familienangehörigen Trauer, Schmerzen und das Gefühl des Versagens erspart.

Schule

„Schulreife ist nicht nur eine Frage des Alters, sondern auch eine Frage der psychologischen Entwicklung, der Bewältigung von beängstigenden Erfahrungen, der Sicherheit von Beziehungen, des Selbstwertgefühls u.s.f."
(Nienstedt/Westermann 1990, zit. in: Kindeswohl 4/91, S. 11)

Diese Aussage der Psychologen Nienstedt/Westermann macht deutlich, dass für Pflege- und Adoptivkinder der Schulbesuch aufgrund ihrer Vorgeschichte viele Probleme mit sich bringen kann.

Die Entwicklung neuer, befriedigender Eltern-Kind-Beziehungen muss im Vordergrund für das Pflege- oder Adoptivkind stehen. Schulisches Lernen wird unter diesen Voraussetzungen zweitrangig.

Die Bemühungen um die Integration in die Pflege- oder Adoptivfamilie und die gleichzeitige Bewältigung traumatischer Erfahrungen sind eine Arbeit, die die ganze Kraft des Kindes beanspruchen.

In dieser Phase kann es kaum noch die nötigen Energien für schulisches Lernen aufbringen. So fällt das Kind in dieser Phase im Unterricht oft durch Konzentrationsschwäche, Hyperaktivität, geringe Frustrationstoleranz etc. auf.

Wenn Pflege- und Adoptiveltern dazu tendieren, die schulischen Anpassungs- und Lernforderungen auch zu Hause durchzusetzen, werden sie dem Kind mehr schaden als nützen. Denn: Erst wenn das Kind relativ angstfrei sein kann, erst wenn es aufgrund seiner Erfahrung des Angenommenseins durch die Pflege- oder Adoptiveltern Sicherheit erworben und Selbstwertgefühl gewonnen hat, kann es Kraft für schulische Anforderungen aufbringen und ausreichende Lernmotivation entwickeln.

Es ist deshalb wichtig, das Kind in dieser Situation nicht durch erhöhte Lernzwänge, Tadel, Strafen und Ermahnungen weiter zu verunsichern und damit die Ängste noch zu verstärken. Lob und Würdigung auch kleinster Lernerfolge können dem Kind ein Stück Entlastung bieten und das Selbstwertgefühl und den Spaß am Lernen bestärken.

Ebenso wichtig ist es, dass die Pflege- und Adoptiveltern frühzeitig das Gespräch mit den Lehrern suchen, diese über die besondere Situation, in der sich das Kind befindet, informieren und um Verständnis und Sensibilität für die Belange des Kindes werben.

Pflege- und Adoptiveltern können viel dazu beitragen, dem Kind Zeit für die notwendige Vertrauensbildung zu geben, und damit eine der wichtigsten Voraussetzungen dafür zu schaffen, dass das Pflege- oder Adoptivkind die Schule erfolgreich durchlaufen kann.

Schutzfrist

Die elterliche Einwilligung in die Adoption kann frühestens acht Wochen nach der Geburt des Kindes gegeben werden. Diese Schutzfrist soll besonders Müttern nicht ehelicher Kinder die Möglichkeit geben, die Adoptionsentscheidung sorgfältig und ohne Druck zu fällen. Ein Nichtbeachten der Schutzfrist kann ein möglicher Aufhebungsgrund sein.

Wegen der großen Bedeutung der ersten Lebenszeit (Bindungserfahrungen) werden Neugeborene in der Regel unmittelbar nach der Geburt in Adoptionspflege gegeben. Damit handelt man im Interesse des Bedürfnisses und einer positiven Entwicklung des Säuglings. Den Adoptiveltern wird die Unsicherheit dieser achtwöchigen Schutzfrist zugemutet. Dies ist für sie eine große psychische Belastung, die erst nach Ablauf der Schutzfrist mit der notariellen Einwilligung durch die leibliche Mutter beendet wird.

Keine Rücksicht auf das Wohl des Kindes wird genommen, wenn Säuglinge in Bereitschaftspflegestellen gegeben werden, damit Adoptionsvermittlungsstellen problemloser arbeiten können. Adoptivbewerber sollten ausdrücklich ihre Bereitschaft erklären (wenn sie damit einverstanden sind, die achtwöchige Schutzfrist „auszuhalten").

Rechtliche Grundlagen

§ 1747 (3) BGB (Einwilligung der Eltern des Kindes)
§ 1760 (2) e BGB (Aufhebung wegen fehlender Erklärungen)

Sexualerziehung

Sexualerziehung ist ein wichtiger Bereich der Erziehung, der aber Eltern oft Schwierigkeiten bereitet, weil das Thema Sexualität immer noch als sehr heikel gilt.

Wichtige Lernbereiche im Zusammenhang mit Sexualerziehung sind:
- **das Zulassen körperlicher Ausdrucksformen menschlicher Gefühle wie: Freude, Trauer, Schmerz, Zärtlichkeit (umarmen, weinen, schmusen);**
- **die Erfahrung von Freundlichkeit, Zuneigung, Zärtlichkeit im alltäglichen Umgang;**
- **die Erzeugung eines Klimas, in dem die eigenen Bedürfnisse erkannt und zugelassen werden, in dem aber auch die Regulierung dieser Bedürfnisse geübt werden kann;**
- **Die Enttabuisierung von Körperlichkeit, (das Akzeptieren des eigenen Körpers);**
- **die Möglichkeit der offenen Auseinandersetzung mit körperlichen-Veränderungen in der Pubertät;**
- **das Ermöglichen von Gesprächen über sexuelle Empfindungen und Bedürfnisse.**

Sexualerziehung ist nicht auf bloße Aufklärung über biologische Zusammenhänge zu reduzieren, sondern muss auch die psychische Seite des Themas erfassen, (z.B. Emotionalität, Geschlechterrollen etc.).

Sexualerziehung soll nicht erst in der Pubertät erfolgen, sondern natürlicher Bestandteil des Alltags, entsprechend dem Alter und Entwicklungsstand des Kindes sein.

Die Einstellung zur Sexualität wird maßgeblich durch eigene Erfahrungen und gesellschaftliche Normen (abhängig von Schicht, Familienstruktur, Weltanschauung, „Zeitgeist") geprägt.

Adoptiv- und Pflegekinder haben bei ihrer Aufnahme in die neue Familie bereits eine eigene Geschichte. Dieser Erfahrungshintergrund spiegelt sich auch im Umgang mit Sexualität wieder.

Nicht selten wurde Sexualität von dem Kind als etwas Negatives erlebt. Sei es, weil es selber missbraucht wurde, oder weil es Sexualität als brutales Machtmittel innerhalb der Beziehung seiner Eltern kennen gelernt hat.

Selbst wenn das Kind in seiner Vergangenheit Sexualität nicht in dieser beängstigenden Form kennen gelernt hat, treffen in der Adoptiv-/Pflegefamilie mitunter unterschiedliche Umgangs- und Ausdrucksformen von Sexualität aufeinander. Für das Kind normale Verhaltensweisen, die Art der Verbalisierung von Sexualität, widersprechen dann den gewohnten familiären Normen der Adoptiv-/Pflegefamilie und werden deshalb von den Adoptiv-/ Pflegeeltern als befremdlich, „auffällig" oder gar „abnorm" empfunden.

Diese abwertende Beurteilung kann bei dem Kind eine tiefe Verunsicherung und Schuldgefühle hervorrufen. Adoptiv- und Pflegeeltern sollten deshalb nicht versuchen, dem Kind die eigene Sexualmoral überzustülpen, sondern die Verhaltensweisen des Kindes sanktionsfrei beobachten und sich fragen:

- **Welche Ursachen und Prägungen stehen hinter dem kindlichen Verhalten?**
- **Ist das Verhalten so auffällig, dass sowohl das Kind als auch die Familie Hilfe von Fachkräften in Anspruch nehmen sollte?**
- **Welche Gründe hat die eigene Betroffenheit? Sind es die eigenen Ängste, Schwierigkeiten und Unsicherheiten in Bezug auf Sexualität, die den Umgang mit den kindlichen Ausdrucksformen von Sexualität so schwierig machen?**

Um dem Adoptiv-/Pflegekind einen angstfreien Umgang mit dem Thema Sexualität zu ermöglichen, sollten Tabuisierung und wortlose Grenzsetzung vermieden werden.

Respektierende Akzeptanz unterschiedlicher, aber erträglicher Verhaltensweisen, die Thematisierung von Beziehung, Körperlichkeit, Sinnlichkeit und auch von Sexualität sowie das Vorleben von Zuneigung (unter Wahrung des Intimbereichs aller Beteiligten) sind die Basis für den späteren Umgang mit Sexualität.

Sexueller Missbrauch von Kindern / Sexuelle Gewalt an Kindern

Die Tatsache, dass Kinder und Jugendliche häufig von Erwachsenen sexuell missbraucht werden, ist erst in den letzten Jahren in der breiten Öffentlichkeit bekannt geworden.

Das Thema „sexueller Missbrauch" wird jedoch immer noch tabuisiert (nicht sexueller Missbrauch von Kindern ist tabu, sondern das Reden darüber).

In diesem Bereich ist die Dunkelziffer besonders hoch - in Fachkreisen wird davon ausgegangen, dass auf einen angezeigten Fall 20 nicht angezeigte kommen. Betroffen sind Mädchen und Jungen. Obgleich Mädchen hier häufiger Opfer sind, findet sexueller Missbrauch ebenso an Jungen statt - und zwar in weit größerem Umfang als bislang angenommen (mindesten 1/3 der missbrauchten Kinder ist männlichen Geschlechts).

Was ist unter sexuellem Missbrauch von Kindern und Jugendlichen zu verstehen?

- **sexueller Missbrauch meint jede Handlung an Mädchen und Jungen, die der sexuellen Bedürfnisbefriedigung des Erwachsenen dient.**
- **sexueller Missbrauch ist nicht erst die Vergewaltigung des Mädchens oder Jungen, sondern auch erzwungene Berührungen, bei denen das Kind spürt, dass es zum Sexualobjekt des Erwachsenen gemacht wird.**

Die Täter kommen zu einem überwiegenden Teil aus der eigenen Familie oder dem nahen Bekanntenkreis (Vater, Bruder, Onkel, Nachbarn, Freunde der Eltern).

Bei sexuellem Missbrauch handelt es sich um eine Art der Kindesmisshandlung, die sehr schwer nachzuweisen ist. Sie hinterlässt nicht so deutlich sichtbare Spuren wie andere Formen der Gewalt gegen Kinder. Not und Leid von sexuell missbrauchten Kindern bleiben den Erwachsenen im Umfeld (Familie, Schule) oft verborgen.

Häufig fehlt den betroffenen Kindern lange Zeit der Mut, über das zu reden, was ihnen widerfahren ist; sehr kleinen Kindern, die zu sexuellen Handlungen gezwungen werden, fehlt aufgrund ihres Entwicklungsstandes zudem die Möglichkeit, Erlebtes und Erlittenes in Worte zu fassen.

Erst wenn diese Kinder Verhaltensauffälligkeiten zeigen, entsteht der Verdacht, dass „etwas" passiert sein muss, etwas, was sie verstört.

Wird ein Kind wegen des dringenden Verdachts, in der eigenen Familie sexuell missbraucht worden zu sein, aus der Familie genommen, benötigt es dringend eine Vertrauensperson, mit deren Hilfe es lernen kann, das Erlebte auszudrücken und Schritt für Schritt zu verarbeiten. Hierfür sind in den letzten Jahren Beratungsstellen in vielen Städten eingerichtet worden.

Dennoch hinterlassen solche Missbrauchserfahrungen ihre Spuren.

Adoptiv-/Pflegeeltern, die ein Kind aufnehmen, das sexuellen Missbrauch erfahren hat, müssen deshalb auf fachliche Unterstützung zurückgreifen können - und dies vor und während der Inpflegegabe/Aufnahme des Kindes.
Es ist unbedingt erforderlich, darauf zu achten, dass sexuell missbrauchte Kinder nicht in enge Geschwistersituationen hineinvermittelt werden.

Soziale oder faktische Elternschaft

Blutsverwandtschaft alleine ist für die Bindungen eines Kindes nicht von Bedeutung.

Zwar wird durch Schwangerschaft und Geburt (natürliche Elternschaft) normalerweise die Grundlage für die Entwicklung einer Eltern-Kind-Beziehung geschaffen, aber auch hier bedarf es noch weiterer Faktoren, damit sich eine tiefer gehende wechselseitige Bindung entwickeln kann: Erst durch das tagtägliche Zusammensein, den kontinuierlichen Umgang miteinander und die wechselseitige Erfahrung von Zuneigung entsteht eine enge Beziehung zwischen Eltern und Kind.

Die emotionale Bindung des Kindes an seine Bezugsperson(en) entwickelt sich im Laufe des Erziehungsprozesses, egal, ob die Personen, die das Kind betreuen, seine leiblichen Eltern sind oder nicht. Die Bindungspersonen werden für das Kind zu seinen sozialen oder faktischen Eltern.
Bindungen an eine oder mehrere Bezugspersonen sind für das Kind lebensnotwendig und Voraussetzung für seine gesunde Entwicklung. Kinder, die aus ihren Herkunftsfamilien herausgenommen werden, sind meist vernachlässigt und bindungsgestört. Erst durch eine kontinuierliche und liebevolle Zuwendung im Erziehungsalltag können Kinder beginnen, stabile Bindungen aufzubauen, und zwar dann zu ihren Pflegefamilien. Die so entstehenden Eltern-Kind-Beziehungen gleichen im Erleben der Kinder denen zu geliebten leiblichen Eltern.

Je länger die Pflegeeltern als Eltern erlebt werden, desto stärker werden die Bindungen. Der Bindungsprozess vollzieht sich primär in den ersten Lebensjahren; je älter ein Kind bei der Aufnahme in eine Pflegefamilie ist, desto schwieriger gestaltet sich der Aufbau einer Eltern-Kind-Beziehung.

Neben dem Zeitpunkt der Aufnahme ist in diesem Zusammenhang auch die Existenz schon/noch bestehender Beziehungen von Bedeutung.

Die in der Psychologie gewonnenen Erkenntnisse bezüglich der Bedeutung der faktischen Elternschaft haben inzwischen auch in der Rechtsprechung ihren Niederschlag gefunden. Nicht zuletzt durch das Urteil des Bundesverfassungsgerichts vom 17.10.1984 (Aktenzeichen: 1 BvR 284/85) ist deutlich geworden, dass die Schutzbedürftigkeit von Eltern-Kind-Beziehungen nicht an leibliche Elternschaft gebunden ist, auch faktische Elternschaft steht unter dem im Grundgesetz (Artikel 6) verankerten staatlichen Schutz.

Blutsverwandtschaft darf im Streitfall nicht die Priorität gegenüber gewachsenen faktischen Eltern-Kind-Beziehungen eingeräumt werden. Bei Entscheidungen muss einzig und allein das Wohl dieses Kindes - und damit seine bestehenden stärkeren und/oder ausschließlichen Bindungen an die faktischen Eltern - ausschlaggebend sein.

Die Rechtsprechung innerhalb Deutschlands ist jedoch trotz des Urteils des Bundesverfassungsgerichts seit 1984 immer noch nicht eindeutig.

Sparbuch für das Pflegekind

Einige Pflegeeltern legen für ihr Pflegekind ein Sparbuch an. Damit dieses Guthaben auch wirklich dem Kind zugute kommt, sollten folgende Punkte beachtet werden:

Die elterliche Sorge umfasst auch die Vermögenssorge des Kindes. Solange die elterliche Sorge den leiblichen Eltern innewohnt, haben diese auch die Verfügungsgewalt über das Sparguthaben.

Ein Schutz vor unerwünschtem Zugriff wird durch einen ausdrücklichen Sperrvermerk erreicht, der die Auszahlung des Guthabens nur an ganz bestimmte, namentlich genannte Personen gestattet (Eintragung der Pflegeeltern als Verfügungsberechtigte).

Es muss darüber hinaus beachtet werden, dass bei der Ansparung größerer Summen auf den Namen des Pflegekindes (i.d.R. über 2.000,- Euro) das Sparguthaben als Vermögen des Kindes auf die wirtschaftliche Jugendhilfe angerechnet werden kann.

Staatsangehörigkeit

Ein ausländischer Minderjähriger, der von einem Deutschen adoptiert wird, erwirbt die deutsche Staatsangehörigkeit, wenn die Adoption nach deutschem Recht wirksam ist.

Das ist einmal der Fall, wenn die Adoption in Deutschland nach deutschem Recht durchgeführt wird. Hat die Adoption im Ausland stattgefunden, hängt der Erwerb der deutschen Staatsangehörigkeit davon ab, ob diese in der Bundesrepublik anerkennungsfähig ist.

Zur Anerkennung einer ausländischen Adoption:
Wird der Minderjährige von einem Ehepaar als Kind angenommen, reicht es aus, wenn ein Ehepartner die deutsche Staatsangehörigkeit besitzt. In den meisten Fällen erlischt die ausländische Staatsangehörigkeit mit dem Erwerb der deutschen nicht. In der Regel kann der Adoptierte dann mit Erreichen des Volljährigkeitsalters einen Antrag auf Entlassung aus seiner Ursprungsstaatsangehörigkeit stellen. Bis dahin besitzt er dann zwei Staatsangehörigkeiten.

Nach dem Staatsangehörigkeitsrecht einiger weniger Staaten hingegen tritt mit dem Erwerb einer anderen Staatsangehörigkeit der automatische Verlust der Ursprungsstaatsangehörigkeit ein.

Rechtliche Grundlagen
§ 6 RuStAG (= Reichs- und Staatsangehörigkeitsgesetz)

Statistik

Adoptionsbewerber müssen oft jahrelang darauf warten, ein Kind vermittelt zu bekommen. Es gibt nicht annähernd so viele (Klein-)Kinder, die zur Adoption freigegeben werden, wie dies von Adoptionsbewerbern gewünscht wird.

Prinzipiell kann festgestellt werden, dass die Zahl von Adoptionswilligen immer größer wird, während die Zahl von zur Adoption freigegebenen Kindern abnimmt. Das Statistische Bundesamt gibt in seiner Jahresstatistik 2000 die Zahl der von Fremden adoptierten Minderjährigen (im Gegensatz zur Stiefkind- und Verwandtenadoption) mit 2370 an (1993 waren es noch 4070 Minderjährige).

Wie lässt sich der Anstieg an Adoptionswilligen erklären?
War die Adoption früher häufig mit dem Makel der Notlösung besetzt, so wird die Annahme eines Kindes heute von einer hohen gesellschaftlichen Akzeptanz - nicht nur für kinderlose Annehmende - begleitet. Die Familiengründung/-erweiterung mittels Adoption steht der „natürlichen" Familiengründung mittels Geburt immer gleichberechtigter gegenüber. Nicht zuletzt durch die Adoptionsrechtsreform gilt die Annahme als Kind heute vermehrt dem Kindeswohl, sie wird von der breiten Bevölkerung überwiegend positiv beurteilt.

Allein mit dem Bewerberanstieg lassen sich die „geschrumpften" Vermittlungsaussichten jedoch nicht erklären. Ein weiterer wichtiger Aspekt ist die Altersstruktur der zur Vermittlung freigegebenen Kinder. Die meisten Adoptionsbewerber wünschen die Adoption eines gesunden Säuglings. Diesem Wunsch steht in der Realität jedoch die Tatsache entgegen, dass die meisten Kinder erst in einem Alter zur Adoption freigegeben werden, in dem sie schon ein Stück Lebensgeschichte hinter sich haben (was natürlich höhere Anforderungen an die neue Familie stellt).

Von den zur Adoption abgegebenen Kindern waren 2000 nicht mit den Adoptiveltern verwandte

	deutsche Kinder	ausländische Kinder
unter 1 Jahr	46	24
1 - 3 Jahre	833	413
3 - 6 Jahre	299	238
6 - 12 Jahre	265	108
bis 18 Jahre	73	71
Gesamt	**1516**	**854**

Steuerliche Berücksichtigung von Adoptionskosten

Nach § 33 I des Einkommensteuergesetz (EStG) sind die Kosten einer Adoption dann als außergewöhnliche Belastung steuerlich absetzbar, wenn sie „zwangsläufig" (im Sinne des EStG) entstanden sind. Bei Auslandsadoptionen können die Flug- und Hotelkosten in Anrechnung gestellt werden, da nach der erfolgten Adoption die sittliche Verpflichtung besteht, die Kosten (z.B. die Reisekosten) für das Kind zu tragen.

In der Praxis der Finanzämter stößt die Anrechnung von Adoptionskosten als außergewöhnliche Belastung häufig auf Schwierigkeiten. Es wird seitens der Finanzbehörde angeführt, dass die Adoption ein freiwilliger Entschluss sei, somit die außergewöhnliche Belastung selbst herbeigeführt wurde und nicht ohne eigene Einflüsse zwangsläufig sei. Ein Antrag sollte jedoch in jedem Fall gestellt werden.

Rechtliche Grundlagen

§ 1741 BGB (Zulässigkeit der Annahme/Annahme Stiefkinder)
§ 1746 BGB (Einwilligung des Kindes)
§ 33 I EStG

Stiefelternadoption

Nach dem BGB kann die leibliche Mutter/der leibliche Vater hierzu die Einwilligung des Kindes erteilen, wenn dieses geschäftsunfähig oder noch nicht vierzehn Jahre alt ist. Im Übrigen kann das Kind die Einwilligung nur selbst erteilen; es bedarf hierzu aber der Zustimmung seines gesetzlichen Vertreters.

Bei unterschiedlichen Staatsangehörigkeiten des Annehmenden und des Kindes bedarf die Einwilligung der Genehmigung des Vormundschaftsgerichtes.

Rund 60 % aller in Deutschland zustande gekommenen Adoptionen sind solche durch Stiefeltern und (in viel geringerem Umfang) durch Verwandte.

Es ist darauf zu achten, dass auch die Kinder und Jugendlichen gehört werden und einer Adoption zustimmen. Sie sollen (unbedingt) wissen, wer ihre leiblichen Eltern sind.

Rechtliche Grundlagen

§ 1741 BGB (Zulässigkeit der Annahme/Annahme Stiefkinder)
§ 1746 BGB (Einwilligung des Kindes)

Tagespflege

Von Tagespflege spricht man, wenn das Kind entweder einen Teil des Tages oder ganztags von einer Pflegeperson betreut wird.

Das SGB VIII sieht in der Tagespflege eine Form der Förderung der Entwicklung des Kindes.
Als eine spezielle Form der Familienpflege soll sie der intensiven Einzelförderung des Kindes dienen.
Die Tagespflege stellt somit eine Pflegeform mit familienergänzendem und unterstützendem Charakter dar.

Aufgrund der Tatsache, dass heute hierzulande jede dritte Ehe geschieden wird, wachsen viele Kinder bei einem Elternteil auf. Dieser ist meist gezwungen, erwerbstätig zu sein und kann deshalb sein Kind tagsüber nicht im erforderlichen Maße versorgen.

Auch vollständige Familien, in denen beide Elternteile einer Berufstätigkeit nachgehen, sind auf eine Betreuungsmöglichkeit für ihr Kind (halb- oder ganztags) angewiesen.
Kinderkrippen-, Kindertagesstätten- und Kindergartenplätze sind zum einen in vielen Kommunen nicht in ausreichendem Maß vorhanden und zum anderen können diese institutionalisierten Formen der familienergänzenden Erziehung aufgrund ihrer Struktur (festgelegte Öffnungszeiten, 5 Tage-Woche) den Bedürfnissen dieser allein Erziehenden/Eltern oft nicht gerecht werden.

Die Möglichkeit der Betreuung in einem zeitlich flexiblen Rahmen - auch für sehr kleine und erkrankte Kinder - im elterlichen Haushalt oder in räumlicher Nähe zum Elternhaus- ist ein großer Vorteil der Tagespflege. Ein weiteres Plus liegt darin, dass eine individuelle Betreuung möglich ist und somit den spezifischen Bedürfnissen des Kindes in hohem Maß Rechnung getragen werden kann.

Mehr als bei anderen Pflegeformen steht bei der Tagespflege der Präventivgedanke (Vorbeugung) im Vordergrund, denn sie setzt schon dann ein, wenn noch kein gravierender Erziehungsnotstand in der Familie besteht.
Um das Gelingen der Tagespflege zu garantieren, ist es allerdings wichtig, dass die beteiligten Erwachsenen (Tagesmutter und Eltern/-teil) zusammenarbeiten. Regelmäßige Gespräche über die Befindlichkeit des Kindes und Abstimmungen über den Erziehungsstil sind unabdingbare Voraussetzungen für die gesunde Entwicklung des Tagespflegekindes.

Da Tagespflegepersonen bei der Erfüllung ihrer Aufgabe überwiegend auf sich alleine gestellt sind, besteht bei ihnen ein erhöhter Beratungsbedarf - vom Jugendamt bzw. den freien Trägern der Jugendhilfe hat deshalb eine aufgabenspezifische Fachberatung zu erfolgen (§ 23 (2) SGB VIII).

Ist die Notwendigkeit der Tagespflege für ein bestimmtes Kind nachgewiesen, und ist die Eignung einer Pflegeperson für dieses Kind amtlich festgestellt worden, entsteht ein Anspruch dieser Pflegeperson auf Kostenersatz.

Als hilfreich erweisen sich Zusammenschlüsse von Tagespflegepersonen. Neben dem Informationsaustausch können diese Gruppen auch Hilfe im Krankheitsfall anbieten. Ein weiterer Vorteil liegt in der Möglichkeit, Sammel-, Haftpflicht- und Unfallversicherungen abschließen zu können.

Nähere Informationen zum Thema Tagespflege können Sie bei der „Bundesarbeitsgemeinschaft Tagesmütter"anfordern.

Rechtliche Grundlagen

§ 23 SGB VIII (Tagespflege)

Traumatisierte Kinder

Kinder, die heute in Pflegefamilien vermittelt werden (trifft häufig auch bei Auslandsadoptionen zu), haben viele schwierige Erfahrungen hinter sich. Sie kennen Gewalt, Trennung, Vernachlässigung und Misshandlung. Wenn für ein Kind seine Erlebnisse traumatisch waren, hat das nicht nur erhebliche Auswirkungen auf das Leben des betroffenen Kindes, sondern auch auf das Leben der Pflege- oder Adoptivfamilie.
„Und nichts wird fortan so sein wie bisher ..."

Das Überleben eines Traumas führt sowohl zu hirnorganischen als auch zu psychologischen Veränderungen beim betroffenen Kind.

Jüngere Forschungsergebnisse belegen beispielsweise, dass bei misshandelten Kindern mit diagnostizierter posttraumatischer Belastungsstörung mit Hilfe bildgebender Verfahren verkleinerte intrakraniale und zerebrale Bereiche ermittelt werden konnten. (De Bellis et al. 1999)

Psychologisch wirken sich Erfahrungen wie Mangelversorgung, Vernachlässigung, Verletzungen und grenzenlose Einsamkeit verheerend aus. Diese Situationen vermitteln dem Kind falsche und destruktive Überzeugungen über sich und die Welt. Diese Kinder fühlen sich hilflos, machtlos und verlassen, und sie sind der Meinung, dass sie es nicht wert sind und Strafe verdienen.

Viele dieser Kinder haben gelernt, sich nur auf sich selbst zu verlassen, für sich selbst zu sorgen und selbst zu entscheiden. Sie entwickeln eine besondere, traumatische Erwartung ans Leben.

Das Wissen um die traumatischen Erfahrungen ist daher ein gutes Konzept zu verstehen, warum traumatische Erfahrungen sich so langfristig auf die Persönlichkeitsentwicklung eines Menschen auswirken.
(Auszüge aus „Traumatisierte Kinder in Pflegefamilien und Adoptivfamilien", PAN Pflege- und Adoptivfamilien NRW e.V.)

„Übertragung" (nach Nienstedt / Westermann)

Unter „Übertragung" - einem aus der Psychoanalyse stammenden Begriff - versteht man die Neuinszenierung früherer Beziehungsformen. Da gerade Pflegeeltern häufig mit diesem Phänomen konfrontiert werden, soll im Folgenden näher erläutert werden, was „Übertragung" bedeutet und wodurch sie gekennzeichnet ist.

In der ersten Phase der Integration, das heißt der Anpassung an die neue Situation in der Pflegefamilie, werden die früheren traumatischen Erfahrungen des Kindes und die daraus resultierenden Verletzungen und Ängste noch kaum sichtbar.

Erst wenn das Kind - weil es sich angenommen fühlt - Sicherheit gewonnen hat, kommen diese Ängste wieder zum Vorschein. Die Reduzierung der Ängste macht es dem Kind dann möglich, die Erinnerung an frühere Situationen zuzulassen. In dieser Phase erlebt das Kind oft die neue Situation durch die Brille seiner früheren Erfahrungen, die es auf die jetzige Situation überträgt.

Dieser Fortschritt in der Pflegebeziehung wird von Pflegeeltern oft als Rückschritt erlebt, denn diesen wird nicht deutlich, dass das Kind bei dieser Neuinszenierung die „neuen" Eltern mit seinen früheren elterlichen Bezugspersonen verwechselt.

Damit schafft das Kind eine therapeutische Situation, die eine große Chance in sich birgt - die der weitreichenden Korrektur gestörter Sozialisation durch die Integration in die Pflegefamilie.

Damit diese Chance genutzt werden kann, sollten sich Pflegeeltern klar machen, dass erst diese Neubelebung alter Gefühle durch die „Übertragung" die Verarbeitung dieser alten, oft bedrohlichen Erfahrungen möglich macht. Ihre Bereitschaft, sich zu diesem Zeitpunkt auf eine quasi therapeutische Beziehung einzulassen, hilft dem Kind, bislang Verdrängtes und Unterdrücktes zuzulassen.

„Dabei muß das Kind ... sicher sein können, daß alle seine Phantasien und Affekte ihm nicht zum Schaden gereichen werden, d.h. keine negativen Konsequenzen, keine Sanktionen oder vernichtende Kritik heraufbeschwören." (Nienstedt/Westermann, Pflegekinder. Psychologische Beiträge zur Sozialisation von Kindern in Ersatzfamilien. 1990, S. 66/67)

In dieser Integrationsphase, in der die Übertragungsbeziehung noch wirksam ist, treten oft große Krisen auf, denn das Verhalten des Kindes löst Angst bei den Pflegeeltern aus, weil diese sich von dem Kind missverstanden oder überfordert fühlen. Das Kind scheint nicht zu merken, dass es nun mit ganz und gar anderen Eltern zusammen ist.

„Ein Kind, das vom leiblichen Vater verprügelt oder mißhandelt worden ist, wird u.U. den Pflegevater über längere Zeit ablehnen, ängstlich und überangepaßt auf ihn reagieren und jeden Körperkontakt vermeiden. Und schließlich , wenn die Ängste ihm gegenüber geringer geworden sind, weil es wahrgenommen hat, daß dieser Vater gar nicht so bedrohlich ist, wird es die Wut, die es gegen den leiblichen Vater entwickelt hat, aber wegen der übergroßen Angst nicht äußern konnte, nun gegen den Pflegevater richten, indem es ihn z.B. wild beschimpft oder verprügelt" (Nienstedt/Westermann, a.a.O. S., 67)

Es ist eine Erkenntnis der Psychoanalyse, dass traumatische Vorerfahrungen nicht alleine dadurch bewältigt werden können, indem man über sie spricht. Entscheidend ist, sie noch einmal emotional zu durchleben.

„Das Wiederbeleben von Ängsten, heftigen Wünschen, Enttäuschungen, Ohnmacht, Wut und Zorn in der Übertragungsbeziehung zu elterlichen Objekten in Situationen, in denen sie entstanden sind - z.B. beim Anziehen, Waschen, Essen, Ins-Bett-Gehen, in denen jetzt aber ganz andere Ausgänge möglich sind (z.B. befriedigend versorgt werden, Rücksicht zu erfahren, nicht überwältigt zu werden, geschützt zu sein) ist therapeutisch wirksam und ermöglicht korrigierende Erfahrungen" (a.a.O. S. 72)

Die beängstigenden Erfahrungen, die Wünsche und Bedürfnisse des Kindes sowie seine Art, diese zu äußern, müssen von den Pflegeeltern angenommen werden. Sie dürfen nicht verleugnet oder wegdiskutiert werden. Das Kind wird sich nur dort geschützt und geborgen fühlen können, wo seine Gefühle akzeptiert und damit als berechtigt und begründet anerkannt werden.

Es wird dann allmählich dazu in der Lage sein, zwischen alten Erfahrungen und jetzigen Lebensbedingungen unterscheiden zu können und sich auf neue Beziehungen offen einzulassen.

Unbedenklichkeitsbescheinigungen

Nach der Phase der Abklärung der allgemeinen Adoptionseignung beginnt normalerweise eine längere Wartezeit. Um die Vermittlungschancen zu erhöhen, wenden sich viele Adoptionsbewerber an die zentralen Adoptionsstellen oder Adoptionsvermittlungsstellen, die außerhalb des örtlichen Jugendamtsbezirks liegen. Obwohl es keine diesbezüglichen gesetzlichen Bestimmungen gibt, stellen viele Jugendämter aus diesem Grund so genannte Unbedenklichkeitsbescheinigungen aus.

Eine solche Bescheinigung ist keine (Adoptions-)Pflegeerlaubnis. Diese darf nur für ein bestimmtes Kind ausgestellt werden.

Es gibt nie eine generelle Adoptionseignung, sondern nur eine spezielle Eignung, die an der Bedürfnislage eines ganz bestimmten Kindes zu messen ist.

Bei der Unbedenklichkeitsbescheinigung ist die Gefahr gegeben, dass sie leichtfertig (weil nicht rechtswirksam) zur Beruhigung und Vertröstung ungeeigneter Bewerber ausgestellt wird.

Die Bundesarbeitsgemeinschaft der Landesjugendämter hat die Ausstellung von solchen „Gefälligkeitsbescheinigungen" kritisch beurteilt und empfohlen, diese so aussagekräftig zu machen, dass aus der Bescheinigung auch ersichtlich wird, was vom Jugendamt geprüft wurde und welches Ergebnis die Prüfung mit sich brachte. Des Weiteren sollte aus der Bescheinigung auch hervorgehen, dass das Jugendamt noch jeweils eine individuelle Prüfung in Hinblick auf das konkrete Kind vornehmen wird.

Unfallversicherung

Pflegekinder haben grundsätzlich den gleichen Versicherungsschutz wie leibliche Kinder - so z.B. während des Besuchs von Kindergärten, Kindertagesstätten und Schulen.

Versichert sind auch Unfälle auf dem Hinweg zu oder dem Rückweg von den oben genannten Einrichtungen.

Über den gesetzlichen Versicherungsschutz hinaus sollten Pflegepersonen eine private Unfallversicherung abschließen, um auch gegen Schäden im Privatbereich abgesichert zu sein, (Schutz vor Schadensersatzansprüchen des Pflegekindes/der leiblichen Eltern).

In einigen Fällen schließen Jugendämter und Pflegeelternvereine pauschal Unfallversicherungen für Pflegekinder ab.

Es ist Pflegeeltern zu empfehlen, vor Inpflegenahme eines Kindes hierzu vor Ort bei den entsprechenden Stellen Informationen einzuholen.

Rechtliche Grundlagen

§ 539 (14) RVO

Unterstützung für Herkunftseltern

Vorbereitung

1. Unterstützung bei der Klärung der Lebensperspektive für das Kind
2. schriftliche Informationen über Formen der Adoption und Vollzeitpflege
3. Informationen über die Vermittlung und den Integrationsprozess des Kindes oder Jugendlichen

Vermittlung

4. Beratung und Unterstützung bei der Bewältigung von Problemen, die sich aus der Trennung ergeben
5. Kennenlernen der zukünftigen Adoptiv- oder Pflegeeltern

Begleitung

6. Begleiten von Kontakten, wenn gewünscht
7. Übermitteln von Informationen über das Kind bei Inkognito-Platzierung
8. Hilfsangebote für die „Restfamilie", insbesondere für Geschwisterkinder
9. Angebote zum Erfahrungsaustausch und Förderung von Zusammenschlüssen von Herkunftseltern (Netzwerk Herkunftseltern e.V.)

Unterstützung für Pflege- und Adoptiveltern

Eine Pflege- oder Adoptivfamilie muss sich auf einen vielschichtigen Veränderungs- und Integrationsprozess einlassen, um das Pflege- oder Adoptivkind (für längere Zeit) als Familienmitglied aufnehmen zu können. (gemäß: BAG LJÄ Dezember 2002).
Daher ist es zwingend notwendig, sie möglichst umfassend zu informieren, qualifiziert vorzubereiten und professionell zu begleiten.

Vorbereitung

1. allgemeine Bewerber-Vorbereitung, möglichst in Gruppen
2. Qualifizierungsangebote nach der Eignungsüberprüfung

Vermittlung

3. fallbezogene individuelle Bewerber-Vorbereitung
4. Beratung und Begleitung bei der Kontaktanbahnung
5. eventuelle Vorbereitung im Umgang mit einer ausländischen Herkunftskultur

Begleitung

6. begleitende Beratung, intensiv zu Beginn der Fremdplatzierung
7. entlastende Hilfen bei Geschwister-Aufnahmen und in Krisenzeiten
8. begleiteter Umgang zu Beginn der Maßnahme und in der Anbahnung nach längerer Kontakt-Pause
9. regelmäßige verpflichtende Fortbildungsangebote
10. fallbezogene supervisorische Gruppenarbeit
11. Einzelsupervision in belastenden Situationen
12. kollegiale Zusammenarbeit im Helfersystem
13. rechtliche Beratung und Unterstützung in familiengerichtlichen und verwaltungsrechtlichen Verfahren
14. Befürwortung, Beratung und Unterstützung bei der Übergabe der (Teil-)Pflegschaft an Einzelpersonen (auch Pflegepersonen)
15. fachliche Begleitung der Pflegefamilie bei Rückkehr des Kindes in die Herkunftsfamilie
16. keine Veränderung der fachlichen (sozialpädagogisch begründeten) und finanziellen Vereinbarungen beim Zuständigkeitswechsel, Pflegeverträge müssen übernommen werden
17. Unterstützung von Pflege-/Adoptiveltern-Zusammenschlüssen
18. begleitende Hilfen durch ein Netzwerk von Institutionen
19. besondere Standards für „Offene“ und „Halb offene“ Adoptionen

20. besondere Standards für Bereitschaftspflege, Sonderpädagogische- und Verwandten-Pflegestellen
21. soziale Absicherung, mindestens im Bereich Altersvorsorge (bei Bedarf bei der Krankenversicherung)

Nachbetreuung

22. besondere Betreuung nach der Abgabe eines Kindes in die Herkunftsfamilie
23. Unterstützung bei Kontaktwünschen zu „ehemaligen" Pflege- und Adoptivkindern in Einrichtungen

Unterstützung für Pflege- und Adoptivkinder und Jugendliche

Kinder und Jugendliche, die nicht in ihren Herkunftsfamilien verbleiben können, haben ein Recht auf positive Lebensbedingungen. Können sie innerhalb eines im Hinblick auf ihre Entwicklung vertretbaren Zeitraumes nicht in ihre Familien zurückkehren, haben sie das Recht auf eine „auf Dauer angelegte" Lebenssituation in Pflege- oder Adoptivfamilien.

Vorbereitung

1. gründliche Anamnese und Diagnose, Klärung der rechtlichen Situation
2. Vermeiden von abrupten Beziehungsabbrüchen
3. Sichern der Stabilität in der weiteren Lebensperspektive

Vermittlung

4. altersgemäße Beteiligung im Entscheidungs- und Vermittlungsprozess

Begleitung

5. Pflegefamilie als Schutzraum achten
6. Schutz traumatisierter Kinder vor verfrühten Kontaktansprüchen der Herkunftsfamilie
7. Vorbereiten und Begleiten schwieriger Kontakte zur Herkunftsfamilie
8. keine Besuchskontakte gegen den ausdrücklichen Willen des Kindes
9. begleitende beziehungsstabilisierende und therapeutische Hilfen
10. Einbeziehen einer eventuell ausländischen Herkunftskultur
11. regelmäßiger Kontakt zur Pflegekinderdienst-Fachkraft
12. regelmäßiger Kontakt zum Amtsvormund/zur Amtsvormündin
13. keine Rückkehr in die Herkunftsfamilie gegen den ausdrücklichen Willen des Kindes
14. Datensicherung, Anerkennung der Geschichte des Kindes
15. altersgerechter Erfahrungsaustausch und Förderung von Zusammenkünften von Pflege-Kindern und -Jugendlichen

Nachbetreuung

16. unterstützende Hilfe bei der Verselbständigung

Verfahrenspfleger/in

§ 50 FGG (Freiwillige Gerichtsbarkeit) regelt die Rechte und Pflichten des Pflegers, der im Rahmen des Sorgerechts-, Herausnahme- und Umgangsrechtsverfahren eingesetzt wird.
Mit der Bestellung eines Verfahrenspflegers wollte der Gesetzgeber die Möglichkeit schaffen, dass das mit dem familien- oder vormundschaftsgerichtlichen Verfahren befasste Gericht „ohne ausdrückliche Entziehung der Vertretungsmacht" des gesetzlichen Vertreters des Kindes dem Kind ohne förmlichen Bestellungsakt unmittelbar einen Pfleger für das gerichtliche Verfahren bestellt.

In Fällen eines erheblichen Interessengegensatzes zwischen dem Kind und seinen gesetzlichen Vertretern wird ein Verfahrenspfleger bestellt, um allein die Interessen des Kindes in das Verfahren einzubringen. Wichtig ist, dass er in einem sehr frühen Stadium des Verfahrens bestellt wird, damit er die Möglichkeit hat, hinreichenden Einfluss auf die Gestaltung und den Ausgang des Verfahrens zu nehmen. Deshalb sollte er vor der Kindesanhörung und vor der Einholung eines Sachverständigengutachtens mit dem Kind Kontakt aufnehmen.

Einige seiner Rechte:

1. Er hat das Recht auf volle Akteneinsicht, Einsicht in das ärztliche, psychologische oder pädagogische Gutachten.
2. Er ist über den jeweiligen Verfahrensstand zu informieren.
3. Er kann bei Anhörungen, förmlichen Beweiserhebungen anwesend sein.
4. Er kann Informationen über die persönlichen und psychosozialen Verhältnisse des betroffenen Kindes und seiner Eltern einholen.
5. Er kann ärztliche, psychologische oder pädagogische Begutachtung anregen.

Einige seiner Pflichten:

1. Er soll persönlichen Kontakt zum Kind aufnehmen, zu seinen Bezugspersonen und zu den Personen, die gerichtliche Maßnahmen beantragen.
2. Er soll das Kind über die Bedeutung des Verfahrens aufklären, es regelmäßig informieren, es beraten und begleiten.
3. Er sollte die subjektiven und objektiven Interessen des Kindes im Verfahren wahrnehmen.
4. Er sollte ihm erkennbare Anliegen des Kindes vorbringen.
5. Er sollte darauf achten, dass bestimmte Verfahrensgarantien geachtet werden, beispielsweise Anhörung des Kindes, gutachterliche Stellungnahmen.

6. Er sollte die Sachverhaltsermittlung des Jugendamtes und des Gerichts sowie Sachverständigengutachten einer kritischen Beurteilung unterziehen können.
7. Er sollte das Kind zu seinen Terminen und Gesprächen begleiten.
8. Er sollte auf ein kindzentriertes, das kindliche Zeitempfinden berücksichtigendes Verfahren hinwirken.
9. Er sollte die gerichtlichen Entscheidungen mit dem Kind beraten und sie dem Kind erläutern.

Das Gesetz enthält keine Aussagen über die berufliche Qualifikation, die ein Verfahrenspfleger haben sollte. Somit können Erzieher, Sozialarbeiter, Sozialpädagogen, Kinderpsychologen, engagierte Laien oder Juristen bestellt werden, die sich allerdings im Rahmen von Fortbildungsveranstaltungen (beispielsweise in Bad Boll, beim DPWV und anderen Organisationen) zusätzlich qualifiziert haben sollten. (Familien- und Kindschaftsrecht, Jugendhilferecht, Grundkenntnisse in der Entwicklungspsychologie, Techniken und Kompetenzen zu „Kommunikation mit Kindern", mediative Kompetenzen, Kenntnisse der Angebote freier Träger vor Ort, Wissen zu Misshandlung, Vernachlässigung, sexueller Missbrauch, Fremdplatzierung, Adoption, Trennung und Scheidung.)

Standards für VerfahrenspflegerInnen

Die Interessenvertretung für Kinder und Jugendliche in Verfahren der Familien- und Vormundschaftsgerichte gemäß § 50 FGG hat auf ihrer Mitgliederversammlung (BAG Verfahrenspflegschaft) am 17. Februar 2001 in Bad Boll die „Standards für VerfahrenspflegerInnen" verabschiedet. (Siehe: weitere wichtige Adressen)

Verwandtenadoption

Für die Adoption durch Verwandte bis zum dritten Grad gilt:

Sie fallen nicht unter das Vermittlungsverbot und bedürfen auch keiner Adoptionspflegeerlaubnis, da der Gesetzgeber durch die bestehenden Familienbande das Schutzbedürfnis des Kindes ausreichend gewährt sieht. Ansonsten gelten auch für die Verwandtenadoptionen - also die Annahme durch Großeltern/Tante/Onkel/Geschwister/Nichten und Neffen - die rechtlichen Bestimmungen der Annahme als Kind.

Die Verwandtenadoption ist die typischste Form der offenen Adoption.

Rechtliche Grundlagen

§ 1741-1772 BGB(Annahme als Kind)
§ 1589 BGB (Verwandtschaft)
§ 1590 BGB (Schwägerschaft)

Verwandtenpflege

Aufgrund der Zahlen und Hochrechnungen aus dem Jahr 2000 schätzt man, dass ungefähr 65.000 Kinder bei Verwandten leben. Davon sind ungefähr 10.000 im Rahmen von „Hilfe zur Erziehung" untergebracht.

Bei Verwandtenpflege handelt es sich um ein erlaubnisfreies Pflegeverhältnis. Verwandte sind gemäß dieser Bestimmung:

- **Großeltern**
- **Onkel und Tanten**
- **Geschwister**
- **Neffen und Nichten (§ 1589 BGB)**

sowie Verschwägerte, also die Ehegatten der genannten Verwandten (§ 1590 BGB).

Der Verwandtenpflege kommt im Bereich der Fremdunterbringung von Kindern ein besonderer Stellenwert zu.

Für viele Eltern scheint die Unterbringung ihrer Kinder bei Verwandten noch immer der nahe liegendste und beste Weg zu sein. Zudem sehen es Verwandte wohl häufig auch als ihre Pflicht an, Familienangehörigen zur Seite zu stehen, wenn Hilfe dringend vonnöten ist.

Untersuchungen belegen, dass speziell die Pflege bei Großeltern gegenüber anderen Pflegeverhältnissen durch eine längere Bestandsdauer gekennzeichnet ist. Die Ursache hierfür liegt vielleicht darin, dass Großeltern (und andere Verwandte) die Schwierigkeiten der Kinder (und ihre Schwierigkeiten mit den Kindern) oft leichter akzeptieren können als fremde Pflegepersonen.

Außerdem müssen Verwandte nicht erst eine Beziehung aufbauen; denn sie kennen die Kinder meistens schon seit der Geburt.

Ein weiterer Vorteil der Verwandtenpflege ist darin zu sehen, dass das Kind die Chance hat, beim Neubeginn auf ein Stück Vertrautheit zurückgreifen zu können - das gibt das Gefühl von Sicherheit. Dadurch wird die Trennung von den Eltern vom Kind als weniger einschneidend und bedrohlich empfunden, die lebens-geschichtliche Kontinuität ist leichter zu sichern.

Natürlich birgt die Verwandtenpflege auch spezifische Konfliktpotenziale in sich. So kann bespielsweise der Generationskonflikt zwischen Großeltern und Enkelkind in der Phase der Pubertät aufgrund des großen Altersunterschieds verstärkt auftreten. Das Therapeutenpaar Nienstedt/Westermann vertritt die Auffassung, dass Großeltern ihr Enkelkind nicht großziehen sollten. Auch befürchtet man oft zu Recht, dass Eltern-Kind-Konflikte auf die Großeltern-Enkelkind-Beziehung oder Tante-Neffen-Beziehung übertragen werden.

Nach dem SGB VIII besteht die Beratungs- und Unterstützungspflicht des Jugendamtes auch gegenüber Pflegepersonen, die nicht im Rahmen von „Hilfe zur Erziehung" tätig sind und keiner Pflegeerlaubnis bedürfen. Das heißt, dass ein besonderes Beratungsangebot für den speziellen Bereich der Großeltern- und Verwandtenpflege zur Verfügung stehen muss.

Finanzielle Hilfe erfolgt entweder nach dem Bundessozialhilfegesetz (§ 22 BSHG) oder aufgrund von „Hilfe zur Erziehung" nach § 33 SGB VIII.

Rechtliche Grundlagen

§ 33 SGB VIII (Vollzeitpflege)
§ 37 SGB VIII (Zusammenarbeit bei Hilfen außerhalb der eigenen Familie)
§ 39 SGB VIII (Leistungen zum Unterhalt des Kindes oder Jugendlichen)
§ 44 (1) SGB VIII (Pflegeerlaubnis)
§ 1589 BGB (Verwandte)
§ 1590 BGB (Schwägerschaft)
§ 22 BSHG (Regelbedarf)

Volljährige Pflegekinder / Jugendhilfeleistungen für junge Volljährige

Auch volljährige junge Erwachsene können Jugendhilfeleistungen in Anspruch nehmen. In § 41 SGB VIII heißt es:

„Einem jungen Volljährigen soll Hilfe für die Persönlichkeitsentwicklung und zu einer eigenverantwortlichen Lebensführung gewährt werden, wenn und solange die Hilfe aufgrund der individuellen Situation des jungen Menschen notwendig ist."

Die Hilfen für junge Volljährige sollen die Persönlichkeitsentwicklung fördern und den jungen Volljährigen zur eigenverantwortlichen Lebensführung befähigen. Das Hilfsangebot umfasst sozialpädagogische, sozialtherapeutische und unterhaltsrechtliche Maßnahmen.

Die Hilfe wird in der Regel nur bis zur Vollendung des 21. Lebensjahres gewährt. In begründeten Einzelfällen soll sie für einen begrenzten Zeitraum darüber hinaus fortgesetzt werden.

Die Hilfe soll den jungen Menschen befähigen, sein Leben eigenverantwortlich zu führen, d.h. es muss zunächst festgestellt werden, dass der junge Volljährige die altersgemäße Entwicklungsreife noch nicht erlangt hat und noch eine weitere Zeit der Reifung und Entwicklung benötigt, um selbständig leben zu können.

Neben der Notwendigkeit der Hilfe muss diese jedoch auch Erfolg versprechend sein. Wenn aufgrund von Beeinträchtigungen und bis dahin geleisteter Hilfen keine Fortschritte in der Entwicklung mehr zu erwarten sind, wird die Form der Hilfe gem. § 41 SGB VIII nicht mehr gewährt.

In der Regel wird Hilfe für junge Volljährige gewährt, wenn die schulische oder berufliche Ausbildung noch nicht abgeschlossen ist und nicht gefährdet werden soll. Auch nach Beendigung der Hilfe soll der junge Volljährige im notwendigen Umfang beraten und unterstützt werden.

Rechtliche Grundlagen

§ 7 SGB VIII (Begriffsbestimmungen)
§ 41 SGB VIII (Hilfen für junge Volljährige, Nachbetreuung)

Volljährigenadoption

Die Annahme Volljähriger ist in den Paragraphen 1767-1772 BGB geregelt. Danach kann ein Volljähriger als Kind angenommen werden, wenn die Annahme sittlich gerechtfertigt ist. Dies ist insbesondere in den Fällen anzunehmen, wenn zwischen dem Annehmenden und dem Anzunehmenden bereits ein Eltern-Kind-Verhältnis entstanden ist. Finanzielle Gründe oder erbrechtliche Fragen dürfen für die Annahme eines Volljährigen also nicht das maßgebliche Motiv sein. Die Annahme darf nicht ausgesprochen werden, wenn ihr überwiegende Interessen der Kinder des Annehmenden oder des Anzunehmenden entgegenstehen.

Im Gegensatz zur Annahme Minderjähriger wird ein Verwandtschaftsverhältnis bei der Annahme Volljähriger nur zwischen den Annehmenden und dem Angenommenen sowie dessen Kindern begründet. Insbesondere erstreckt sich die Annahme nicht auf die Verwandten des Annehmenden, dessen Eltern sind also beispielsweise mit dem Angenommenen nicht verwandt.

Werden mehrere Volljährige von derselben Person angenommen, so sind auch diese nicht miteinander verwandt. Der Angenommene wird nicht verwandt und verschwägert mit den Verwandten und Verschwägerten der Adoptiveltern. Ebenso werden die aus der Abstammung herrührenden Verwandtschaftsverhältnisse des Angenommenen durch die Annahme grundsätzlich nicht berührt, bleiben also bestehen.

Die gegenseitigen Unterhaltspflichten zu den leiblichen Verwandten bleiben bestehen, wenn auch die Adoptiveltern dem Angenommenen und seinen Abkömmlingen gegenüber vorrangig unterhaltspflichtig sind. Das Annahmeverhältnis kann auf Antrag des Annehmenden und des Angenommenen aufgehoben werden, wenn ein wichtiger Grund vorliegt.

Rechtliche Grundlagen

§§ 1767-1772 BGB (Annahme Volljähriger)

Volljährigenhilfe als Hilfe für junge Straftäter

Die im SGB VIII aufgeführten Hilfen für junge Volljährige schließen auch Hilfen für straffällige Jugendliche bzw. junge Volljährige mit ein (§ 41 (2) SGB VIII).

Dies gilt für zwei unterschiedliche Problemlagen:

a) Absehen von Strafverfolgung (§ 45 JGG)
Wenn eine erzieherische Maßnahme bereits durchgeführt oder eingeleitet ist oder ein Ausgleich mit dem Opfer angestrebt wird und die Staatsanwaltschaft hält weder die Beteiligung des Gerichts noch eine Anklage für erforderlich, wird von der Verfolgung abgesehen. Dies ist allerdings von der Zustimmung des Staatsanwalts abhängig. (Vgl. hierzu Münder u.a., a.a.O., S. 209)

b) Einstellung des Verfahrens (§ 47 JGG)
Für die Einstellung eines Verfahrens durch das Gericht ist eine Jugendhilfemaßnahme nach § 45 JGG Voraussetzung; auch sie bedarf der Zustimmung durch den Staatsanwalt.

Möglich ist auch, dass das Verfahren vorläufig eingestellt wird - unter einer Fristsetzung von sechs Monaten; innerhalb dieses Zeitraums kann der junge Volljährige der angebotenen Hilfeleistung nachkommen. Tut er dies, wird das Verfahren vom Gericht eingestellt.

Zur Vermeidung einer Verurteilung bietet auch der § 10 (1), S. 5-7 JGG (Betreuungshelfer/in, sozialer Trainingskurs, Täter-Opfer-Ausgleich) einen Handlungsspielraum.

Die Inanspruchnahme dieser Hilfen soll dazu beitragen, eine Stigmatisierung zu vermeiden, die im späteren Leben aus dem Umstand, im Jugendalter straffällig geworden zu sein, erwachsen kann.

Rechtliche Grundlagen
§ 41 (2) SGB VIII (Hilfe für junge Volljährige, Nachbetreuung)
§ 45 JGG (= Jugendgerichtsgesetz) (Absehen von der Verfolgung)
§ 47 JGG (Einstellung des Verfahrens durch den Richter)
§ 10 (1), S. 5-7 JGG (Weisungen)

Vollzeitpflege

Die Vollzeitpflege wird im § 33 SGB VIII beschrieben:
„Hilfe zur Erziehung in Vollzeitpflege soll entsprechend dem Alter und Entwicklungsstand des Kindes oder des Jugendlichen und seinen persönlichen Bindungen sowie den Möglichkeiten der Verbesserung der Erziehungsbedingungen in der Herkunftsfamilie Kindern und Jugendlichen in einer anderen Familie eine zeitlich befristete oder eine auf Dauer angelegte Lebensform bieten. Für besonders entwicklungsbeeinträchtigte Kinder und Jugendliche sind geeignete Formen der Familienpflege zu schaffen und auszubauen."
Das Gesetz sieht demnach eine befristete Hilfe **oder** eine auf Dauer angelegte Lebensform in der Pflegefamilie vor. Je nach der Lebenssituation des Kindes und seiner Familie ist die Vollzeitpflege daher eine familienergänzende oder eine familienersetzende Hilfe. Das SGB VIII favorisiert keine bestimmte Form der Hilfe zur Erziehung; denn die Fachkräfte sollen in jedem individuellen Fall, unter Mitwirkung aller Beteiligten eine Lösung finden, die dem Wohl des Kindes/Jugendlichen entspricht und von seinen Erziehungsberechtigten akzeptiert und mitgetragen werden kann.
Die gemeinsame Hilfeplanung wird in einem Hilfeplan festgehalten, der den Pflegeeltern bekannt sein muss und an dessen Fortschreibung sie mitwirken.
Viele Jugendämter setzen bei der Vermittlung in Familienpflege generell eine Befristung von zwei Jahren, in denen sich die Herkunftsfamilie stabilisieren soll. Sie erhalten mit dieser Befristung eher das Einverständnis der leiblichen Eltern, räumen ihnen erneut eine Chance ein und heben damit den Schutz des Elternrechts hervor.
Für viele Pflegekinder und Pflegeeltern ist diese Frist von zwei Jahren eine Zeit der Unsicherheit und Unruhe, in der die Rollen und die Zukunftsperspektive unklar sind. Erfahrungsgemäß ist in den meisten Fällen einschätzbar, ob die Chancen einer Stabilisierung der Herkunftsfamilie realistisch sind, denn eine Fremdunterbringung des Kindes steht meistens am Ende einer Reihe von ambulanten Hilfen, die ausreichend waren.

Im Folgenden werden die unterschiedlichen Formen der Vollzeitpflege mit ihren Folgen für das Kind und die Pflegefamilie beschrieben (Siehe auch unter „Selbstverständnis von Pflegefamilien).

Die zeitlich befristete Vollzeitpflege

Das Ziel der befristeten Vollzeitpflege ist die Rückführung des Kindes in seine Herkunftsfamilie innerhalb eines festgesetzten, überschaubaren Zeitraumes. Dies setzt positive Bindungen des Kindes an seine leiblichen Eltern voraus, die durch

häufige Besuchskontakte und durch Unterstützung der Pflegeeltern gefördert werden müssen. Die Pflegeeltern bauen eine Beziehung zu dem Kind auf, ohne die Elternrolle zu übernehmen.
Die Problematik liegt für viele Pflegeeltern in der Tatsache, dass sie sich für eine unbefristete oder dauerhafte Familienpflege entschieden haben und es ihnen schwer fällt, oft über viele Jahre mit der Unsicherheit zu leben, ob ihr Pflegekind bei ihnen bleibt oder nicht. Sie müssen oft wechselnde Rollen einnehmen, die ihnen von außen zugeschrieben werden. Zuneigung, Liebe und Bindungen halten sich aber nicht an Hilfepläne und theoretische Überlegungen. Häufig sind Pflegeeltern ohne rechtliche Sicherheit längst zu den sozialen Eltern ihres Pflegekindes geworden. Es ist daher wichtig, dass sie ihre eigenen Gedanken und Gefühle reflektieren können und sich in Konfliktsituationen fachliche Hilfe suchen.
Rückführungen werden aus vielfältigen Gründen relativ häufig angestrebt, gelingen aber nur selten. Dies liegt u.a. daran, dass mit den Herkunftsfamilien gar nicht oder zu wenig auf eine Rückführung hin gearbeitet wird, ihnen keine notwendigen Hilfen angeboten werden oder die Annahme derselben nicht kontrolliert wird und weil soziale Verhältnisse, die eine Fremdunterbringung der Kinder notwendig machen, oft nicht ausreichend zu verändern sind.

Die „Vollzeitpflege auf Dauer"

Wenn zum Zeitpunkt der Vermittlung feststeht, dass ein Kind nicht wieder in seiner Familie leben kann, muss für dieses Kind eine dauerhafte Lebensperspektive gefunden werden. Dies kann der Fall sein, wenn ein Kind von seinen Eltern schwer misshandelt, missbraucht oder vernachlässigt wurde oder wenn Eltern so krank oder in ihrer Persönlichkeit gestört sind, dass eine Rückführung des Kindes nicht mehr möglich ist.
Diese Kinder brauchen für ihre positive Persönlichkeitsentwicklung die Chance, Bindungen einzugehen, sich zugehörig zu fühlen, bedingungslos angenommen und geliebt zu werden. In der Vollzeitpflege auf Dauer soll sich ein Eltern-Kind-Verhältnis entwickeln, das in seiner Qualität dem von Adoptivfamilien und leiblichen Familien gleicht. Trotzdem pflegen viele Pflegekinder den Kontakt zu ihren leiblichen Eltern. Dies kann einerseits immer wieder zu Konflikten führen, ermöglicht den Kindern andererseits aber die Auseinandersetzung mit ihrer Geschichte und stärkt den Blick für die Realität.

Rechtliche Grundlagen

§ 33 SGB VIII (Vollzeitpflege)
§ 36 SGB VIII (Hilfeplan)
§ 37 SGB VIII (Hilfeplan außerhalb der eigenen Familie)
§ 50 c FGG (Anhörung der Pflegeperson in Personensorgerechtsverfahren)

Vorgeschichte des Adoptivkindes / Pflegekindes

Voraussetzung für eine an den Bedürfnissen des Kindes orientierte Adoptions- oder Vollzeitpflegevermittlung ist die umfassende Aufklärung über die Vorgeschichte des Kindes. Wichtig sind also - neben der Abklärung der rechtlichen Situation - Informationen über frühere Erkrankungen des Kindes, über medizinische oder psychologische Behandlungen und über einschneidende Erlebnisse und Erfahrungen, die das Kind geprägt haben.

Ein Schwerpunkt der Vermittlungstätigkeit liegt deshalb in der genauen Beschreibung der Lebenssituation des zu vermittelnden Kindes.

Der Fachdienst hat dabei auf Folgendes besonders zu achten:
- derzeitige und frühere Lebensumstände
- Entwicklungsverlauf
- Sozialverhalten
- Gesundheitszustand
- Verhaltensauffälligkeiten/Behinderungen
- Beziehungsabbrüche und/oder andere traumatische Erfahrungen des Kindes
- Bezugspersonen, bestehende Bindungen

Da die Familiengeschichte - das ist in manchen Fällen auch gerade die vorgeburtliche Geschichte - prägend für die Entwicklung und Persönlichkeitsbildung des Kindes ist, muss auch diese in die Ermittlungen einbezogen werden. Sollten sich Unsicherheiten ergeben, kann und soll der Fachdienst andere Fachleute und Gutachter hinzuziehen.

Das Wissen um die Vorgeschichte darf nicht nur als Vermittlungshilfe für den Vermittler angesehen werden und danach in den Amtsschubladen verstauben. Die zukünftigen Adoptiv- oder Pflegeeltern müssen vor der Entscheidung für das Kind, d.h. vor der Inpflegenahme, umfassend über die kindliche Vorgeschichte informiert werden. Dies gilt auch für die Weitergabe von Familiendaten. Ein sensibler Umgang mit diesen Drittdaten (Einhaltung des Datenschutzes) ist selbstverständlich, sollte aber im Hinblick auf das Kindeswohl nicht als Alibi für eine Nichtinformation missbraucht werden. Die Bewerber unterliegen zudem der Geheimhaltungspflicht.

Doch warum sind solch detaillierten Informationen überhaupt notwendig?

Das Scheitern von Adoptions-/Pflegeverhältnissen kann ursächlich mit einer unzureichenden Vorbereitung der annehmenden Eltern zusammenhängen. Ein Qualitätsmerkmal von Vermittlung liegt - wie bereits erwähnt - in der Weitergabe genauer Informationen über das Kind. Potenzielle Adoptiv- oder Pflegeeltern müssen über die Besonderheiten des Kindes Bescheid wissen, müssen auf mögliche Schwierigkeiten hingewiesen werden, um das Kind später bewusst in seiner Gesamtheit (also mit all seinen „Ecken und Kanten") annehmen zu können.

Auch wenn im Zusammenhang mit der Adoption gerne von einer „sozialen Geburt" gesprochen wird, muss für alle Beteiligten deutlich sein, dass das Kind - und sei es noch so klein - schon eine eigene Persönlichkeit ist und seine Geschichte in die neue Familie mitbringt.

Das Wissen um die Sozialisationsbedingungen und die Familiengeschichte des Kindes ermöglichen es erst, die Ursachen für bestimmte kindliche Verhaltensweisen und Bedürfnisse zu erkennen.

Handlungen und Verhaltensweisen des Kindes, die ohne diese Vorinformationen völlig unverständlich oder gar befremdlich wirken würden, werden nun erklärbar. Das trägt zum gegenseitigen Verstehen bei. Das Angewiesensein auf Vermutungen nimmt annehmenden Eltern nicht nur die Möglichkeit, in diesen Situationen verständnisvoll reagieren zu können. Es birgt auch die Gefahr in sich, dass das Kind aufgrund der oft nur vagen Erinnerungen an „früher" die Vergangenheit idealisiert. Das kann den Alltag in der neuen Familie überschatten.

Für das Kind und die Annehmenden bedeutet detailliertes Wissen um die Vergangenheit auch ein Stück Rekonstruktion nicht gemeinsam erlebter Geschichte. Vorgeschichte und gemeinsame Familiengeschichte sind für das Kind unersetzliche Bausteine der Identitätsfindung (Biografiearbeit).

Rechtliche Grundlagen

§ 7 AdVermiG (Vorbereitung der Vermittlung)

Vorgeschichte des Pflegekindes

Über die Vorgeschichte von Pflegekindern gibt es genauso wenig fundierte Erkenntnisse wie über die Situation von Herkunftsfamilien. Gesichert scheinen folgende Daten zu sein: Etwa die Hälfte der Pflegekinder wird im Alter zwischen null und drei Jahren in Pflege gegeben, ein weiteres Drittel im Alter bis zu etwa sieben Jahren.

Etwa drei Viertel aller Pflegekinder erlebt nicht nur eine Fremdunterbringung. Ungefähr die Hälfte von ihnen hat vor der Unterbringung in Familienpflege Heimerfahrung, etwa ein Viertel war in zwei und mehr Pflegefamilien untergebracht.

Das bedeutet: Pflegekinder verfügen über die vielfältigsten Vorerfahrungen, sie sind durch diese in ihrer Entwicklung, Persönlichkeit und ihrem Verhalten geprägt.

Unabhängig von Qualität (und Quantität) dieser Vorerfahrungen ist die Aufnahme in eine Pflegefamilie immer mit Trennung, Verlust von Bezugspersonen, mit einem Wechsel der gewohnten Umgebung und der Konfrontation mit neuen Verhaltensweisen, Regeln und Gewohnheiten verbunden.

Deshalb müssen Rahmenbedingungen geschaffen werden, die es dem Kind ermöglichen, in seiner neuen Lebenswelt heimisch zu werden. Dazu braucht es vor allem Zeit: Beziehungen und Bindungen entwickeln sich langsam, Schritt für Schritt, sie entstehen nicht von heute auf morgen. Außerdem ist für das Kind immer wieder die Erfahrung nötig, dass es angenommen, akzeptiert, verstanden und geliebt wird - auch wenn es „schwierig" ist und Probleme macht.

Äußerst wichtig ist es zudem, dass dem Kind gestattet wird, sich mit dem bislang Erfahrenen kritisch auseinander zu setzen, damit ein Verarbeitungsprozess in Gang kommen kann: Die Verdrängung des früher Erlebten und Erlittenen kann schwere Identitätskrisen mit sich bringen. *(Siehe Herkunftsfamilie)*

Waisenrente

Wird Pflegeeltern Pflegegeld in vollem Umfang gezahlt, kann das Jugendamt die Waisenrente zur Deckung seiner Kosten einbehalten.

Alle Leistungen Dritter - ausgenommen Kindergeld - werden vom Jugendamt angerechnet.

Die Handhabung dieser Leistungen kann jedoch kommunal unterschiedlich sein.

Pflegeeltern sollten darauf achten, rechtzeitig die entsprechenden Anträge zu stellen. Beim Ausfüllen der Antragsformulare sind die Jugendämter behilflich.

Rechtliche Grundlagen

§ 91 - 93 SGB VIII (Heranziehung zu den Kosten/Kostentragung; Kostenbeitrag/Umfang des Kostenbeitrages
§ 95 SGB VIII (Feststellung der Sozialleistungen)
§ 104 SGB X (Anspruch des nachrangig verpflichteten Leistungsträgers)

Wirkung der Adoption

Durch die rechtswirksame Annahme eines Minderjährigen als Kind erlöschen alle bisherigen verwandtschaftlichen Beziehungen und daraus resultierende Rechte und Pflichten des Kindes.

Ohne die Einwilligung der Beteiligten haben Adoptierte kein Recht auf Kontakte mit ihren leiblichen Geschwistern oder näheren Verwandten. Jedoch sollte es frühestmöglich Bemühungen geben, die Einwilligung der Familienmitglieder nachträglich einzuholen. (Siehe dazu: Personalbögen der leiblichen Eltern)

Der Minderjährige erhält die rechtliche Stellung eines ehelichen Kindes bzw. bei einer Stiefelternadoption die Stellung eines gemeinsamen ehelichen Kindes.

Dieser Status als Kind erstreckt sich auch auf das Verhältnis zu den übrigen Verwandten der Annehmenden. Das heißt, das Kind ist auch mit den Verwandten des Annehmenden verwandt und hat auch hier die gleichen Rechte wie leibliche Kinder.

Das Kind ist an der gesetzlichen Erbfolge beteiligt und trägt als Geburtsnamen den Familiennamen der Annehmenden.

Wegen der weitreichenden Wirkungen spricht man von einer Volladoption.

Rechtliche Grundlagen

§ 1754 BGB (Rechtliche Stellung des Kindes)
§ 1755 BGB (Erlöschen bisheriger Verwandtschaftsverhältnisse)
§ 1756 BGB (Bestehenbleibende Verwandtschaftsverhältnisse)
§ 1757 BGB (Name des Kindes)

Wochenpflege

Die Wochenpflege ist eine familienergänzende Form der Familienpflege. Die Gründe, ein Kind die ganze Woche über in einer anderen Familie leben zu lassen, liegen häufig in ungünstigen, unregelmäßigen Arbeits- und Ausbildungszeiten oder in auswärtigen Arbeits- und Ausbildungsplätzen eines allein stehenden Elternteils. Aber auch bei einer Erkrankung oder aus verschiedenen Gründen zu geringer Belastungsfähigkeit der allein erziehenden Mutter oder des allein erziehenden Vaters stellt die Wochenpflege manchmal vorübergehend eine ausreichende Entlastung dar.

Die Wochenpflege ist für alle Beteiligten mit Schwierigkeiten und Belastungen verbunden. Besonders problematisch wirkt sie sich bei jüngeren Kindern aus, weil ihnen ständig der Wechsel ihrer Bezugspersonen, ihrer Umgebung und oft auch der Erziehungsstile zugemutet wird. Aus diesem Grund stellt die Wochenpflege eine Notlösung dar, die immer nur vorübergehend sein sollte.
Für Säuglinge sollte keine Wochenpflege geplant werden.

Wegen der negativen Erfahrungen werden kaum noch Kinder in Wochenpflege vermittelt (Ausnahme: Verwandtenpflege).

Wohnberechtigungsschein / Wohngeld

Der dem Pflegekind zuzurechnende Teil des Pflegegeldes (Unterhalt) wird seit 1.1.2001 nicht mehr als Einkommen berücksichtigt. Der im Pflegegeld enthaltene Erziehungsbeitrag wird zur Hälfte des Zahlbetrags bei der Pflegeperson angerechnet.
Kindergeld fließt bei der wohngeldrechtlichen Einkommensermittlung nicht mehr in das Gesamteinkommen des Haushalts ein.

Anträge auf Wohngeld sind bei der Wohngeldstelle der Stadtverwaltung zu stellen, dort können auch weitere Informationen erteilt werden.

Rechtliche Grundlagen

Nr. 10.15 WoGVwV zum § 10 WoGG
Nr. 14.117 WoGVwV zum § 14 WoGG

Wohnortwechsel der Pflegeeltern

Bei einem Umzug der Pflegeeltern besteht für diese eine Mitteilungspflicht gegenüber dem zuständigem Jugendamt (Siehe hierzu auch unter Anzeige-/Mitteilungspflicht sowie unter: örtliche Zuständigkeit des JA für Leistungen u. andere Aufgaben)

Die Erlaubnis zum Wechsel des Wohnorts darf nicht deshalb verweigert werden, weil z.B. dadurch für die leiblichen Eltern die Entfernung, die sie bei Besuchen überwinden müssen, größer wird.
Ausschlaggebend ist auch hier allein das Interesse des Kindes an der Aufrechterhaltung seiner Beziehung zur Pflegefamilie.
Gleiches gilt für längere Auslandsaufenthalte.

Rechtliche Grundlagen

§ 85 SGB VIII (örtliche Zuständigkeit für Leistungen und andere Aufgaben)

Zusammenschlüsse von Pflege- und Adoptivfamilien

Elterngruppen werden sowohl von den Jugendämtern und freien Trägern der Jugendhilfe (Caritas, Diakonie, DPWV etc.) als auch in reiner Selbsthilfe von Pflege- und Adoptiveltern angeboten.
Es gibt Selbsthilfegruppen, die als private Gesprächskreise bestehen, aber auch solche unter fachlicher Leitung. In den meisten Regionen haben sich einzelne Selbsthilfegruppen zu Initiativen und Vereinen zusammengeschlossen, die über die Gesprächskreise hinaus zu Vorbereitungskursen für Pflege- und Adoptiveltern, zu gezielten Themenstellungen und zu Freizeitaktivitäten einladen. Dadurch wird die Isolierung der einzelnen Pflege- und Adoptivfamilien, aber auch schon die der Bewerberinnen und Bewerber aufgebrochen.

Allen Pflege- und Adoptiveltern aus Gruppen, Initiativen und Vereinen ist gemeinsam, dass sie sich durch die Mitarbeit in diesen Zusammenschlüssen Wissen und Kompetenz erwerben. Dies kommt in erster Linie der eigenen Familie zugute. In zunehmendem Maße werden die so erworbenen Fähigkeiten, Kenntnisse und Erfahrungen aber auch an potenzielle und neue Pflege- und Adoptivfamilien weitergegeben. Das Engagement führt weiterhin zu einer kritischen Reflexion der gesamten Arbeit im Rahmen der Jugendhilfemaßnahme „Fremdplatzierung" und zu erhöhtem politischen Engagement in den entsprechenden Verbänden.

Die Schwerpunkte der Arbeit von Pflege- und Adoptivelterngruppen sind:

- **Beratung, Unterstützung und Austausch untereinander.**

Im Kontakt mit anderen Pflege- und Adoptiveltern und Bewerber-Paaren wird eine durch Offenheit und Angstfreiheit gekennzeichnete Kommunikation möglich:
Bei Erziehungsschwierigkeiten oder anderen Problemen braucht keiner in der Gruppe damit zu rechnen, dass ihm Kompetenzen abgesprochen werden oder Repressalien drohen. Der gleiche Erfahrungshintergrund garantiert gegenseitiges Verständnis und Solidarität. Gleichzeitig wird deutlich, dass es sich bei den dargestellten Problemen nicht um Einzelprobleme handelt, sondern dass andere Pflege- und Adoptiveltern in ihrem Alltag vor ähnlichen Problemen stehen. Dadurch ist die Möglichkeit gegeben, diese Probleme gemeinsam aufzuarbeiten.

- **Fortbildung, Information und Öffentlichkeitsarbeit**

Neben dem konkreten Erfahrungsaustausch bietet sich die Gruppe als ideales Forum für die Fortbildung und Qualifikation von Pflege- und Adoptiveltern an.

Neben allgemeinen Informationen über Rechtsfragen, Finanzen, Umgang mit Behörden usw. werden pädagogische und psychologische Fragestellungen erarbeitet und die gemachten Erfahrungen reflektiert.

Die Einbindung in die Gruppe stärkt das Selbstwertgefühl des Einzelnen, schafft zudem die Möglichkeit der wirksamen Interessenvertretung. Durch gegenseitige Informationen und Hinweise werden die Kompetenzen im Umgang mit dem Jugendamt erweitert. Außerdem hat das Auftreten in der Gruppe (Lobbybildung) zur Folge, dass der Durchsetzung von Interessen und politischen Forderungen der notwendige Nachdruck verliehen werden kann.

Der Öffentlichkeitsarbeit kommt deshalb eine wichtige Aufgabe zu. Das Auftreten der Gruppe in der Öffentlichkeit (Informationsveranstaltungen, Infostände, Medienarbeit) verbessert den Informationsstand bezüglich der Situation von Pflege- und Adoptivfamilien. Etwaige Vorurteile, die oft auf mangelnde Information zurückzuführen sind, können dadurch abgebaut werden.

Adressen von Pflege- und Adoptivelterngruppen und von den Landesverbänden können sowohl beim Jugendamt als auch beim PFAD-Bundesverband der Pflege- und Adoptivfamilien e.V. erfragt werden.

Seit 1976 gibt es den Bundesverband der Pflege- und Adoptivfamilien. Durch die Zunahme von Nachfragen aus ganz Deutschland wurde der Beratungsbedarf vor Ort immer größer. Diese Aufgabe haben die Landesverbände übernommen, die nahezu in allen Bundesländern bestehen. Der Bundesverband bleibt auf Bundesebene der Ansprechpartner für Bundesministerien und andere Bundesorganisationen.

Die Arbeit der Initiativen wird durch folgende Paragraphen unterstützt:

SGB VIII

§ 23 (4) / 37 (2)	Zusammenschlüsse von Pflegepersonen sollen beraten und unterstützt werden.
§ 73	In der Jugendhilfe ehrenamtlich tätige Personen sollen angeleitet, beraten und unterstützt werden.
§ 74	Die freiwillige Tätigkeit soll angeregt und gefördert werden.

AdVermiG (Adoptionsvermittlungsgesetz):

§ 9	Die Jugendämter haben sicherzustellen, dass die gebotene vor- und nachgehende Beratung und Unterstützung geleistet wird.

Zuständigkeit des Gerichts

Für die Annahme als Kind ist im Regelfall das Vormundschaftsgericht zuständig, in dessen Bezirk der Annehmende seinen Wohnsitz hat. Die Annahme als Kind wird auf Antrag des Annehmenden vom Vormundschaftsgericht ausgesprochen.

Bei deutschen Annehmenden ohne Wohnsitz oder Aufenthalt in der Bundesrepublik ist das Amtsgericht Schöneberg in Berlin-Schöneberg zuständig. In diesen Fällen ist jedoch auch die Abgabe der Zuständigkeit an ein anderes Gericht aus wichtigen Gründen möglich. Durch diese Abgabemöglichkeit steht auch der Anerkennung einer im Ausland ausgesprochenen Adoption formalrechtlich nichts im Wege.

Rechtliche Grundlagen

§ 1752 I BGB (Beschluss des Vormundschaftsgerichts/Antrag)
§ 43 b FGG (Annahme eines Kindes)

Zwei Eltern und ein Kind – die Kernproblematik in Pflege- und Adoptivfamilien

Adoptionen, aber auch viele Pflegeverhältnisse führen zu dauerhaften, intensiven, innigen Bindungen innerhalb der neuen Familie, die sich von denen leiblicher Eltern-Kind-Beziehungen nicht unterscheiden. Die faktische oder soziale Elternschaft darf nicht darüber hinwegtäuschen, dass es noch ein anderes Elternpaar gibt - die Herkunftseltern. Diese sind Teil der Geschichte des Kindes und bleiben für seine Entwicklung und Identitätsfindung wichtig. Dies gilt auch

- wenn das Kind seit seiner Geburt in der Ersatzfamilie lebt und seine leiblichen Eltern noch nie gesehen hat,
- wenn die Herkunftseltern ihr Elternrecht aus rechtlichen und moralischen Gründen nie wieder ausüben dürfen,
- wenn die Herkunftseltern gestorben sind.

Nur wenn Pflege- und Adoptiveltern in dem Bewusstsein leben, dass „ihr Kind" auch noch ein anderes Elternpaar hat, können sie ihm in der Auseinandersetzung mit dieser Problematik Hilfe und Unterstützung geben. Dazu gehört, dass sie sich so gut wie möglich über die Herkunftsfamilie und die Vorgeschichte des Kindes informieren, die Ursachen der Schwierigkeiten verstehen lernen und dem Kind liebevoll, einfühlsam und ehrlich auf seine Fragen antworten.

Das Gefühl von Angst und Konkurrenz vieler Pflege- und Adoptiveltern ist zwar verständlich, jedoch unbegründet. Das Kind braucht die Auseinandersetzung mit seiner Vorgeschichte für seine gesunde Entwicklung. Die Liebe und Zugehörigkeit zu den sozialen Eltern wird dadurch nicht gefährdet. Im Gegenteil – die offene, verständnisvolle Haltung der Eltern wird in der Regel mit gleicher Offenheit und Ehrlichkeit belohnt.

Abkürzungsverzeichnis

a.a.O.	am angegebenen Ort
AdanpG	Adoptionsanpassungsgesetz
AdvermiG	Adoptionsvermittlungsgesetz
AFG	Arbeitsförderungsgesetz
AngstVG	Angestelltenversorgungsgesetz
Art.	Artikel
AuslG	Ausländergesetz
BAB	Berufsausbildungsbeihilfe
BAFöG	Bundesausbildungsförderungsgesetz
BDSG	Bundesdatenschutzgesetz
BeamtVG	Beamtenversorgungsgesetz
BErzGG	Bundeserziehungsgeldgesetz
BGB	Bürgerliches Gesetzbuch
BKGG	Bundeskindergeldgesetz
BSHG	Bundessozialhilfegesetz
BVerfG	Bundesverfassungsgericht
DVAuslG	Verordnung zur Durchführung des Ausländergesetzes
EGBGB	Einführungsgesetz zum Bürgerlichen Gesetzbuch
EstG	Einkommensteuergesetz
e.V.	eingetragener Verein
ff	folgende
FGG	Gesetz über die Angelegenheiten der freiwilligen Gerichtsbarkeit
FGO	Finanzgerichtsordnung
GG	Grundgesetz
hg.v.	herausgegeben von
i.V.m.	in Verbindung mit
ISD	Internationaler Sozialdienst
JGG	Jugendgerichtsgesetz
KJHG	Kinder- und Jugendhilfegesetz
MSA	Haager Minderjährigenschutzabkommen
NamÄnG	Namensänderungsgesetz
OLG	Oberlandesgericht
OVG	Oberverwaltungsgericht
PstG	Personenstandsgesetz
RKEG	Gesetz über die religiöse Kindererziehung
RJWG	Reichsjugendwohlfahrtsgesetz
RustaG	Reichs- und Staatsangehörigkeitsgesetz
SchwbG	Schwerbehindertengesetz

RVO	Reichsversicherungsordnung
SGB	Sozialgesetzbuch
SGG	Sozialgerichtsgesetz
StGB	Strafgesetzbuch
u.Ä.	und ähnliche
VerwG	Verwaltungsgericht
VerwKoG	Verwaltungskostengesetz
VwGO	Verwaltungsgerichtsordnung
VwVfG	Verwaltungsverfahrensgesetz
WoGG	Wohngeldgesetz
WoGvwV	Wohngeldverwaltungsordnung
ZPO	Zivilprozessordnung

PFAD
Bundesverband der Pflege- und Adoptivfamilien e.V.

Am Stockborn 5-7
60439 Frankfurt/Main

E-Mail: pfad-bv@t-online.de
Internet: www.pfad-bv.de
und bei: www.moses-online.de

Geschäftsstelle
mo-fr 11.00-13.00 Uhr
Tel: 0 69 - 97 98 67-0
Fax: 0 69 - 97 98 67-67

Landesverbände (Stand 15.4.2003) im

PFAD - Bundesverband der Pflege- und Adoptivfamilien e.V.
Am Stockborn 5-7, 60439 Frankfurt/Main
Tel. 0 69 / 97 98 67-0, Fax. 97 98 67-67

PFAD für Kinder, LV Baden-Württemberg e.V.
Am Sportplatz 6, 75334 Straubenhardt
Tel. 0 70 82 / 41 49 66, Fax. 41 49 67
E-Mail: wolfi.diebold@t-online.de
Vorsitzende: Iris Brenk-Diebold

PFAD FÜR KINDER, LV Bayern, e.V.
Hubmannstr. 6, 86551 Aichach
Tel. 0 82 51 / 10 50, Fax. 87 24 08
E-Mail: Info@PFAD-Bayern.de
Ansprechpartnerin: Ursula Rüdiger, Vorsitzende: Dagmar Trautner

PFAD für Kinder, LV Berlin-Brandenburg, e.V.
Scheeder Str. 32a, 15711 Königs Wusterhausen
Tel. (0 33 81) 29 17 12
E-Mail: smh.danowski@t-online.de, Stell.Vorsitzende: Susanne Danowski

WIR, LV Bremen e.V.
Horner-Heer-Straße 19, 28359 Bremen
Tel. 04 21 / 23 11 91, Fax. 2 03 02 72
E-Mail: wir-bremen@freenet.de
Ansprechpartnerin: Anneli Lamken, Vorstandsmitglied: Gudrun Grote

Freunde der Kinder, LV Hamburg e.V.
Langenhorner Chaussee 93, 22415 Hamburg
Tel. 0 40 / 59 49 00, Fax. 59 82 87
E-Mail: Info@Freunde-der-Kinder.de
AnsprechpartnerInnen: Kay-Uwe Fock, Lenore Wittig, Vorsitzende: Edda Jacobs

PFAD für Kinder, LV Hessen, e.V
Lindenstr. 2A, 61440 Oberursel
Tel. 0 671 / 58 03 53, Fax. 58 03 39
E-Mail: pfad-hessen@t-online.de
Vorsitzende: Ines Kurek-Bender

Mecklenburg-Vorpommern, „Mittenmang"
Birkenallee 9, 19230 Hagenow
Tel. 0 38 83 / 72 99 30
Ansprechpartnerin: Silke Biastoch

LV Niedersachsen e.V.
Kornstr. 18, 38640 Goslar
Tel. 0 53 21 / 2 16 14, Fax. 0 53 21 / 4 52 41
E-Mail: peter@haufmann.de
Ansprechpartner: Peter Haufmann (Vorstandsmitglied)

PAN, Pflege- und Adoptivfamilien NRW e.V.
Heimgart 8, 40883 Ratingen
Tel. 0 21 02 / 6 72 18, Fax. 6 72 45
E-Mail: PFAD-NRW@t-online.de
Internet: www.moses-online.org
Geschäftsführerin: Henrike Hopp, Vorsitzender: Roland Sellger

PFAD für Kinder, LV Rheinland-Pfalz, e.V.
Siedlerstr. 21, 76865 Rohrbach
Tel. Verband: 07 00 / 73 23 75 78, Fax. Verband (07 00) 73 23 75 73
E-Mail: johannes.rupp@t-online.de
Vorsitzende: Charlotte Baser

PFADT, LV Saarland e.V.
Schweichhauser Str. 25, 66636 Tholey
Tel. 0 68 53 / 3 04 80,
E-Mail: winfried.scheppler@saarbruecken.de
Vorsitzender: Winfried Scheppler

PFAD, LV Sachsen e.V.
Jupiterstr. 31, 04205 Leipzig
Tel. 03 41 / 4 11 29 36, Fax. 4 11 29 37
E-Mail: Landeck@PFAD-Sachsen.de
Vorsitzende: Gerhild Landeck

LV in Sachsen-Anhalt e.V.
Moskauer Str. 16, 39218 Schönebeck
Tel. 0 39 28 / 84 64 87, Fax. 72 98 52
E-Mail: LV.Pflege-u.Adop.Sachsen-Anh@t-online.de
Vorsitzende: Cornelia Storch

PFAD, LV Schleswig-Holstein e.V.
Feldstr. 3, 24354 Rieseby
Tel. 0 43 55 / 99 99 40, Fax. 0 43 55 / 99 99 41
Vorsitzende: Birgit Nabert

PFAD, LV in Thüringen e.V.
Dammweg 1 a, 99084 Erfurt
Tel./Fax. 03 61 / 2 26 27 74
E-Mail: Heil-Paed-Ko-Ro@t-online.de
Vorsitzende: Sylvia Koppe

Bundesarbeitsgemeinschaft (BAG) ADOPTION und INPFLEGE / Liste der Mitglieder (Stand: Januar 2003)

Bundesarbeitsgemeinschaft Adoptierte (BARGEA)

c/o Gitta Liese
Kehrwieder 12
22941 Hammoor

E-Mail@bundesarbeitsgemeinschaft-adoptierte.de
Internet: bundesarbeitsgemeinschaft-adoptierte.de

NEW – Noch Ein Weg e.V.

c/o Jessica Degner
Linnebacher Weg 4 a
64658 Fürth-Ellenbach

Tel.: 0 62 53 - 2 32 33
Handy: 01 79 - 8 95 72 06

oder

Albert Bekowies
Douwestr. 14 Whg. 3/14
26721 Emden

Bundesverband behinderter Pflegekinder e.V.

Große Straße 100
26871 Papenburg-Aschendorf

E-Mail: bv-pflegekinder@gmx.de
Internet: www.mittendrin-magazin.de

Geschäftsstelle:
mo-fr 8.00-13.00 Uhr

Tel. 0 49 62 - 10 33
Fax: 0 49 62 - 66 26

Netzwerk Herkunftseltern e.V.

mo-fr 10.00-15.30 Uhr

c/o Marlies Born
Keithstr. 17
10787 Berlin

Tel. 030 - 23 62 80 74
Fax: 030 - 23 62 80 37
(nach Voranmeldung)

E-Mail:
info@netzwerk-herkunftseltern.de
Internet:
www.netzwerk-herkunftseltern.de

Zuständiges Bundesministerium

Bundesministerium für Familie, Senioren, Frauen und Jugend

Dienstsitz Berlin

Taubenstraße 42/43
Glinkastraße 18 - 24
Jägerstraße 8/9

10117 Berlin

Postadresse: 11018 Berlin

Amtsanschluss (0 30) 20 65 5 - 0
IVBB (01888) 555 - 0
Telefax (0 30) 20 65 5 - 11 45
E-Mail: poststelle@bmfsfj.bund.de

Dienstbereich Bonn

Rochusstraße 8 - 10
53123 Bonn
Postadresse: 53107 Bonn

Amtsanschluss (02 28) 930 - 0
IVBB (01888) 555 - 0
Telefax (02 28) 930 - 22 21

Vermittlungs- und Beratungsstellen bei Auslandsadoptionen

Eine aktuelle Liste der Vermittlungs- und Beratungsstellen kann gegen Einsendung eines frankierten Rückumschlags in der Geschäftsstelle des Bundesverbandes der Pflege- und Adoptivfamilien angefordert werden.

Weitere wichtige Adressen

Bundesarbeitsgemeinschaft (BAG) Verfahrenspflegschaft für Kinder und Jugendliche e.V.

Tel.: 0 69 / 77 01 19 55
Fax: 0 69 / 77 01 19 56

Postfach 10 32 49
60102 Frankfurt am Main

E-Mail:
info@verfahrenspflegschaft-bag.de
Internet:
www.verfahrenspflegschaft-bag.de

Bundesverband behinderter Pflegekinder e.V.

Tel.: 0 49 62 / 10 33
Fax: 0 49 62 / 66 26

Gr. Straße 100
26871 Papenburg

E-Mail: bv-pflegekinder@gmx.de
Internet: www.mittendrin-magazin.de

Bundesverband für Eltern ausländischer Adoptivkinder e.V.

Tel.: 0 76 64 / 55 72
Fax: 0 76 64 / 40 92 99

Angelgärten 11
79206 Breisach

E-Mail: bveaa@t-online.de
Internet: www.bveaa.de

Deutsche Liga für das Kind in Familie und Gesellschaft

Tel.: 0 30 / 28 59 99 70
Fax: 0 30 / 28 59 99 71

Chausseestr. 17
10115 Berlin

E-Mail: post@liga-kind.de
Internet: www.liga-kind.de

Deutscher Kinderschutzbund Bundesverband e.V.
Bundesgeschäftsstelle

Hinüberstr. 8
30175 Hannover

E-Mail: info@dksb.de

Tel.: 05 11 / 30 48 5-0
Fax: 05 11 / 30 48 5-49

IGfH
Internationale Gesellschaft für erzieherische Hilfen

Schaumainkai 101-103
60596 Frankfurt am Main

E-Mail: igfh@igfh.de
Internet: www@igfh.de

Tel.: 0 69 / 63 39 86-0
Fax: 0 69 / 63 39 86 25

Institut für Vollzeitpflege und Adoption e.V. (IVA)

Lindenstr. 2a
61440 Oberursel

E-Mail: iva-institut@t-online.de
Internet: www.moses-online.org

Tel.: 0 61 71 / 6 98 78 28
Fax: 0 61 71 / 6 98 78 05

Moses-Online
Moses-Online will Sozialarbeitern, Sozialpädagogen, Pädagogen, Psychologen, Juristen, Pflegeeltern, Adoptiveltern und allen an der Lebenssituation von Pflege- und Adoptivkindern interessierten Personen Informationen zur Verfügung stellen, den Gedankenaustausch fördern und Beratung anbieten.

Heimgart 8
40883 Ratingen

E-Mail: team@moses-online.org
Internet: www.moses-online.org

Tel.: 0 21 02 / 6 72 18
Fax: 0 21 02 / 47 25 00

Paritätischer Wohlfahrtsverband (DPWV) Gesamtverband e.V.

Heinrich-Hoffmann-Str. 3
60528 Frankfurt am Main

E-Mail: info@paritaet.org
Internet: www.dpwv.de
oder: www.paritaet.org

Tel.: 0 69 / 67 06-0
Fax: 0 69 / 67 06-2 04

Stiftung zum Wohl des Pflegekindes

Wilhelmshütte 10a
37603 Holzminden

E-Mail: 055315155@t-online.de
Internet: www.stiftung-pflegekind.de

Tel.: 0 55 31 / 51 55
Fax: 0 55 31 / 67 83

tagesmütter Bundesverband für Kinderbetreuung in Tagespflege e.V.

Breite Straße 2
40670 Meerbusch

Tel.: 0 21 59 / 13 77

Verband Anwalt des Kindes e.V.
Bundesgeschäftsstelle

Pappelallee 44
14469 Potsdam

E-Mail:
VAK.AnwaltdesKindes@t-online.de
Internet:
www.vak-bundesverband.de

Tel.: 03 31 / 7 40 07 21
Fax: 03 31 / 7 40 07 22

PFAD-Positionen

Präambel

Die Persönlichkeitsrechte des Kindes sind Grundlage unserer Arbeit.

Die Entwicklung der Persönlichkeit jedes Kindes ist abhängig von der Möglichkeit, sich in Freiheit und Würde in möglichst familiärem Rahmen entfalten zu können.

Das Wohl des Kindes erfordert eine von Verständnis geprägte Erziehung, die dem Kind körperliches, geistiges, seelisches und soziales Wachstum sichert.

Der Bundesverband ist ein Dachverband. Er setzt sich für die Zusammenschlüsse von Pflege- und Adoptivfamilien auf Orts-, Landes- und Bundesebene ein. Er arbeitet mit nationalen und europäischen Partnerverbänden zusammen, die sich in gleicher Weise für das Wohl von Kindern und für die Weiterentwicklung im Adoptions- und Pflegekinderwesen einsetzen.

Der Bundesverband erkennt die Notwendigkeit vielfältiger Hilfen zur Erziehung und die gemeinsame Verantwortung fremdplatzierender Hilfen. Er vertritt die Überzeugung, dass Kinder und Jugendliche, die in Pflege- oder Adoptivfamilien vermittelt werden, in der Regel nicht einfacher zu erziehen sind als diejenigen, die in Einrichtungen leben. Darum hält er eine umfassende Vorbereitung und begleitende Qualifizierung von Pflegeeltern und Adoptiveltern für unverzichtbar.

Interessenvertretung

Wir vertreten die Interessen von Pflege- und Adoptiveltern und deren Kindern.

Wir stellen das Wohl des Kindes in den Mittelpunkt aller Bemühungen.

Wir streben eine partnerschaftliche, von Verständnis geprägte Zusammenarbeit mit allen an der Vermittlung, Begleitung und Erziehung Beteiligten an.

Wir suchen die Auseinandersetzung um qualifizierte Standards in den Bereichen Adoption und familiäre Hilfen zur Erziehung.

Wir stärken die Kompetenz von Pflege- und Adoptiveltern durch fachliche Aus- und Weiterbildung und durch den Austausch von Informationen und Erfahrungen.

Wir möchten das Bewusstsein und Interesse der Bevölkerung für die Lebenssituation von Pflege- und Adoptivfamilien wecken.

Wir sind Ansprechpartner und Beistand (§ 13 SGB X) in Krisen- und Konfliktsituationen.

Wir wollen dazu beitragen, dass möglichst viele Kinder, die zeitweise oder dauerhaft nicht in ihrer Herkunftsfamilie leben können, in Pflege- oder Adoptivfamilien konstante Bezugspersonen erhalten.

Verbandsziele

Der Bundesverband setzt sich ein – im Interesse aller Kinder – für eine Verbesserung der partnerschaftlichen Zusammenarbeit mit der öffentlichen und freien Jugendhilfe.

Wir arbeiten mit an der Verbesserung und Absicherung der rechtlichen Positionen von Pflegefamilien.

Wir fordern den Ausbau und die kontinuierliche Unterstützung durch Pflegeelternschulen, Vorbereitungs- und Qualifizierungsmaßnahmen in allen Bundesländern.

Der Bundesverband fordert eine soziale Absicherung von Pflegeeltern im Ehrenamt und im Arbeitsverhältnis.

Der Bundesverband fordert die konkrete Umsetzung der gesetzlichen Vorgaben des SGB VIII (Kinder- und Jugendhilfe): „Zusammenschlüsse von Pflegepersonen sollen beraten und unterstützt werden" (§ 23 (4) i.V.m. § 37 (2)).

Mitgliedschaft

Im Rahmen einer Mitgliedschaft im Gesamtverband unterstützen Sie Pflege- und Adoptivkinder und deren Familien.

Unser Ziel ist, dass jede Pflege- und Adoptivfamilie sich einem Ortsverein oder einer Ortsgruppe und jeder Verein oder jede Gruppe sich dem zuständigen Landesverband anschließt.
Derzeit (März 2003) hat nur das Bundesland Mecklenburg-Vorpommern noch keinen Landesverband.

Der Mitgliedsbeitrag verbleibt in der Regel zu einem Drittel im örtlichen Zusammenschluss, zu einem Drittel im Landesverband und geht zu einem Drittel an den Bundesverband.

Jede Mitgliedsfamilie erhält die Fach- und Mitgliederzeitschrift PFAD und regelmäßig regionale schriftliche Informationen der jeweiligen Landesverbände.

Jede Mitgliedsfamilie erhält „Krisenhilfe" über die Geschäftsstelle des Bundesverbandes, in Zusammenarbeit mit dem jeweiligen Landesverband.

Die Fördermitgliedschaft im Bundesverband beträgt derzeit 54,- Euro pro Jahr, die Jahresbeiträge der Landesverbände und Ortsvereine sind regional unterschiedlich, aber vergleichbar.

Literaturliste – Fachliteratur

Bott, Regula: Adoptierte suchen ihre Herkunft. Vandenhoeck & Ruprecht, Göttingen 1995

Bowlby, John: Frühe Bindung und kindliche Entwicklung. Ernst Reinhardt, 4. Auflage, München 2001

Bundesverband für ausländische Adoptivkinder e.V.: Das Findbuch. Kirchturm-Verlag, 2. Auflage, 2002

Eliacheff, Caroline: das Kind, das eine Katze sein wollte. Psychoanalytische Arbeit mit Säuglingen und Kleinkindern. Kunstmann, München 1994

Harms, Edda/Strehlow, Barbara: Adoptivkind. Traumkind in der Realität. Schulz-Kirchner, 4. Auflage, Idstein 2000

Hoksbergen, René: Die Folgen von Vernachlässigung. Erfahrungen mit Adoptivkindern aus Rumänien. Schulz-Kirchner, Idstein 2003

Hopp, Henrike/Lambeck, Susanne/Hüther, Gerald/Siefert, Steffen: Traumatisierte Kinder in Pflegefamilien und Adoptivfamilien. Hg. PAN e.V., paten Extra 14

Lange, Gesine: Auslandsadoption. Schulz-Kirchner, 2. Auflage, Idstein 2003

May, Angela/Remus, Norbert: Traumatisierte Kinder. Verlag die Jonglerie Lüft KG, Berlin 2002

Münder, Johannes: Frankfurter Lehr- und Praxiskommentar zum KJHG/SGB VIII. Hg.v. Münder, Johannes, Votum, Münster 1998

Nienstedt, Monika/Westermann, Arnim: Pflegekinder. Psychologische Texte zur Sozialisation von Kindern in Ersatzfamilien. Votum, 4. Auflage, Münster 1995

Paulitz, Harald: Adoption. C.H.Beck, München 2000

Riedle, Herbert/Gillig-Riedle, Barbara: Ratgeber Auslandsadoption. TiVan, Würzburg 2003

Ryan, Tony/Walker, Rodger: Wo gehöre ich hin? Biografiearbeit mit Kindern und Jugendlichen. Beltz Edition Sozial, Weinheim 1997

Salgo, Ludwig: Die Rechtsprechung des Bundesverfassungsgerichts zu Pflegekindern. Hg. PFAD e.V., Frankfurt/Main 1996

Salgo/Zens/Fegert/Bauer/Weber/Zitelmann: Verfahrenspflegschaft für Kinder und Jugendliche. Bundesanzeiger Verlag, Köln 2002

Smentek, Günter: Die leiblichen Eltern im Adoptionsprozeß – verändert sich die Adoptionspraxis? Schulz-Kirchner, Idstein 1998

Schreiner, Haro: Adoption – warum nicht offen? Schulz-Kirchner, Idstein 1993

Steimer, Brigitte: Suche nach Liebe und Inszenierung von Ablehnung. Lambertus, Freiburg i.Br. 2000

Stiftung zum Wohl des Pflegekindes: 5 Jahre KJHG aus der Sicht des Pflegekinderwesens. Schulz-Kirchner, Idstein 1996

Stiftung zum Wohl des Pflegekindes: 1. Jahrbuch des Pflegekinderwesens. Schulz-Kirchner, 3. Auflage, Idstein 2002
Stiftung zum Wohl des Pflegekindes: 2. Jahrbuch des Pflegekinderwesens. Schulz-Kirchner, Idstein 2001
Swientek, Christine: Was Adoptivkinder wissen sollten und wie man es ihnen sagen kann. Herder, Freiburg i.Br. 1993
Swientek, Christine: Die Wiederentdeckung der Schande. Babyklappen und anonyme Geburt. Lambertus, Freiburg i.Br. 2001
Textor, Martin/Warndorf, Peter Klaus: Familienpflege – Forschung, Vermittlung, Beratung. Lambertus, Freiburg 1995
Wiemann, Irmela: Ratgeber Adoptivkinder. rororo, Hamburg 1999
Wiemann, Irmela: Pflege- und Adoptivkinder. rororo, Hamburg 2000
Wiemann, Irmela: Ratgeber Pflegekinder. rororo, Hamburg 2001
Wiemann, Irmela: Wie viel Wahrheit braucht mein Kind?. rororo, Hamburg 2001
Wiesner, Reinhard: SGB VIII – Kinder- und Jugendhilfe. 2., völlig überarb. Auflage, C.H.Beck, München 2000
Zitelmann, Maud: Kindeswohl und Kindeswille im Spannungsfeld von Pädagogik und Recht. Votum, Münster 2001

Kinder- und Jugendbücher

Eine aktuelle Liste kann in der Geschäftsstelle des Bundesverbandes der Pflege- und Adoptivfamilien gegen Einsendung eines frankierten Rückumschlages angefordert werden.

Vom Bundesverband der Pflege- und Adoptiveltern e.V. herausgegebene Schriften

Eine aktuelle Liste kann in der Geschäftsstelle des Bundesverbandes der Pflege- und Adoptivfamilien gegen Einsendung eines frankierten Rückumschlages angefordert werden.

Von PFAD Bayern e.V. herausgegebene Schriften

Eine aktuelle Liste kann in der Geschäftsstelle des Bundesverbandes der Pflege- und Adoptivfamilien gegen Einsendung eines frankierten Rückumschlages angefordert werden.